들뢰즈: 역사와 과학

들뢰즈: 역사와 과학

마누엘 데란다 지음

유충현 옮김

리좀총서 II

12

그린비

차례

들뢰즈:
역사와 과학

| 일러두기 |

이 책에 수록된 몇몇 글은 이 책의 내용과는 다른 형식으로 아래의 출판물들에 실린 적이 있음을 밝혀 둔다.

"Deleuzian Social Ontology and Assemblage Theory", eds. Martin Fuglsang and Bent Meier Sørensen, *Deleuze and the Social*, Edinburgh: Edinburgh University Press, 2006.

"Deleuze, Materialism, and Politics", eds. Ian Buchanan and Nicholas Thoburn, *Deleuze and Politics*, Edinburgh: Edinburgh University Press, 2008.

"Molar Entities and Molecular Populations in History", eds. Jeffrey Bell and Claire Colebrook, *Deleuze and History*, Edinburgh: Edinburgh University Press, 2009.

"Deleuze in Phase Space", ed. Simon Duffy, *Virtual Mathematics*, Manchester: Clinamen Press, 2006.

❖ 배치들 그리고 인간의 역사

우리는 과거에 존재했던 최초의 총체성이나 미래의 어느 날 우리를 기다리는 최후의 총체성 따위를 더 이상 믿지 않는다. 우리는 따분하고 특색 없는 진화의 변증법의 지루한 잿빛 윤곽을 더 이상 믿지 않는다. 그것은 이질적인 조각들의 거친 모서리들을 다듬어 조화로운 전체를 만들어내는 데 목적이 있다. 우리는 단지 지엽적인 총체성들만을 믿는다. 그리고 만약 우리가 다양하게 분리된 부분들과 함께하는 그러한 총체성을 발견한다면, 그것은 이러한 특정한 부분들의 전체이기는 해도, 그것들을 총체화하지 않는다. 그것은 이러한 특정한 부분들의 통일인 것이지, 그것들을 통합하는 것이 아니다. 오히려 그 총체성은 개별적으로 조립된 새로운 부분으로서 이 같은 특정한 부분들에 부가된다.

— 질 들뢰즈와 펠릭스 가타리, 『안티-오이디푸스』[1]

인간의 역사에 대해서 사고하려는 어떠한 진지한 시도라도 직면하는 중대한 문제는 주어진 철학에서 합법적이라고 여겨지는 역사적 행위자들의 본성이다. 물론 우리는 오직 인간들, 가령 미시경제학의 합리적 의사결정자들이나 미시사회학의 현상학적 주체들만을

---

1) Gilles Deleuze and Felix Guattari, *Anti-Oedipus*, New York: Viking, 1977, p. 42.

행위자들로서 포함할 수 있다. 그러나 이를 넘어서고자 한다면, 우리는 사회적 전체들에 대한 적절한 개념화가 필요하다. 이러한 작업에서 첫 단계는 미시환원론을 차단하는 수단을 강구하는 것인데, 이 단계는 보통 그 부분들에 존재하지 않는 전체의 속성, 즉 창발적emergent[2] 속성 개념에 의해서 달성된다. 만약 주어진 사회적 전체가 그 부분들 간의 상호작용에서 생겨나는 속성들을 갖는다면, 사회적 전체가 많은 합리적 의사결정자들이나 현상학적 경험들의 단순한 총합으로 환원되는 것은 효과적으로 차단된다. 그러나 이는 우리가 하나의 전체로서의 사회, 즉 그 구성원들의 본성을 충분히 규정하는 사회를 위해 미시경제학의 합리적 행위자들을 거부할 때, 거시환원론의 가능성을 열어 놓게 된다. 거시환원론을 차단하는 것은 두 번째 개념, 즉 부분들 간의 외부성의 관계들이라는 개념을 요구한다. "전체의 부분이라는 것"이 그 부분들의 규정적 특징인 전체, 다시 말해 부분들이 서로 맺는 관계들(내부성의 관계들)과 떨어져 존속할 수 없는 전체 대신에 우리는 부분들이 상대적 자율성을 유지하고, 따라서 부분들이 전체로부터 분리될 수 있으며, 또 다른 전체와 접속해서 새로운 상호관계 속으로 들어가는 창발적인 전체들에 대해서 생각해 볼 필요가 있다.

---

2) emergent는 기본적으로 '새롭게 발생하는'이라는 의미를 가지고 있다. 이 텍스트에서는 부분과 전체 관점에서 전체가 부분의 총합을 초과하는 경우를 지시하는 뜻으로 주로 사용되며, 대표적으로 수소와 산소의 결합에 따라 물이 발생하는 경우가 있다. 그러나 문맥에 따라서는 '신생'정부와 같이 옮기기도 하였다(옮긴이).

이러한 두 개념을 가지고 우리는 개인 상호 간 네트워크나 제도적 조직 같은 사회적 전체를 정의할 수 있는데, 그러한 사회적 전체는 그것을 구성하는 개인들로 환원될 수 없고 동시에 개체성이 상실되는 총체성 속으로 개인들을 용해시켜 전체로 환원하지도 않는다. 대도시 안의 조그만 마을이나 소수민족 지역구에 사는 유대가 긴밀한 공동체들을 예로 들자. 이러한 공동체들에서 중요한 창발적인 속성은 그 구성원들이 서로 연결된 정도다. 이 속성을 조사하는 한 가지 방법은 네트워크들을 연구하는 것이다. 이를테면 일인당 직간접적인 링크들의 수를 셈하고, 그것들의 연결을 연구하는 것이다. 이러한 네트워크의 중요한 속성은 그것의 밀도인데, 이 창발적인 속성은 거칠게 말해서 주어진 구성원의 친구들의 친구들(즉 그/그녀의 간접적 링크들)이 다른 사람들의 간접적 링크들을 알고 있는 정도라고 정의해 볼 수 있다. 아니면 훨씬 단순히 말해서 모든 사람이 그 밖의 다른 모든 사람을 알고 있는 정도라고 정의할 수도 있다. 조밀한 네트워크에서 사람들의 입소문은 무척이나 빠르다. 소문의 내용이 사회규범의 위반, 보답이 없는 호의, 지불되지 않은 내기 돈, 이행되지 않은 약속의 경우에는 특히 그렇다. 이는 전체로서의 그 공동체가 개인의 평판을 저장하는 장치로서 기능할 수 있고, 조롱이나 배척 같은 단순한 행위적 처벌을 통해 강제집행enforcement 메커니즘으로서 기능할 수 있음을 암시한다.

　밀도라는 속성과 평판을 저장하고 규범을 강제집행하는 능력capacity은 전체로서의 공동체가 갖는 환원 불가능한 속성과 능력이다. 그러나 이것들 중 어느 것도 구성원들의 개인적 정체성이 공동체에 의해서 생겨난다는 매끈한 총체성으로 보는 것을 포함하지 않는다. 비슷한 주장이 제도적 조직에도 적용된다. 많은 조직은 권리와 의무가 위계적 방식으로 불균등하게 분배되는 권위구조를 갖는 특징이 있다. 그러나 권위의 행사는 집행 비용이 제한적이라면, **합법성(정당성)**에 의해 뒷받침되어야 한다. 합법성은 전체 조직의 창발적인 속성이다. 비록 그것이 그 존립 근거를 그 원천에 관한 개인적 신념들, 가령 정당화하는 전통, 일련의 문헌화된 규정, 심지어 작은 조직의 경우에는 지도자의 카리스마 같은 것들에 의존할지라도 말이다. 물론 개인들로 환원될 수 없는 합법적 권위의 정도는 사안에 따라 다를 수 있다. 특히 조직의 인적자원들이 직위나 역할에 더 많이 연결될수록, (그 역할의 재직자와는 대조적으로) 합법성은 보다 환원 불가능해진다. 그러나 아무리 중앙집권적이고 독재적인 조직이라 해도, 그 구성원들은 궁극적으로 그 조직과 분리 가능한 것으로 남는다. 구성원들의 현행적actual[3] 자율성의 정도는 사회적 이동성에 대한 우연적 요소들과 조직 외부에 존재하는 기회들에 달려 있다.

부분들을 총체화하지 않는 전체. 서두의 인용문이 언급하는 것은 바로 외부성의 관계들이 생산하는 이러한 유형의 사회적 전체다. 그러나 그 인용문은 또 다른 중요한 특징을 말한다. 그 전체

---

3) actual은 사전상으로 현실의, 현행의, 실제의 등등으로 옮겨질 수 있으나 real/reality 개념과 혼동을 피하기 위해 '현행적'이라고 옮겼다(옮긴이).

는 지엽적이거나 그 부분들과 나란히 존재한다. 이는 정확히 무엇을 의미하는가? 그것은 공동체나 조직이 그것을 구성하는 사람들의 곁이나 근처에 존재한다는 공간적 언급이 아니다. 들뢰즈와 가타리는 단순히 전체의 속성들이 부분들 상위의 보충적 차원에 존재하는 초월적인 것이 아니라 내재적인 것임을 말하는 것일 수 있다. 그러나 그것은 또한 존재론적이거나 형이상학적인 언급일 수도 있다. 이러한 예들에 관한 얘기를 계속하자면, 공동체나 조직은 그것을 구성하는 개인들만큼이나 역사적으로 개체화[개별화]되어 있다. "개체"[개별]라는 용어가 사람들(동식물의 경우라면 유기체)을 지시하게 된 것이 사실이지만, 그것은 개별 공동체, 개별 조직, 개별 도시 혹은 개별 국민국가를 말하는 것과 완벽히 호응한다.

이러한 확장된 의미에서 "개체"라는 용어는 특정한 규모(사람 혹은 유기체)에 대해 특혜를 주는 친연성이 없고, 특이하고 독특한 singular and unique 독립체entity[4]를 지칭한다. 속, 종, 유기체 같은 존재의 층위들 간의 강한 존재론적 구별을 하는 철학적 접근법과 달리, 여기서 모든 독립체는 단지 규모의 차이만 있을 뿐, 동일한 존재론적 층위에 존재하는 것으로 보아야 한다. 예컨대 인간 종은 그것을 구성하는 유기체들만큼이나 모든 면에서 역사적 개체다. 유기체들과 마찬가지로 인간 종은 탄생일(종 형성의 사건)을 갖고 있

---

4) entity는 실체, 존재, 독립체 등으로 다양하게 번역되지만, 여기서는 being(존재), substance(실체)와의 혼동을 피하기 위해 독립체로 옮겼다(옮긴이).

으며, 적어도 잠재적으로는 사망일(멸종의 사건)을 갖는다. 달리 말해서 전체로서의 인간 종은 그것을 구성하는 인간 유기체들과 "나란히" 존재한다. 역사적으로 개별화된 독립체들만 거주하는 존재론적 평면 위에서 그것들과 나란히 존재하는 것이다.

역사적 설명은 불가피하게 그것을 틀 짓는 역사가들의 존재론적 전제들에 의해서 형성된다. 역사가들은 서두 문구에서 제시된 선들을 따라, 즉 그들이 선호하는 다음의 이항대립 용어들에 따라 대략 두 집단으로 나누어질 수 있다. "개인 대 사회", "행위자 대 구조", "선택 대 질서". 이 같은 이분법에서 첫 번째 용어를 선택하는 것은 개인들, 일반적으로는 "위인들"이 자신들의 사상과 행위를 통해서 사건, 상황 혹은 특정한 투쟁들의 결과물을 만들어 왔다는 서사를 생산한다. 이는 반드시 전체로서의 사회가 존재함을 믿지 않는다는 의미가 아니라 전체로서의 사회를 부수현상으로 만드는 그것에 대한 개념만을 암시한다. 곧 사회는 일상 업무가 만들어 낸 많은 합리적 행위자들이나 현상학적 경험들의 총합 혹은 총계다. 반면에 두 번째 용어를 선택하는 것은 내구성이 강한 사회구조가 겪어온 변형들의 관점에서 틀 지어진 서사를 생산한다. 이것의 가장 잘 알려진 예는 봉건주의-자본주의-사회주의 연속체다. 앞서와 마찬가지로 여기도 사람들이 존재하지 않는다는 암시는 없다. 사람들은 단순한 부수현상에 불과하다. 사람들은 가정에서 양육되고, 학교에 다니면서 사회화된다. 그리고 사람들이 사회의 가치들을 내면화한 후, 전통적 규정과 문화적 가치들에 복종하는 것은 당연한 것으로 여겨질 수 있다.

고인이 된 역사가 페르낭 브로델이 "집합들의 집합으로서의 사회"[5]라는 자신의 주제를 취하면서 경제사 연구에 착수했을 때, 그는 이러한 전통적인 입장 모두와 결별했다. 그의 서사에 등장하는 것들은 공동체, 제도적 조직, 도시 그리고 상호작용하는 상이한 규모의 몇 개의 마을에 의해 생겨난 지리적 지역들 같은 다양한 독립체들을 포함한다. 사람들도 등장하지만 위인들로서 등장하는 건 아니다. 한편 왕국, 제국, 세계경제 같은 보다 큰 독립체들은 추상적 사회구조로서 취급되지 않고, 구체적인 역사적 독립체들로 다루어진다. "집합들의 집합들"을 말한다는 것은 다양한 형식의 역사적 행위자들(공동체의 행위자, 조직의 행위자, 도시의 행위자, 제국의 행위자)이 전체들과 부분들처럼 서로 연결되어 있다고 말하는 또 다른 방식이다. 브로델의 이론에서 다양한 규모의 사회적 실재 reality[6]는 각 규모의 층위들이 자신만의 상대적 자율성을 갖고 있으며 따라서 자신만의 고유한 역사를 지니고 있다. 때문에 역사는 단

---

5) Fernand Braudel, *The Wheels of Commerce*, New York: Harper and Row, 1982, pp. 458~459. 아날학파의 대표자인 페르낭 브로델은 '장기지속' 개념으로 유명하다. 그는 우선 역사를 전체 역사로 파악하고자 했다. 이 개념은 어떤 주어진 사회의 사실들이 서로 관련되어 있다는 것을 전제한다. 따라서 브로델의 전체 역사는 전체와 전체의 상호작용을 다룬다. 그에게 전체 집합 속 각각의 요소는 그 자체로 하나의 집합이며 따라서 전체 집합은 '집합들의 집합'이다(옮긴이).

6) 들뢰즈는 '현행적인 것'과 '잠재적인 것' 사이에 그은 자신의 구별법을 통해 '실재'개념을 전복한다. 전통적으로 실재라는 것은 우리 사유와 독립적인 사물 영역을 가리키는데, 이는 들뢰즈가 말하는 현행적인 것에 가깝다. 반면에 잠재적인 것은 현행적인 것에 대한 선험적 조건들의 영역, 즉 현행적인 사물이 존재하려면 우리가 전제할 수밖에 없는 영역이다. 들뢰즈의 존재론에서는 현행적인 것뿐만 아니라 잠재적인 것도 실재이다(옮긴이).

일한 시간적 흐름에 의해 구성되기를 멈추고, 개별 행위자가 운용하는 단기간의 역사, 사회구조가 변화하는 장기간의 역사처럼 각기 자신만의 변화율을 가지고 변하는 다양체multiplicity[7]의 흐름들이 된다.

브로델의 전망은 그가 말하는 집합들 혹은 집합들의 집합들을 방금 논의한 환원 불가능하고 분해할 수 있는 전체들로 대체함으로써 훨씬 풍요롭게 된다. 이것을 유효한 역사적 행위자들의 장을 제한하는 개별 독립체들의 존재론과 브로델의 자료를 결합하는 특정한 예를 가지고 설명해 보자. 예컨대 "시장"the Market 같은 독립체는 역사적 현상에 대한 설명으로 통합될 수 있는 수용 가능한 독립체는 아닐 것이다. 왜냐하면 그것은 개별적이고 창발적인 전체가 아니라 굳어 버린 일반성이기 때문이다. 그러나 고대 이래 모든 도시의 중심에 존재해 왔고, 보다 최근에는 11세기 이후 거의 모든 유럽 마을에 존재했던 장터marketplaces와 상점가bazaars는 진정으로 개별적인 독립체들이며 따라서 이것들은 11~13세기를 특징지었던 유럽의 발흥과 상업혁명을 설명할 때 행위자들로서 다루어질 수 있다. 지방local 장터를 수용했던 마을들이 도로를 통해 서로 연결되

---

7) 다양체의 기본적 의미는 선행적 통일성을 참조하지 않는 복잡한 구조를 의미한다. 다양체는 커다란 전체의 부분들이 아니며, 단일한 개념이나 초월적 통일의 다양한 표현으로 간주될 수도 없다. 이를 토대로 들뢰즈는 일자/다자 같은 모든 형태의 이항대립에 반대한다. 어떠한 상황이나 사건은 총체성이나 전체가 되지 않는 일종의 패치워크를 형성하는 상이한 다양체들로 구성된다(옮긴이).

고, 마을 간의 교역이 정기성과 양적인 측면에서 일정한 수준에 도달했을 때 생겨난 지역regional의 교역 거점들도 마찬가지로 유효하다. 14세기 무렵 지역 시장들은 유럽에서 중요한 경제적 역할을 담당하기 시작했다. 지방 장터들로 구성된 역사적으로 설립된 전체들처럼 지역 시장들도 유효한 역사적 행위자들이다. 18세기 영국에서 생겨난 많은 지역 시장들로 구성된 주 단위provincial 교역 거점들이 강제로 묶여 생겨난 국민 시장도 마찬가지다. 19세기 무렵 철로와 전신은 국민 시장의 창출을 보다 용이한 작업으로 만들었고 프랑스, 독일, 미국 같은 지역에 국민 시장이 생겨났으며, 각 나라의 경제사에서 중요한 역할을 수행했다.[8]

"국가"the State 같은 다른 굳어 버린 일반성도 대체되어야 한다. 앞서 논의했듯이 공동체 외에 상호작용하는 개인들의 집합도 합법성 같은 창발적인 속성들을 갖춘 제도적 조직을 만들어 낼 수 있다. 결과적으로 조직들은 연방정부 같은 보다 큰 전체를 형성하기 위해 상호작용할 수 있다. 연방정부는 많은 조직들이 상이한 규모로 작동하는 권위들로 위계적으로 배열되는 전체다. 어떤 조직들은 국가 전체에 적용되는 사법권을 갖고, 다른 조직들은 단지 주혹은 지방 경계 안에서만 권위를 갖는다. 또 다른 조직들은 도시의 중심부와 그 주변 지역의 경계 안에서만 작동한다. 연방정책의 시

---

8) Fernand Braudel, *The Perspective of the World*, New York: Harper and Row, 1986, pp. 280~287.

행에 관해서라면, 이 중첩하는 사법권들의 포개진 집합은 강력한 방해물이 될 수도 있다. 상이한 규모로 시행될 때, 많은 정책들이 왜곡되고 약화될 수 있기 때문이다. 그러나 국가 개념을 사용하고, 정부를 한덩어리인 개별체로 간주하는 역사가들에게는 이 문제가 보이지 않을 수도 있다. 이 두 가지 예는 미시와 거시 간의 구별이 미시 독립체의 역할을 수행하는 개인과 거시 독립체의 역할을 수행하는 전체로서의 사회처럼 절대적인 것이어서는 안 된다는 점을 보여 준다. 오히려 미시와 거시는 특정한 규모에서 상대적인 것이어야 한다. 지역의 교역 거점과 비교해 볼 때 지방 장터는 미시적이지만 반면 지역 시장은 거시적이다. 그러나 지역 시장은 주 단위 시장과 비교해서는 미시적이며, 주 단위 시장도 국민 시장과 비교하면 미시적이다.[9] 마찬가지로 연방사법권을 갖는 정부 조직은 주 경계들에서만 유효한 권력을 갖는 조직들에 비해 거시적인 것으로 간주되며, 주 조직들은 지방 도시당국들에 비해서는 거시적인 것으로 간주된다.

따라서 "시장"과 "국가"는 상이한 규모로 작동하는 창발적인 개별 전체들의 포개진 집합에 의해서 유물론적 존재론에서 제거될 수 있다. 한편 "상이한 규모로 작동하는" 같은 표현은 신중하게 사

---

9) 지방(local), 지역(regional), 주 단위(provincial)는 수도나 중심에 비해 지방이나 주변이라는 의미를 갖는다. 이 텍스트에서는 각기 규모의 차이를 표시하는데, 크기순으로 배열하면 지방(local) < 지역(regional) < 주 단위(provincial) < 국민(national)이다. 그러나 이는 데란다의 용법일 뿐, 절대적 구분은 아니다(옮긴이).

용해야 한다. 특히 그 표현은 상대적 규모만을 지시해야 한다. 다시 말해 그것은 부분-대-전체 관계에 상대적 규모만을 지시해야 한다. 창발적인 전체는 어느 것이든 그것을 구성하는 부분들보다 더 커다란 외연을 갖는다는 사실을 고려해 볼 때, 이러한 상대적 용법은 문제가 되지 않을 것이다. 공동체나 조직은 그것들을 구성하는 사람들보다 언제나 더 크다. 그러나 "규모"라는 단어가 절대적 의미로 사용되면 상황은 달라진다. 만약 공동체와 공동체의 구성원들을 비교하는 대신, 예컨대 사람들의 전체 인구와 한 나라에 거주하는 공동체들의 전체 인구를 비교해 보면, 두 인구는 동일한 외연을 갖는다는 점을 인정해야만 할 것이다. 즉 그 두 가지는 전체 국가 영토라는 동일한 양의 공간을 점유한다. 그리고 유사한 주장이 제도적 조직의 인구에도 적용된다. 그러나 우리가 그 개념을 상대화하더라도, 우리는 여전히 사회적 전체를 구별하기 위한 "규모의 층위들"이라는 표현의 사용에 대해선 이견이 있을 수 있다. 예컨대 개별 세포들, 개별 기관들 그리고 개별 유기체들 사이의 부분-대-전체 관계를 특징짓기 위해서 생물학자들이 사용하는 문구인 "유기조직의 층위들"이라는 표현을 사용해선 안 되는 이유는 무엇인가? 왜냐하면 이 개념은 층위들 사이의 증가된 복잡성이라는 함의와 심지어 생물학적 진화가 단세포 유기체로부터 다세포 유기체로의 복잡성을 향한 충동을 포함한다고 간주될 때에는 목적론적 함의마저 실어나르기 때문이다. 반면 "규모의 층위들"이라는 표현에는 그러한 함의가 전혀 없다. 도시는 인간보다 명백히 크지만, 도시가 인간보다 더 복잡성을 소유한다거나, 도시의 구성 부분들의 어떠한 것이 인간의 뇌보다 더 복잡하다고 믿어야 할 이유가 전혀 없는 것이다.

마지막 한 가지가 명확히 밝혀져야 할 필요가 있다. 상호작용하는 사람들의 한 집합이 하나의 공동체를 야기한다거나, 상호작용하는 조직들의 한 집합이 하나의 연방정부를 만든다고 말할 때, 이것이 시간적 연속을 암시하는 것으로 받아들여져서는 곤란하다. 마치 전에는 연결되지 않았던 사람들이나 조직들의 집합이 갑자기 상호작용하기 시작해서, 전체가 갑자기 발아하여 생겨난 것처럼 말이다. 드문 경우에 이는 사실일 수도 있다. 전쟁에 찌든 다양한 공동체 출신의 사람들이 난민수용소에 모이고, 그들의 상호작용에서 보다 큰 전체가 생겨난다거나 전에는 경쟁 관계에 있던 산업 조직들이 상호작용함으로써 보다 큰 전체를 형성하는 카르텔로 모일 경우에는 그럴 수도 있다. 그러나 대부분의 경우 하나의 전체가 이미 스스로를 구성하고, 부분들을 제한하고 가능하게 만드는 자신의 창발적인 능력을 사용하기 시작했을 때, 비로소 구성 부분들이 생겨난다. 대부분의 사람들은 자신들보다 먼저 존재했던 공동체 안에서 태어나고, 대부분의 신생 관청은 이미 기능을 수행하는 중앙정부라는 문맥 속에서 생겨난다. 그럼에도 내재성의 존재론적 필수 요소는 우리가 중앙정부나 공동체의 정체성을 부분들 간의 매일의 상호작용에서 부단히 생겨나는 것으로 보게끔 강요한다. 사회적 전체의 창발적인 속성들은 만일 그 구성 부분들이 상호작용하는 것을 그치면, 그것들도 존재하기를 그치는 한에서만 내재적인 것이다. 그래서 우리는 유물론적 존재론 속에 역사적으로 주어진 사회적 전체의 정체성을 생산하는 과정뿐만 아니라, 시간을 통해 그 정체성을 유지하는 과정도 포함시켜야 할 필요가 있다.

이러한 생각들이 들뢰즈와 가타리의 사유와 어떻게 양립할 수 있는지 고려하기 위해 논의를 잠시 멈추자. 양립 불가능한 최초의 조짐은 "국가"라는 표현이 그들의 저작 도처에서 나타난다는 점이다. 그러나 이 용어는 종종 "국가장치"와 동의어로 사용되는데, 국가장치는 주어진 정부의 조직장치, 즉 많은 조직들로 구성된 창발적인 전체를 지시하는 것으로 취급될 수 있기 때문에 국가라는 표현보다는 훨씬 덜 거북하다. 보다 문제가 되는 용어는 그들의 역사적 설명에서 종종 사용되는 "사회적 장"(혹은 보다 드물지만 "사회체"socius)이다. 이 용어는 "전체로서의 사회"를 지시하지 않는다. 따라서 그것은 이 책에서 대략 제시되는 유물론적 존재론에 유효한 역사적 행위자가 아니다. 예컨대 이러한 사회적 장이 어떠한 종류의 독립체여야 하는지가 분명하지 않다. 들뢰즈와 가타리는 다른 종류의 사회적 전체들을 구별한다. 지층들과 배치들. 국가장치는 하나의 지층으로서 분류된다.[10] 구성원들을 단속하고 규칙의 위반을 처벌하는 유대가 긴밀한 공동체들도 하나의 지층일 수 있다. 그러나 여러 개의 이질적 공동체들의 동맹이나 연합은 하나의 배치로 간주될 것이다. 들뢰즈가 적고 있듯이

---

10) Gilles Deleuze and Felix Guattari, *A Thousand Plateaus*, New York: University of Minnesota Press, 1987, p. 352.

배치란 무엇인가? 그것은 이질적 항들로 구성되는 다양체이며, 나이, 성별, 통치reigns 같은 상이한 본성들을 가로질러 그것들 사이에 관계와 접촉을 수립한다. 따라서 그 배치의 유일한 통합은 동시에 기능하는 통합이다. 그것은 공생, 즉 '공감'이다. 중요한 것은 결코 혈연이 아니라 결연이고, 합금이다. 이것들은 계승, 후손의 계통이 아니라 전염, 감염, 바람the wind이 있을 따름이다.[11]

따라서 우리는 "사회적 장"을 하나의 지층으로서 다룰 것인가, 아니면 하나의 배치로서 다룰 것인가라는 문제에 직면한다. 다르긴 하지만 이와 연관된 문제는 다른 종류의 전체들(일반적 지층, 일반적 배치)을 구별하는 것이 유물론적 존재론에 침투하려는 굳어 버린 일반성에 뒷문을 열어 놓을 수도 있다는 점이다. 이러한 위험을 피하기 위해서 우리는 단일한 용어를 사용할 수 있고, 그 안에 "조절 손잡이"(보다 전문적 용어로 말하면 매개변수)를 설치할 수 있다. 그것을 가지고 우리는 때마다 다른 설정치를 사용할 수 있다. 어떤 설정에서 사회적 전체는 지층일 수도 있고, 다른 설정에서 그것은 배치일 수도 있다. "매개변수"라는 용어는 물리적 과정들의 과학적 모델에서 나온 것이다. 변수는 연구 대상이 자유롭게 변할 수 있는 상이한 방식들("자유도")을 명시하는 데 비해, 매개변

---

11) Gilles Deleuze and Claire Parnet, *Dialogues II*, New York : Columbia University Press, 2002, p. 69.

수는 그 대상에 영향을 미치는 환경적 요소를 명시한다. 예컨대 온도는 수역水域의 내부 온도인 변수일 뿐만 아니라, 물 주변 환경의 온도를 수량화하는 매개변수일 수도 있다. 매개변수는 일반적으로 반복 가능한 상황에서 대상을 연구하는 연구실에서는 상수이지만, 연구 대상의 급격한 변화를 야기하면서 변할 수도 있다. 온도 같은 매개변수의 많은 수치들에서는 단지 양적인 변화만이 생기는 반면, 결정적인 지점에 이르면 물은 자동적으로 급격히 액체에서 고체 형태로 혹은 액체에서 기체 형태로 변형되면서 질적으로 변화할 것이다.

우리가 단일한 개념을 매개변수로 하면, 지층과 배치들은 (본질적) 종류이기를 그치고, 국면들이 될 것이다. 물질의 고체와 유체 국면들처럼 말이다. 상호 배타적 이항범주들과는 다르게, 국면은 서로 변형될 수 있다. 심지어 상이한 물질의 고체와 유체의 혼합물인 겔처럼 혼합물로서 공존할 수도 있다. 들뢰즈와 가타리는 진부하게도 종류들 사이의 대립을 수립한다. (가령 나무들과 리좀들, 홈 파인 공간과 매끈한 공간처럼) 결국 그들은 하나의 종류가 다른 종류로 변형될 수 있고, 혼종을 형성하는 방식에 대해 논할 때 이러한 대립을 철회하고 만다. 따라서 내가 이 글에서 따르려는 전략은 단일한 용어, 즉 "배치"만을 사용할 것이며, 이것을 질적으로 상이한 국면들을 나타내기 위해서 매개변수로 표시할 것이다. 물론 우리가 "지층"이라는 용어를 매개변수로 할 수도 있겠지만, 원래의 프랑스어 "아장스망"agencement이 꽤나 분명한 함의를 지니고 있기 때문에, 배치가 더 나은 선택이다. 따라서 우리는 그 매개변수화된 개념을 지시하기 위해서는 영어 "어셈블리지"를 사용하고, 원래의 개념을 지시할 필요가 있을 때마다 프랑스어 아장스망으로 돌아갈 수 있다.[12] 매개변수의 본성을 논하기에 앞서 이제껏 배치에 대해 말해 왔던 것을 요약하자.

1) 모든 배치는 완전히 우연적인 역사적 정체성을 갖는다. 그것들 각각은 따라서 개별 독립체다. 개인, 개별 공동체, 개별 조직, 개별 도시. 모든 배치의 존재론적 위상이 동등하므로 상이한 규모로 작동하는 독립체들은 직접 상호작용할 수 있다. 개인 대 개인처럼 말이다. 속, 종 그리고 개별자들로 구성되는 위계적 존재론에서는 이러한 가능성이 존재하지 않는다.

2) 규모의 어떠한 층위에서든 우리는 언제나 상호작용하는 독립체들의 개체군(주민의 개체군, 공동체들의 복수성, 조직들의 다양체, 도심들의 집단성)을 다루고 있다. 그리고 보다 큰 배치들이 통계학적 결과로서 혹은 의도적 행위의 의도하지 않은 집합적 결과로서 나타나는 것은 이러한 개체군 내에서의 상호작용에서 오는 것이다. 주어진 집단 안에서 어떤 독립체들은 보다 큰 "몰적"[그람분자적] 전체들에 포획될 수도 있다. 반면 다른 독립체들은 "분자적"

---

12) 프랑스어 agencement은 배치, 배열, 조합 등의 뜻을 갖는다. 조심해야 할 점은 이 개념이 공간적 뉘앙스만이 아니라 시간적 뉘앙스도 띤다는 점이다. 배치란 궁극적으로 사건이다 (옮긴이).

집합체를 구성하면서 자유로운 상태로 남을 수 있다. 이는 주어진 규모에서 하나의 전체는 바로 한 단계 낮은 규모의 몰적 독립체들뿐만 아니라 보다 작은 분자적 부분들로 구성된다는 것을 의미한다.

3) 일단 더 큰 규모의 배치가 자리를 잡으면 그것은 즉시 그 구성 요소들의 한계들과 자원들의 원천으로 기능하기 시작한다. 즉 이러한 체계에서 인과성의 화살이 위로 향할지라도, 그것은 아래로 향하는 측면도 갖는다. 배치는 구성 요소들을 제한하기도 하고, 권한을 부여하기도 한다. 상향 인과성은 창발적인 속성들을 내재적인 것으로 만드는 데 필수적이다. 배치의 속성들은 그 부분들로 환원될 수 없다. 그러나 배치는 속성들을 초월적인 것으로 만들지 않는다. 왜냐하면 부분들이 상호작용하기를 그치면, 속성들은 존재하기를 그치기 때문이다. 하향 인과성은 대부분의 사회적 배치들이 전체가 생겨난 후에 존재하게 되는 부분들로 구성된다는 사실을 설명하는 데 필요하다. 근대 도시를 구성하는 대부분의 건물들이나 주민들은 도시의 중심이 생겨난 후에 생겼을 뿐만 아니라, 건물들과 주민들의 규정적 속성들은 도시의 지역 법들에 의해 제한을 받았고, 그것들의 생성은 도시의 부wealth에 의해서 가능해졌다.

이제 배치 개념을 매개변수로 나타내 보자. 첫 번째 매개변수는 배치의 영토화와 탈영토화의 정도를 수량화한다. 영토화는 공동체, 도시나 국민국가의 영토에서처럼 전체의 공간적 한계를 규정할 뿐만 아니라, 배치의 구성 부분들이 동질적 목록에서 끌어내어진 정도 혹은 배치가 자신의 구성 부분들을 동질화하는 정도를 나타낸다. 앞서 언급했듯이 유대가 긴밀한 공동체의 구성원들은 평판을 저장하고, 지역 규범들을 강제집행하는 공동체의 능력에 의해 제한을 받는다. 그러한 제한은 결과적으로 개인 간의 차이들을 축소하고, 순응의 정도를 증가시킨다. 둘이나 그 이상의 공동체들이 소수민족 간 혹은 종교적 갈등에 돌입할 때, 그것들의 지역이나 조그만 마을들의 지리적 경계들이 보다 심하게 감시받을 것이고, 따라서 "우리"와 "그들" 사이의 구별이 예리해지는 만큼 구성원들의 행위도 강하게 감시받게 될 것이다. 지역 규범으로부터의 조그만 일탈도 감시받고 처벌받을 것이며, 행위의 동질화가 증가할 것이다. 달리 말하면 갈등은 공동체의 영토화 정도를 증가시키는 경향이 있다. 이는 이러한 매개변수의 설정을 변경함으로써 개념적으로 포착될 수 있는 사실이다.

두 번째 매개변수는 배치의 **코드화와 탈코드화**의 정도를 수량화한다. 코드화는 사회적 전체의 정체성을 고정시키는 데 있어, 언어가 수행한 역할을 나타낸다. 예컨대 제도적 조직에서 권위구조의 합법성은 대부분 언어적으로 코드화된 의례, 규정과 관련이 있다. 권위가 전통에 근거를 두는 조직들에서 이러한 것들은 어느 신성한 텍스트에 담겨 있는 합법화 서사인 경향이 있다. 반면 권위의 합리적-법적 형식에 의해 통치를 받는 조직에서 그것들은 문헌화된 규칙들, 표준 절차, 가장 중요하게는 권리와 의무를 규정하는 성문화된 헌장인 경향이 있다. 모든 개별 조직이 이런 의미에서 코드화되지만, 국가장치는 전체 영토에 거주하는 공동체들과 조직들에 영향을 미치는 코드화 작용을 수행한다. 국가장치가 보다 독재적이거나 전체주의적일수록 모든 것, 가령 의복, 음식, 예법, 속성, 교육 등이 보다 코드화된다. 많은 고대 국가들은 자신들이 통치하는 공동체들로 하여금 국가의 사회적 코드들을 준수하게 하고 지배적 코드를 그것들에 부과하는데, 들뢰즈와 가타리는 이러한 작용을 "초코드화overcoding"[13]라고 말한다.

이러한 매개변수화된 개념을 장착했기 때문에 우리는 사회적 독립체들이 작동하는 상이한 규모의 층위들에 대해 보다 상세히 다룰 수 있다. 우리는 사람들의 규모가 가장 작은 규모라고 가정해 볼 수 있는데, 다만 각 개인의 주체성이 사람을 구성하는 개인 이하의[생화학적]sub-personal 요소들[14] 간의 상호작용에서 나오는 것으로 간주하는 한에서만 그렇다. 철학자 흄으로부터 들뢰즈는 감각 인상들의 이질적 집단 간의 상호작용에서 나오는 독립체, 그러한 인상(관념)의 저-강도 복제물로서의 인간 혹은 주체 개념을 도출한다. 이러한 (인간을 구성하는) 개인 이하의 요소들은 특정한 조작자[연산자]들을 관념들에다 습관적으로 적용하는 것을 통해서 구성된다. 보다 특별히 주체는 인접성의 관계를 경유해서 관념들의

---

13) Deleuze and Guattari, *A Thousand Plateaus*, p. 448.
14) sub-personal은 웹사전 웍셔너리를 참조하면, "도덕적 설명의 개인적 수준 아래에 놓여 있는, 가령 생물학적이나 화학적 요인들과 관계하는"이라고 나와 있다(옮긴이).

습관적 분류를 통해 마음속에서 결정화된다. 즉 유사성의 관계를 통한 습관적 비교, 하나의 생각(원인의 생각)이 언제나 또 다른 생각(결과)을 환기시키는 것을 허용하는 원인과 결과의 부단한 결합에 대한 습관적 인식. 외부성의 관계들로서 인지된 인접성, 인과성 그리고 유사성은 정신을 주체로 변형시키는 연합의 세 가지 원리들[15]을 구성한다.[16]

들뢰즈는 결코 주체성에 대한 충분한 배치 분석을 시도하지는 않았지만 흄에 대한 그의 저작으로부터 한 가지를 추론하는 것은 가능하다. 배치의 개인 이하의 표현 요소들은 비-언어적인 것들(변하는 생생함에 대한 감각인상들)과 언어에 의존하는 것들, 이를테면 평서문(명제)의 의미를 향하는 태도로서 간주되는 신념 같은 것들로 구성된다. 물질적 요소들은 인상의 생산을 위해 필요한 감각기관들의 생물학적 조직뿐만 아니라, 관념들을 하나의 전체로 모으기 위해 수행된 일상적인 정신노동도 포함할 것이다. 습관 자체가 영토화의 주요한 과정을 구성할 것이다. 즉 그것은 주체에 규정적 한계를 부여하고, 시간을 통해 그 한계를 유지하는 과정이다. 습

---

15) 흄은 우리의 지식(인식) 소재가 지각에 있다고 주장한다. 지각은 인상과 관념으로 나뉜다. 그에 따르면 관념의 원천으로서는 다만 하나의 인상이 있을 뿐이다. 즉 관념은 인상에 이끌려 나타난다. 인식의 원천을 인상에서 구하고, 그것에서 유래하는 관념의 상호 결합에서 지식의 성립을 보는 것이다. 그러나 마음의 능동적인 작용은 인정하지 않고, 인식을 관념 자체가 갖는 성질, 즉 관념 연합에 의해 설명한다. 흄은 이 관념 연합을 인간 본성의 근본 원칙으로 보았다(옮긴이).

16) Gilles Deleuze, *Empiricism and Subjectivity*, New York: Columbia University Press, 1991, pp. 98~101.

관은 가능한 미래의 관점에서 현재와 과거의 종합을 수행한다.[17) 이는 주체의 살아 있는 현재, 과거와 현재 순간들의 직접적인 섞임을 위한 규정적 지속을 생산하고 기대감을 생성한다. 그래서 우리는 미래에 유사한 결과를 생산하기 위해 어떤 행위에 대한 습관적 반복에 의존할 수 있다. 반면 탈영토화 과정은 주체를 관념들 간 고정된 연합의 산출 이전에 주체가 가졌던 상태, 즉 관념들이 섬망 안에서 연결된 상태로 되돌리는 과정이다. 광기, 고열, 중독, 감각상실, 마약 그리고 다양한 다른 과정들의 개시는 주관적 정체성의 불안정이나 상실을 야기할 수도 있다.

반면 개인적 정체성은 사적인 측면과 공적인 측면, 즉 다양한 사회적 접촉에서 남들과 상호작용하는 가운데 남들에게 제공하는 공적 페르소나를 갖는다. 대화처럼 이러한 사회적 접촉 중 몇 가지는 충분히 의례화되기 때문에 배치로서 다루어질 수 있다. 대화에 관한 가장 귀중한 연구를 행한 저자는 의심할 바 없이 사회학자 어빙 고프먼일 것이다. 그는 이 연구의 주제를 다음과 같이 정의한다.

[…] 공존의 기간 동안 그리고 공존 덕분에 발생하는 사건들의 부류. 궁극적인 행위의 재료는 눈짓, 몸짓, 자세 그리고 의도했든, 그렇지 않았든 간에 사람들이 그 상황 속으로 끊임없이 공급하

---

17) Gilles Deleuze, *Difference and Repetition*, New York: Columbia University Press, 1994, pp. 70~74.

는 언어적 진술들이다. 이것들은 정향과 연루의 외부적 기호들이며 애초에 그것들의 사회적 조직에 대하여 조사된 것이 아닌 정신과 육체의 상태들이다.[18]

사회적 접촉 중 교환된 외부 기호들에 대한 강조는 이 연구를 구성 요소들이 외부성의 관계들로 맺어진 창발적인 전체들의 관점에서 다루는 데 적합하게 만든다. 이 배치의 가장 명백한 표현 요소는 말 자체의 흐름일 테지만, 언제나 언어에 의존하는 것은 아닌 또 하나의 요소가 있다. 대화에 참여하는 모든 사람은 자신의 공적 정체성을 모든 표정, 자세, 의복, 대화 주제의 선택, 균형과 재치의 전개(혹은 전개의 실패)를 통해서 표현한다. 이러한 그리고 다른 요소들은 비-언어적 방식으로 모든 참가자가 남들에게 투사하고 싶은 이미지를 표현한다. 공적 페르소나에 대한 이러한 권리의 표현은 신중하게 행해져야 한다. 우리는 남들이 쉽게 불신할 수 없는 이미지를 선택해야 한다. 그렇게 되면 어떠한 대화라도 자신도 모르게 (자신에게) 불리한 사실들을 표현할 객관적 위험들뿐만 아니라 자신에 대한 우호적 정보를 표현할 객관적 기회들로 넘쳐날 것이다. 배치의 물질적 요소들은 보다 간단하다. 서로의 말을 들을 수 있을 만큼 충분히 가깝고, 똑바로 서로를 마주보는 공간적으로 조합된

---

18) Erving Goffman, *Interaction Ritual. Essays on Face-to-Face Behavior*, New York: Pantheon Books, 1967, p. 1(강조는 저자의 것).

물리적 신체들, 대화를 유지하는 데 필요한 집중 그리고 당황하게 만드는 돌발 사건들로부터 회복하거나 대화 예절에서 벗어난 행위를 교정하는 데 관여한 노동 등으로 구성된다.[19] 특정한 기술적 발명품, 이를테면 전화기는 물질적 요소들(공간적 근접성)을 제거하지만 다른 것들, 곧 기술적 장비들과 그러한 많은 장비들을 연결시키는 데 필요한 기반 시설들을 덧붙이며 공존이라는 필수 요소를 변화시킬 수도 있다.

대화에 시공간적으로 잘 구획된 경계를 제공하는 영토화 과정들은 관습이 이끄는 행위를 통해 잘 설명될 수 있다. 배치와 마찬가지로 대화는 시간적 구조를 가지고 있으므로, 만남을 시작하고 종료하는 방식들, 만남 동안 대화의 순서를 바꾸는 방식들은 참여자들에게 규범으로 강제된다. 이러한 구성단위들의 공간적 경계들은 부분적으로는 공존이라는 물리적 필수 요소 때문에 그리고 참여자들 스스로가 주변인이 대화에 끼어드는 것을 방지하는 합법적 상호작용자로서 서로를 승인하기 때문에 명백히 규정된다.[20] 어색함은 주의를 대화로부터 당황한 참여자에게 돌림으로써 그 만남 동안 투사된 공적 페르소나에는 해로운 것이기 때문에 주요한 불안정 요소로 간주될 수 있다. 고프먼은 평정심을 되찾는 것이 불가능해진 후, 어색함이 모든 참여자들에게 전이되고, 결국 대화가 붕괴

---

19) *Ibid.*, p. 19.
20) *Ibid.*, p. 34.

되는 어색함의 중요성에 대해서 논한다.[21] 그러나 대화를 열띤 토론으로 변형시키거나 과열된 논쟁을 주먹다짐으로 변형시키는 다른 중요한 사건들이 일어날 수도 있다. 이것들 또한 공간적 경계를 허물고 대화가 원거리에서 일어나도록 허용하는 기술적 발명품들과 마찬가지로 탈영토화 요소들로 간주되어야 한다.

동일한 참여자 집단들 사이에서 혹은 다르지만 중첩하는 집단들 사이에서 많은 대화가 일어났을 때, 새로운 사회적 독립체, 즉 개인 상호 간 네트워크가 발생할 수 있다. 이는 다른 장소에 거주하는 전문직 동료들이나 친구들의 네트워크일 수 있고, 이미 논했던 유대가 긴밀한 공동체들의 네트워크일 수도 있다. 이러한 보다 큰 배치를 분석하기 위해 우리는 네트워크 이론이 제공하는 자원, 즉 성공적으로 공식화된 이론사회학의 유일한 부분을 이용할 수도 있다. 네트워크 이론에서 교점들 사이에서 링크들의 반복 패턴은 종종 교점들 자체의 규정적 속성들, 즉 그 이론을 외부성의 관계로 향하게 만드는 사실보다 더 중요하다. 하나의 네트워크 안의 링크들은 다양한 방식으로 특징지어진다. 링크들의 현존과 부재에 의해서, 즉 하나의 네트워크와 다른 네트워크를 분리하거나 주어진 네트워크 안에서 하나의 파벌을 규정하는 경계를 나타내는 부재들. 링크들의 힘에 의해서, 즉 그 관계의 정서적 내용에 의해서일 뿐만 아니라 교점을 점유하는 사람들 사이의 상호작용의 빈도에 의해

---

21) *Ibid.*, p. 103.

서. 그리고 링크들의 상호성에 의해서, 즉 링크가 수반하는 의무들의 상호성에 의해서. 위에서 논한 바와 같이 개인 상호 간 네트워크의 가장 중요한 속성들 중 하나는 그 밀도, 즉 간접적 링크들 사이 연결성의 정도에 대한 기준이다.[22]

네트워크의 링크들은 끊임없이 유지되어야 하고, 연루된 노동은 그 물질적 요소들 중 하나를 구성한다. 이 노동은 빈번한 대화를 통해서 남들과의 만남을 유지하는 임무를 넘어선다. 그것은 남의 아이들을 보살피는 것 같은 다양한 형태의 물리적 도움을 제공하는 것뿐만 아니라, 어려운 상황에 처한 남의 문제에 귀기울이고 조언하는 것도 포함한다. 많은 공동체에는 관계들의 유지에 관한 노동 분업이 존재한다. 엄청난 양의 노동을 수행하는 여성들, 특히 의무에 의한 것이든 자신의 선택에 의한 것이든, 가사 행위에 모든 시간을 할애하는 여성들.[23] 상호작용에서 나오고 이후에는 상호작용을 형성하는 다양한 연대감과 신뢰의 표현들은 이러한 배치들의 중요한 요소들이다. 이것은 함께 저녁 식사를 하거나 교회를 가는 것 같은 일상적 행동에서 어려움을 공유하고, 전체로서의 공동체를 위한 희생을 하려는 의지를 보여 주는 데까지 이른다.[24] 연대감의 표현들은 물론 언어를 포함하지만, 이 경우에는 말보다 행동이

---

22) John Scott, *Social Network Analysis*, London: Sage Publications, 2000, pp. 70~73.
23) Graham Crow, *Social Solidarities*, Buckingham: Open University Press, 2002, pp. 52~53.
24) *Ibid.*, pp. 119~120.

더 효과적이다.

대화의 경우처럼 영토화 매개변수의 수치는 물리적 인접성과 밀접한 관련을 맺는다. 기술적 장비가 부재할 경우 대화는 대체로 대면 상호작용을 포함하고, 조밀한 네트워크로 구성된 공동체들은 역사적으로 볼 때 대도시 안에 위치한 같은 마을, 같은 교외 혹은 소수민족 지역구에 거주하는 경향이 있다. 이와 같이 경계가 있는 지리적 지역들은 글자 그대로 공동체의 영토이고, 특별한 표현 기호들에 의해서 뚜렷하게 표시될 수 있으며, 다른 것들과 구별될 수 있다. 탈영토화 과정은 밀도를 감소시키고, 지리적 산종을 촉진하며, 예배 보기 같은 전통적 유대감 유지에 중요한 의례들의 일부를 제거하는 요소를 포함한다. 이러한 과정들에는 사회적 이동성과 세속화가 있다. 사회적 이동성은 사람들이 서로 의존적이지 않도록 만들면서 링크들을 약화시킨다. 이는 지리적 이동성을 증가시키고, 덜 지역적이고 보다 시야가 넓은 태도를 통해 차이에 대한 수용을 촉진시킴으로써 가능하다. 같은 이유로 그 결과로 발생하는 탈영토화된 네트워크들은 그 구성원들이 링크들을 유지하는 데 보다 적극적 자세로 임할 것과 새로운 형식의 공동체 참여를 만들어 낼 것을 요구한다. 왜냐하면 연결은 보다 넓어질 것이고, 약화될 것이며, 연대감의 표현을 위한 기존 의례들은 더 이상 이용할 수 없게 될 것이기 때문이다.[25] 연결을 유지하는 방법으로서 같은 종류의

---

25) Scott, *Social Network Analysis*, p. 12.

지략이 기술에 의해 탈영토화된 개인 상호 간 네트워크에 필요할 수도 있다. 예컨대 인터넷에 생겨난 초기 "가상 공동체"(the Well[26] 같은)에서 회원들은 공존의 결핍이 포함하는 손실을 알고 있었고, 특별한 회합이나 모임들이 이것을 보상하기 위해 정기적으로 계획되고 있었다.[27]

친교 네트워크에서 특정한 교점이 직간접적으로 다른 교점들에 비해 상위에 연결됨으로써 지배적인 것이 될 수도 있지만, 이러한 중심성이나 인기가 그 위치를 점유하는 사람으로 하여금 중심에서 떨어진 교점에 위치한 사람들에게 명령을 발하는 능력을 부여하는 것은 드물다. 이 능력은 권위구조의 존재를 암시하고, 결과적으로 이는 우리가 지금 다른 배치를 다루고 있음을 의미한다. 제도적 조직이 그것이다. 조직들은 가장 아래의 핵가족에서 정부 관료제도와 상업, 산업 혹은 금융회사들에 이르기까지 다양한 규모들로 온다. 근대적 위계 조직은 그 구성 요소들 사이의 관계가 외부성의 관계, 즉 전체를 단결시키는 것이 자신의 행위의 부분집합에 대한 통제권을 다른 사람에게 이전시키는 것을 통한 상대적으로 일시적인 계약관계라고 가정하면 하나의 배치일 수 있다. 이러한 자발적인 복종은 상호성이 고도로 발달한 개인 상호 간 네트워

---

26) 1985년 하워드 라인골드에 의해 유명해진 온라인 초기의 가상 공동체. 주로 전문가들이 모여 온라인 커뮤니티와 관련된 다양한 관심 주제를 놓고 토론을 하였다(옮긴이).

27) Howard Rheingold, *The Virtual Community. Homesteading on the Electronic Frontier*, New York : Harper Perennial, 1994.

크에 있는 사람들 사이 관계들의 균형을 부순다.[28]

　다양한 형태의 권위가 존재한다. 종파宗派 같은 작은 조직에서는 지도자의 카리스마가 명령을 정당화하는 데 충분할 수 있다. 그러나 구성원의 수가 증가해서 일정한 문턱을 넘어서자마자, 형식적 권위는 필수적인 것이 되어 버린다. 그것은 조직화된 종교처럼 전통에 의해 정당화되든, 관료주의처럼 문제를 해결하는 실제 수행 능력에 의해 정당화되든 필수적인 것이다.[29] 모든 조직에서 매일의 명령에 대한 자발적 복종은 강력한 합법성의 표현을 구성한다. 같은 이유로 불복종 행위는, 특히 그것이 처벌받지 않을 때에는, 이러한 표현을 위협하고, 복종한 사람들의 사기에 해를 입힐 수도 있다. 따라서 처벌 형식의 표현적 역할이 위반자를 본보기로 삼기 위해 고안되었다. 다른 한편 처벌 또한 물리적 측면을 가지고 있다. 그리고 이는 그 배치의 물질적 구성 요소를 가리킨다. 그것들은 합법화의 실천이라기보다는 오히려 집행의 실천과 연관된 것이다. 교조적이고 전통적 조직에서 이러한 실천들은 고문, 사지절단, 감금, 추방을 포함할 수 있다. 그러나 다른 많은 조직의 구성원들(감옥, 병원, 공장, 학교, 막사)에서뿐만 아니라 근대적 관료주의에서 집행은 교묘하지만, 어쩌면 보다 효과적인 방법을 사용한다. 공간에

---

28) James S. Coleman, *Foundations of Social Theory*, Cambridge, Mass: Belknap Press, 2000, p. 66.

29) Max Weber, *The Theory of Social and Economic Organization*, New York: Free Press of Glencoe, 1964, pp. 328~336.

대한 특별한 사용, 그 공간에서 위험한 집단들은 분해되고, 개인들은 상대적으로 고정된 장소를 할당받는다. 조사의 체계적 형식들 그리고 행위에 대한 감시, 공간에 대한 분석적 사용을 만들어 내고 그것에 의해 생산되는 실천들. 마지막으로 의료 기록이나 학교생활 기록부의 신중한 보관 같은 병참적 글쓰기가 감시 업무의 산물을 영구히 보존하기 위해 끊임없이 사용된다.[30)]

개인 상호 간 네트워크에서처럼 조직의 경우에도 영토성은 강한 공간적 측면을 갖는다. 대부분의 조직은 물리적 부지를 소유하고 있으며, 그 안에서 조직은 활동을 행하고, 어떤 경우에는 사법권의 범위를 규정한다. 이 영토는 형식적으로는 합법적 사법지역에 의하여 규정되고, 물질적으로는 권위가 실제로 집행될 수 있는 지역으로 규정된다. 그러나 개인 상호 간 네트워크에서와 마찬가지로 영토화 과정은 엄밀히 공간적인 것을 넘어선다. 의례의 반복 혹은 정기적 행위들의 체계적 수행의 형식으로 일상적 행위들의 관례화는 조직의 정체성을 안정화하고, 그것들 자신을 재생산하는 방법을 제공한다. 상업적 조직들이 새로운 지점을 개설하고, 모기업의 제도적 기억(일상의 관례화)을 데려오기 위하여 직원을 파견할 때처럼 말이다. 반면 기술혁신은 조직을 탈영토화하고 그 배치를 변화에 개방함으로써 이러한 정체성을 불안정하게 만든다. 예

---

30) Michel Foucault, *Discipline and Punish. The Birth of Prison*, New York: Vintage Books, 1979, pp. 195~196.

컨대 운송과 통신 기술은 공간적 위치 한계와 절연함으로써, 대면 상호작용하는 것들과 유사한 조직들에 탈영토화 효과를 줄 수 있다. 권위의 근대적 관료주의 형식은 부분적으로는 조직의 많은 지점들의 산포된 행위들이 철로와 전신을 경유해서 조직화될 수 있는 정확성 덕분에 생겨날 수 있었다.[31] 그리고 거대 상업 혹은 산업 기업들이 20세기에 국제적 기업이 되었던 것과 마찬가지로 19세기에 기업들이 전국적 기업이 되었을 때 겪었던 변형들도 유사한 과정이다.

개별 조직은 보다 큰 사회적 독립체를 형성할 수 있다, 이를테면 거대 제조회사들과 연결된 공급과 분배망 혹은 이미 언급했듯이 등급에 따른 보다 작거나 커다란 사법권 내에서 작동하는 정부 기관의 위계 조직들. 도시나 국민국가 같은 가장 커다란 규모를 기술하기 위해서 이 중요한 층위를 일단은 건너뛰자. 도시의 중심부도, 영토적 국가도 그 정부를 구성하고 있는 조직들과 혼동되어서는 곤란하다. 비록 후자의 사법적 경계들이 전자의 지리적 경계들과 일치하더라도 말이다. 도시와 국민국가는 다양한 규모의 사회적 행위자들이 일상 행위들을 수행하는 물리적 현장들로 간주되어야 한다. 예컨대 도시는 물리적 기반 시설과 주어진 지리적 배경을 소유할 뿐만 아니라, 다양한 주민들의 거처를 제공한다. 이를테면 개인 상호 간 네트워크 주민들, 어떤 네트워크는 촘촘하고 잘 국지

---

31) Weber, *The Theory of Social and Economic Organization*, p. 363.

화되어 있으며, 다른 네트워크는 흩어져 있고 다른 도시들과 공유된다. 상이한 규모와 기능을 갖는 조직의 개체군들, 그것들 중 어떤 것들은 산업이나 부문 같은 보다 큰 독립체를 구성한다. 도시는 이러한 거주민들의 활동을 구체적·물리적 장소에 그러모은다. 제국들과 왕국들로부터 국민국가에 이르는 영토적 국가들의 경우도 비슷하다.

도시는 다양한 물질적 요소와 표현적 요소를 소유하고 있다. 물질적 측면에서 우리는 각각의 지역구에 있는 주민의 일상적 활동과 의례들이 수행되고 상연되는 상이한 건물들(음식점, 교회, 상점, 주택 그리고 지역 광장)과 이러한 장소들을 연결하는 거리들의 목록을 작성해야 한다. 19세기에 새로운 물질적 요소들이 추가되었다. 상하수도, 초창기의 가로등에 전원을 공급한 가스관 그리고 나중에 전기선과 전화선들이 추가되었다. 이것들 중 몇몇은 결국 단순히 커다란 전체에 흡수되지만, 기계적 운송과 통신의 전 도시적 시스템은 자신만의 속성을 갖는 매우 복잡한 네트워크를 형성할 수 있으며, 도심과 그 주변의 물질적 형태에 영향을 미칠 수 있다. 좋은 예가 기관차(그리고 철로망)인데, 그것은 엄청나게 커다란 덩치를 가지고 있어서 멈추었다 다시 가속하기가 여간 어렵지 않았다. 그래서 기관차들은 정거장 사이마다 2~3마일의 간격을 두어야 했다. 이것이 기차역 주변에서 성장하는 교외의 공간적 분배

에 영향을 미치고, 그 특징적인 염주 모양의 형태를 갖게 만든다.[32]

표현적 측면에서 좋은 예는 도시의 스카이라인, 즉 많은 건물, 교회의 장식된 첨탑, 공공건물이 하늘과 대비되어 만들어진 윤곽선이다. 수 세기 동안 이 스카이라인들은 방문객들이 도시에 도착했을 때 보았던 최초의 이미지, 도시의 정체성을 알아볼 수 있는 표현이었다. 그러나 이후 교외와 산업 내륙지역이 도시의 경계를 흐리게 했을 때 이러한 효과는 사라졌다. 어느 경우에는 마을의 물리적 스카이라인은 단순히 부분들의 총합이지만, 건축 모티프의 — 뾰족탑, 반구형 지붕, 첨탑, 종탑 — 리듬적 반복과 이러한 모티프들이 주변 경관과 빚어내는 대조는 창발적인 표현 효과들을 만들어 낸다.[33] 20세기에는 초고층 건물과 도시의 특징이 되는 건물들이 스카이라인을 독특하고, 즉각 알아볼 수 있게끔 덧붙여졌다. 그리고 그것은 스카이라인의 표현성이 의도적 고안의 대상이 되었음을 알리는 명백한 표시였다.

다양한 영토화 그리고 탈영토화 과정이 도시 경계의 상태에 영향을 미칠 수 있다. (경계를) 보다 유연하게 하거나 보다 경직되게 함으로써, 그 주민들의 지리적 정체성에 영향을 미칠 수 있다. 이러한 경계들의 극단적 두 형태가 서구 역사에서 두드러진다. 고

---

32) James E. Vance Jr., *The Continuing City. Urban Morphology in Western Civilization*, Baltimore: Johns Hopkins University Press, 1990, p. 373.

33) Spiro Kostoff, *The City Shaped. Urban Patterns and Meanings Throughout History*, London: Bulfinch Press, 1991, pp. 284~285.

대 그리스 도시에서 사람들은 대부분 여름에는 자신들의 시골집에서 살았다. 이러한 이중의 거주 방식과 명확히 규정된 도시 경계가 없었다는 점이 그들의 도시 정체성에 대한 감각에 영향을 주었다. 그것은 한 마을의 주민들은 고향 근처 지역으로 모여들었다는 사실, 즉 그들은 자신들의 지리학적 기원에 충실했다는 사실에서 알 수 있다.[34] 반면 유럽의 중세 도시들은 돌로 쌓은 성벽에 둘러싸여 있었고, 이는 도시정부의 사법권에 명확한 공간적 경계를 부여했을 뿐만 아니라 그 주민들에게 지리학적 정체성에 대한 매우 명료한 느낌을 주었다. 역사가 브로델이 지적했듯이, 이처럼 고도로 영토화된 도시들은 "서구 애국주의의 최초의 중심이었으며, 그것들이 고취한 애국심은 최초의 국가들에서 서서히 생겨났던 영토적 종류보다 오랫동안 더 일관되고 더 의식적인 것이었다".[35] 19세기에 시작된 교외지역과 산업지역들의 발전은 명백히 탈영토화 효과들을 가지고 도심지역들의 경계를 무너뜨렸다. 도시들은 얼마간 그것들의 중심(기차역으로 보자면 기점이었고, 나중에는 대형 백화점이 되었다)을 유지함으로써 오래된 정체성을 가까스로 유지했지만, 2차 대전 후 교외지역의 폭발적 증가와 토지 사용의 차별화(임대, 도매, 제조업, 사무 공간)는 과거 그 낡은 도시의 중심을 특징지었던 복잡한 조합들을 재창조하였다. 결과적으로 이 과정이 그 도시의

34) Vance, *The Continuing City*, p. 56.
35) Fernand Braudel, *The Structures of Everyday Life*, Berkeley: University of California Press, 1992, p. 512.

정체성을 탈영토화시키는 교외지역에 전혀 새로운 중심을 만들어 냈다.[36)]

그러나 거주하기에 좋은 교외지역이 도시의 성벽을 대체하기 수 세기 전에, 또 하나의 과정이 도심의 강한 정체성을 방해하고 있었다. 새롭게 생겨나는 영토적 국가들과 관련한 자치권의 상실이 그것이다. 일단 도시들이 대개 무력에 의해 흡수·합병되고 나면, 시민들의 애국심은 크게 감소했다. 유럽의 몇몇 지역에서는 강한 도시 정체성이 전 국가적 충성심 형성에 장애물이었다. 이러한 이유로 최초의 유럽 영토적 국가들(영국, 프랑스, 스페인)은 유럽이 로마제국의 붕괴라는 그림자로부터 생겨났듯이, 열악하게 도시화된 채 남아 있던 지역들에서 발생했다. 11세기에서 14세기 사이에 급격한 도시화를 목격했던 지역들(북부 이탈리아, 북부 독일, 플랑드르, 네덜란드)은 수 세기 동안 보다 큰 영토적 배치들의 형성을 지연시켰다. 그러나 프랑스 군대가 처음으로 이탈리아 도시국가들을 침공한 1494년부터 30년 전쟁이 끝난 1648년 사이에 가장 자율적인 도시들이 통제 아래 들어갔다. 그 길었던 전쟁을 끝맺음했던 평화조약, 베스트팔렌 조약은 국제법의 탄생, 즉 영토적 국가들이 "주권" 개념을 통해 법적 행위자들로서 명백히 인정을 받는 법적 체계의 탄생을 가져온 사건으로 간주된다.[37)]

---

36) Vance, *The Continuing City*, pp. 502~504.
37) J. Craig Barker, *International Law and International Relations*, London: Continuum, 2000, pp. 5~8.

배치와 마찬가지로 영토적 국가도 다양한 물질적 요소를 갖는다. 이것들은 국경 안에 포함하고 있는 천연자원들(석탄, 석유, 귀금속, 비옥한 농토 같은 광물질)에서 인적자원들(잠재적인 세금 납부자이며, 육해군의 징집 대상들)에 이른다. 이러한 배치를 규정하는 국경들(그리고 자연적 경계들)은 다른 거대 독립체들과 관련하여 물질적 역할을 수행한다. 즉 각각의 왕국, 제국 혹은 국민국가는 국경을 공유하는 다른 영토적 독립체들과 관련하여 주어진 지정학적 위치를 갖는다. 그뿐만 아니라 중요한 해로에 접근할 수 있는 해안선 같은 자연 경계들로부터 오는 물질적 유리함도 갖는다. 베스트팔렌 조약 서명 후, 이후의 전쟁은 여러 국가의 행위자들을 포함하는 경향이 있었다. 이는 역사가 폴 케네디가 논했던 것처럼 지리학이 국가의 운명에 영향을 미친다는 점을 암시한다.

국가의 운명은 […] 기후, 광물, 비옥한 농토, 무역로에 대한 접근성 같은 요소들(비록 그것들이 국가 번영에 모두 중요한 것들이긴 하지만)뿐만 아니라 오히려 이러한 다층위적 전쟁 동안 전략적 위치의 중요성에 의해 영향을 받는다. 특정 국가는 하나의 전선에 힘을 집중할 수 있는가? 혹은 여러 전선에서 전쟁을 해야 하는가? 약소국과 접경하는가, 아니면 강대국과 접경하는가? 유리함과 불리함을 야기하는 것은 주로 지상 병력인가 아니면 해군력인가? 원한다면 중부 유럽의 큰 전쟁에서 쉽게 빠져나올 수 있는가? 해외로부터 오는 추가적 자원을 보호할 수 있는가?[38]

　　이러한 보다 큰 배치들의 광범위한 표현 요소들도 존재한다. 경관의 자연적 표현성에서 그 배치들이 군사적 힘과 정치적 주권을 표현하는 방식들에 이르기까지. 전 국가적, 시도별, 군 단위 수준에서 작동하는 행정 조직의 위계들은 국민주의적 충성이 국기, 국가, 사열 행진, 축제 등을 통해 국민국가에서 어떻게 표현되는가를 규정하는 데 핵심 역할을 했다. 민족 자본이 된 도시들도 중요한 표현 역할을 수행했는데, 가장 훌륭한 예가 30년 전쟁 후 유럽에서 유행했던 도시 기획의 양식이다. "그랜드 매너"라고 칭해지는 이 양식은 새로운 자본들을 중앙집권화된 정부들의 힘을 과장되게 과시하는 것에 사용했다. 큰 도로들이 건설되고, 가로수들이 줄지어 늘어섰다. 전면적 풍경이 생겨났고, 길게 열을 맞춘 획일적 건물 전면과 오벨리스크나 개선문, 조각들 같은 시각적 표지들이 방점을 찍었다. 기존의 혹은 변형된 지형을 포함하는 모든 디자인 요소들이 야심 차고 전반적인 기하학 패턴들 안에서 만났다.[39]

　　민족 자본은 또한 영토화 역할, 즉 동질화, 표준어와 표준 통화에서 법, 의료, 교육 체계에 이르는 다양한 문화 재료를 지방으로

38) Paul Kennedy, *The Rise and Fall of the Great Powers. Economic Change and Military Conflict from 1500 to 2000*, New York: Random House, 1987, p. 86(강조는 원문의 것).

39) Kostoff, *The City Shaped*, pp. 211~215.

수출하는 역할을 수행했다. 영토화는 직접적으로 공간적 표명이기도 했다. 이민자, 상품, 돈 그리고 무엇보다 중요하게는 국경을 가로질러 오는 외국 군대의 유입에 대한 통제권. 베스트팔렌 평화조약이 국경에 합법적 지위를 부여했지만, 이후 수십 년 동안 요새 도시, 외벽, 성채의 건설을 통한 이러한 합법적 경계를 고착시키려는 강렬한 시도가 존재했다. 뛰어난 군사 기술자 세바스티앙 르 프레스트르 보방[40]의 손에서 프랑스의 국경은 프랑스혁명까지 그 방어적 가치를 유지하면서 난공불락이 되었다. 보방은 북부와 남동부에 이중 요새들을 건립했는데, 서로 너무나 체계적으로 연결이 잘되어서 "스위스 국경에서 영국해협까지 가는 모든 길에서 프랑스 요새의 대포 소리가 귀에 들릴 정도였다".[41]

주요한 탈영토화 과정은 이러한 국경들의 통합에 영향을 주었던 것들이었다. 이것들은 공간적 과정, 이를테면 지방의 분리독립, 다른 국가로 귀속된 영토의 부분적 상실 같은 것일 수도 있다. 그러나 한편 그것들은 경계를 거부하는 경제 과정이기도 했다. 영토적 국가들의 국경이 30년 전쟁 후 점차 공고화되면서, 통합에 저항했던 해상 도시들은 진정으로 국제적인 상업·금융 네트워크를 만들

---

40) 세바스티앙 르 프레스트르 세뇨르 드 보방(1633~1707)은 프랑스의 군인이다. 당대 가장 뛰어난 공병이자 요새 설계와 공략 양쪽에서 자신의 뛰어난 능력으로 명성을 얻었다. 그는 또한 루이 14세에게 조언하여 프랑스의 국경을 강화했으며, 직접 방어 시설을 만들었다 (옮긴이).

41) Christopher Duffy, *The Fortress in the Age of Vauban and Frederic The Great*, London : Routledge and Keagan Paul, 1985, p. 87.

어 내고 있었다. 그러한 해상 도시가 암스테르담이었다. 암스테르담은 17세기에 오늘날 세계경제라고 불리는 것의 중심이었던 셈이다. 국제 분업뿐만 아니라 고도의 경제적 일관성을 표시하는 거대한 지리학적 지역.[42] 사실 세계경제는 14세기 이래 서구에 존재해왔고, 베니스가 그 중심 지역이었는데, 17세기에 와서 전 지구적 규모를 획득하자, 그것은 오늘날까지 쉽게 정치적 국경을 넘나드는 경제 흐름을 통제하면서 국민국가를 위한 강력한 탈영토화 과정이 되었다.

배치들의 배치로서의 사회라는 이처럼 확실히 단순화된 묘사는 인간의 역사를 사회구조에 영향을 주는 빙하의 느린 움직임이나 다양한 개인의 생애들의 흐름 같은 단일한 시간적 흐름으로 구성되는 것으로 보려는 시도가 얼마나 오해의 소지가 있는가를 상기하는 교훈으로 봉사해야 한다. 실제로 사회적 배치들이 취할 수 있는 가장 큰 규모(영토 국가, 세계경제)에서조차 우리는 결코 "전체로서의 사회"에 대해 일관되게 말할 수 있는 지점에 도달하지 못한다. "사회"라는 용어는 그저 편리한 표현으로서 보아야 한다. 즉 그 용어는 그 지시대상을 우리가 단언할 만큼의 존재로 만드는 것으로 여겨져선 안 된다. 이는 어쩌면 배치 이론의 원래 판본에서 부단히 모습을 드러내는 용어들, 가령 "사회체", "사회적 장" 같은 용어들을 다루는 방식일 것이다. 필요할 때는 구체적 배치의 묘사로 대

---

42) Braudel, *The Perspective of the World*, p. 21.

체될 수 있는 편리한 일반적 표현들. 오직 그제서야 철학은 페르낭
브로델 같은 유물론적 역사의 획기적인 연구를 따라잡을 수 있을
것이다.

❖ 유물론과 정치학

대부분의 역사 동안 좌파와 진보 정치학은 유물론 철학 위에 안전하게 닻을 내렸다. 노동자들의 일상생활의 물질적 조건들을 개선하기, 여성들의 자기 신체에 대한 통제권을 보호하기, 굶주림과 전염병으로부터 가난한 자들을 떼어 놓기 같은 목표들. 이 모든 것이 고통, 착취 그리고 배제가 현실적으로 (동등하게) 객관적 개입에 의해 바뀌어야 할 필요가 있는 객관적 세계의 존재를 전제하는 가치 있는 목표들이다. 확실히 유물론에는 삶의 개선이 필요한 자들의 이해관계를 모호하게 만드는 것들을 포함하는 주관적 신념과 욕망의 역할에 대한 여지가 있었다. 그러나 이러한 것들이 결코 현실이 무엇인가를 규정하는 데에는 허용되지 않았다. "이데올로기" 개념은 그러한 신념과 욕망들을 분석하는 데 적합하지 않을 수도 있지만, 그럼에도 그것은 그러한 주관적 상태들이 비교되어야 한다는 것과 관련한 물질적 현실이 존재한다는 사실을 포착했다.

그때 모든 것이 변했다. 관념론, 즉 세계가 우리 정신의 산물이라는 믿음에 따른 존재론적 입장은 철저히 보수적 입장에서 많은 학과들과 비평 저널에서 하나의 규범이 되는 정도까지 나아갔다. 문화인류학자들은 토착민의 권리를 보호하는 것이 언어학적 관념론과 그것과 병행하는 인식론적 상대주의를 채택하는 것이라고 믿게 되었다. 미시사회학자들은 옳게도 자신들의 기능주의 선배들이 후원한 조화로운 사회 개념을 포기했지만, 결과적으로는 관념론적 현상학을 껴안는 것으로 귀결되었다. 그리고 많은 분과 학문들, 특히 연구라는 딱지가 붙는 것들은 완전히 물질적 삶을 망각하고 대신에 텍스트적 해석학에만 매달렸다. 더 나쁜 것은 이러한 보수적 전환이 급진적 교양이라는 껍데기를 뒤집어쓰고 은폐되고 있다는 점이다. 그것은 학생들과 심지어 보다 진보적 의제를 추구하는 활동가들에게까지 매력적인 것으로 보인다.

이러한 주장들을 상세히 논하려면 책 한 권의 분량이 필요할 것이다. 이 글에서 나는 단지 한 가지 사례만을 제시하려고 한다. 그러나 그 한 가지 사례만으로도 보수적 전환의 왜곡된 본성을 충분히 보여 줄 수 있을 것이다. 그것은 외견상 유물론적 정치학에 커다란 힘을 실어 주었어야 했던 하나의 저작과 관련이 있다. 미셸 푸코의 『감시와 처벌』이 그것이다. 잘 알려져 있듯이, 이 책에서 푸코는 17~18세기 유럽에서 발생한 하나의 변환, 즉 권위를 집행하는 수단의 역사적 변환을 분석하고 있다. 감옥, 학교, 병원, 병영 막사, 공장 등과 같은 제도적 조직들에서 발생했던 변환. 비록 물리적 고문과 감금이 아직도 우리 곁에 많지만, 그러한 조직들의 몇몇 부분에서 그것들은 보다 교묘한 집행 수단으로 대체되었다. 감시와 통제를 용이하게 하려는 건물의 공간 분할, 인간 신체에 대한 분석적

분배, 관찰과 감시의 증가된 체계성 그리고 부단한 일거수일투족에 대한 글쓰기 기록.[1]

푸코는 이 책으로 새로운 지평을 열었는데, 심지어 그 자신의 이전 저작들과 비교해 보더라도 그것은 참신한 것이었다. 그는 제도적 조직에서 권위적 위치에 있는 사람들의 담론적 실천들과 비-담론적 실천들에 동등한 관심을 보였다. 담론적 실천은 그 이름이 암시하듯, 하나의 담론을 생산하는 것이다. 범죄학 담론, 교육학 담론, 임상의료 담론, 과학적 관리(테일러주의)에 관한 담론. 물론 담론은 푸코의 이전 출판물에서도 주요한 관심사였다. 따라서 담론이 이 책에서도 여전히 중요하다는 사실은 새삼 놀라울 게 없다. 그러나 이제 새로운 실천들의 집합이 담론을 생산하는 것들에 부가된다. 인간 신체에 대한 인과적 개입을 포함하는 실천들. 고문과 사지절단에서 보다 교묘한 다양한 처벌들, 이를테면 강요된 육체적 훈육. 심지어 체계적인 기록의 저장, 요컨대 글쓰기를 포함하고 그래서 담론적인 것으로 간주될 수 있는 실천이 실은 비-담론적인 것이다. 그것은 병참 형식의 글쓰기를 이용한다. 병원에서 약 복용량과 방문 횟수를 추적하기. 학교와 막사에서 일상적 행위와 수행에 관한 글쓰기. 공장에서 사용된 원료와 창고의 내용물에 관한 글쓰기. 담론을 발전시키는 사람들을 위한 데이터로서 봉사할 수 있

---

1) Michel Foucault, *Discipline and Punish*, New York: Vintage Books, 1979, pp. 195~199.

는 글쓰기 그러나 실제 담론이 하는 것처럼 끝없는 해석학의 활동에 스스로를 제공하지 않는 글쓰기 유형.

푸코의 분명한 구별에도 불구하고, 그의 저작에 관심을 보이는 대다수의 인문학 교수들은 고문, 신체의 구속, 훈육 그리고 감시 같은 것들을 담론적 실천들로 간주한다. 그들에게는 물리적이고 물질적인 것으로 보이는 많은 것들이 실제로는 언어적인 것임을 보여 주었던 것이 푸코의 업적이다. 푸코에 대한 이러한 순진한 이해가 의심 없이 받아들여져서는 곤란하다. 그리고 푸코가 행한 원래의 구별은 유지되어야 한다. 간단히 말해서 절도 같은 범죄의 특정 범주와 그 절도범의 손을 절단하는 것 같은 처벌의 특정 범주를 짝짓는 것은 명백히 담론적 실천이며, 사지절단의 실제 행위는 마찬가지로 명백히 비-담론적 실천이다. 비-담론적인 것의 격하, 언젠가 멍청한 교수가 나에게 진술했던 것처럼 사지절단을 "신체의 탈구축"으로서 간주하는 것은 급진적 교양 아래 숨겨진 뿌리 깊은 정치적 보수주의의 징후다.

미국 대학들의 보수적 전환에 대처하는 것이 오늘날 좌파가 직면하고 있는 유일한 도전은 아니다. 더 중요한 것은 유물론 전통에 내재하는 유물론 형식들의 결점들을 고치는 것이다. 물질적 세계가 정신-독립적이라고 단언할 때, 중요한 임무는 그 세계에 거주하는 독립체들의 다소간 안정된 정체성을 설명하는 것이다. 이 정체성이 영원한 본질의 소유에 의해 설명된다면, 우리가 행한 모든 것은 뒷문을 통해 관념론을 다시 불러들이는 셈이다. 따라서 일관된 유물론은 그 주요한 도구로서 객관적 종합 개념, 즉 그러한 안정된 정체성들을 생산하고 유지하는 역사적 과정의 개념을 가져야 한다. 전통적 유물론 형식, 즉 마르크스주의와 관계된 형식들에서 이 개념은 헤겔적 관념론에서 끌어왔지만, 말하자면, 그것을 똑바로 세운 것이었다. 문제가 되는 종합의 과정은 물론 부정의 부정, 대립물들의 종합이었다. 이 개념은 인간사들, 곧 사회적 갈등의 가마솥에서 새로운 제도들의 종합에만 적용되는 것이 아니라 자연 자체의 변증법에 대한 일반적 접근법을 대표하는 것으로도 생각되었다. 불행하게도 종합에 대한 선험적 개념은 정체성이 생성되는 모든 상이한 과정들을 포착하는 데 실패하게끔 되어 있다. 그것을 거꾸로 뒤집어 놓는다 할지라도 말이다.

헤겔 변증법에 대한 거부, 더 넓게는 근본 개념으로서의 부정에 대한 거부로서 질 들뢰즈는 객관적 독립체들에 대한 시간적 종합을 개념화하는 새로운 사유들을 소개했다. 예컨대 펠릭스 가타리와의 작업에서 그는 우리에게 지질학적, 생물학적 심지어 사회학적 지층들이 형성되는 이중분절 과정 개념을 소개했다. 1차 분절은 지층의 물질성과 관계한다. 종합될 원료들의 선택(이를테면 생물학적 지층으로 따지면 탄소, 수소, 질소, 산소 그리고 유황 등등)과 선택된 원료에 통계학적 질서를 부여하는 과정. 2차 분절은 지층의 표현성과 관계한다. 비록 이러한 사유들이 글로 쓰여 무겁게 언어화된 세기에 "표현"이라는 용어가 "언어학적 표현"과 동의어일지라도, 이중분절 이론에서 그 용어는 우선 물질적 표현성을 지시한다. 즉 색깔, 소리, 텍스처, 움직임, 기하학적 모양 그리고 지질학적, 기상학적 독립체들을 너무도 극적인 표현으로 만들 수 있는 다른 독립체들. 따라서 2차 분절은 1차 분절에 의해 생산된 순간적 형식을 고착시키는 분절이며, 그 정체성을 표현하는 일련의 창발적 속성들이 규정하는 최후의 물질적 독립체를 생산하는 분절이다. 들뢰즈와 가타리에 따르면

각 지층은 이중분절 현상을 드러낸다. […] 이는 결코 지층들이 말을 한다거나 언어에 기반하고 있음을 의미하지 않는다. 이중분절은 극단적으로 변하기 쉬우므로 우리는 일반적 모델을 가지고 시작할 수 없으며, 단지 비교적 단순한 경우를 가지고 시작할 수 있을 뿐이다. 1차 분절은 불안정한 입자-흐름들로부터 준안정적인 분자 혹은 유사-분자 단위들(실체들)을 선별하고 추출하며, 그것들에 연결과 접속의 통계학적 질서(형식들)를 부여한다. 2차 분절은 기능적이고 촘촘한 안정적 실체들(형식들)을 수립하고 이러한 구조들이 동시에 현행화되는 몰적 화합물을 구성한다. 예컨대 지질학적 지층에서 1차 분절은 통계학적 질서에 따라 침전물 덩어리를 주기적으로 퇴적시키는 퇴적의 과정이다. 사암과 편암에 이어 플리시의 순으로. 2차 분절은 안정된 기능적 구조를 수립하고 침전물을 퇴적암으로 만드는 "접는"folding 과정이다.[2]

---

2) Gilles Deleuze and Felix Guattari, *A Thousand Plateaus*, Minneapolis : University of Minnesota Press, 1987, pp. 40~41(강조는 원문의 것).

사실 들뢰즈와 가타리가 제공한 예에는 오류가 하나 있다. 퇴적암의 종합은 상이한 크기와 구성의 모래자갈들을 선별하기, 해양 밑바닥에 있는 원료들을 나르고 침전시키는 강물이 수행한 작업을 통해서 진행된다. 그런 연후에 이처럼 느슨한 축적물은 함께 응고되고, 퇴적암 층들로 변형된다. 즉 구성 요소인 모래자갈에 없는 창발적 속성들을 갖는 독립체의 층들로 변형된다. 그 후 상이한 규모에서 이렇게 생겨난 많은 퇴적암들이 새로운 창발적 독립체의 생산을 위해 서로의 상층부에 쌓이고, 지질구조 판의 충돌로 겹친다. 겹쳐진 산맥은 히말라야나 로키산맥처럼 일렬로 이어진다. 우리는 이것이 들뢰즈와 가타리가 상이한 규모로 작동하는 지층들을 구별하는 데 실패하는 유일한 지점은 아니라는 것을 뒤에서 보게 될 것이다. 그러나 그러한 실수가 쉽게 고쳐질 수 있다는 것은 이중 분절 개념이 단순한 오류들에 대해 내구성이 있으며, 보다 중요하게는 실제 지층의 복잡성을 수용하는 다양한 변이들을 만들어 낼 수 있다는 점을 보여 준다. 정말 중요한 것은 형식과 실체 사이의 구별과 두 개의 분절을 혼동하지 않는 것이다. 왜냐하면 각각의 분절은 형식과 실체를 통해 작동하기 때문이다. 1차 분절은 보다 넓은 가능성들 중에서 단지 어떠한 질료를 선택하고, 그것에다 통계학적 형식을 부여하는 것이다. 2차 분절은 이와 같이 느슨하게 질서 잡힌 질료들에 보다 안정된 형식을 부여하고, 새롭고 보다 큰 규모의 물질적 독립체를 생산하는 것이다. 들뢰즈와 가타리는 이러한 두 가지 분절 작용을 지시하기 위해 다양한 용어들을 사용한다. 이 글에서 나는 한 쌍의 용어만을 고수할 것이다. 1차 분절은 "영토화"라고 불리고 형식화된 물질성과 관계한다. 2차 분절은 "코드화"라고 불리고 물질적 표현성을 다룬다.

우리는 이제 이중 종합의 사유를 이렇게 요약해 볼 수 있다. 세계에 거주하는 모든 독립체는 자신들의 물질성과 (비언어적) 표현성 모두에 영향을 주는 특정한 시간적 과정을 통해서 존재가 된다. 이러한 의미에서 모든 정체성은 역사적이다. 그 단어가 인간 역사뿐만 아니라 지질학, 생물학 심지어는 우주의 역사를 지시하기 위해 사용되는 한에서조차 그렇다. 이러한 구성적 역사성은 객관적 독립체들이 내적으로 변화 가능한 것들임을 암시한다. 그것들은 자신들의 물질성, 표현성 혹은 둘 모두에 영향을 주는 탈안정화 과정을 겪을 수 있다. 달리 말하면 그것들은 탈영토화와 탈코드화 과정에 종속될 수 있다. 이는 인간 정치학의 문맥에서 중요한데, 왜냐하면 그것은 모든 사회적 제도들의 역사성일 뿐만 아니라 지금 여기서 중요한 사회적 변화의 가능성이기 때문이다. 낡은 유물론의 역사적이고 변증법적 형식들에 대해 사람들이 무엇을 생각하든 그들은 적어도 올바로 이해했다. 마침내 언어가 이 모든 것에서 수행하는 역할에 관한 문제가 남는다. 이중분절 이론에서 언어의 역사적 발생은 유전적 코드의 발생과 유사하게 다루어진다. 생명체의 발생 이전에 모든 표현은 3차원적이었다. 예컨대 결정체의 기하학은 그 정체성을 표현한 것이었다. 유전자들은 1차원적 표현형식들이고, 뉴클레오티드들의 선형적 연쇄이고, 이러한 선형성은 물질적 표현성을 상세히 설명하도록 허용한다. 들뢰즈와 가타리는 다음과 같이 말한다.

이전에 한 지층의 코드화는 그 지층과 동외연적coextensive이었다. 반면에 유기적 지층에서는 2차원과 3차원에서 가능한 한 많이 떨어져 있는 자율적이고 독립적인 선 위에서 그것(코드화)이 발생한다. […] 본질적인 것은 핵 연쇄의 선형성이다. […] 달리 말해서 그 구조가 자신을 형식적으로 재생산하고 표현할 수 없도록 만드는 것은 영토성의 지표, 3차원성에 대한 결정체의 예속 때문이다. 단지 접근 가능한 표면만이 자신을 재생산할 수 있다. 왜냐하면 그것이 탈영토화가 가능한 유일한 부분이기 때문이다. 그와는 반대로 유기적 지층에서 순수한 표현의 선의 격리는 유기체가 보다 높은 탈영토화의 문턱을 달성할 수 있도록 해 주고, 자신의 복잡한 공간적 구조의 세부를 재생산하는 메커니즘을 부여하며, 유기체의 모든 내부의 층들을 위상학적으로 외부와 접촉하게 해 주거나 오히려 분극화된 한계와 접촉하게 해 준다(따라서 살아 있는 막의 특별한 역할이 나온다).[3]

언어는 자신의 선형성이 이제 공간적이지 않고, 시간적인 점을 제외하고는 언어를 자신의 형식화된 물질성과 훨씬 더 독립적인 것으로 만드는 보다 강렬한 탈영토화를 포함하는 것과 유사한 방식으로 나타난다. 이는 언어에 다른 모든 지층을 재현하는 능력, 즉 "다른 지층의 모든 흐름, 입자, 코드, 영토성을 충분히 탈영토화

---

3) *Ibid.*, pp. 59~60(강조는 원문의 것).

된 기호 체계로 번역하는 능력"[4]을 부여한다. 그리고 이러한 표상하거나 번역하는 능력이 결국 언어 혹은 보다 정확하게는 언어에 기반하는 이론들에 "제국주의적 허세"를 부여하는 것이다. 달리 말하면 보수적 관념론의 확산과 유물론에 대한 거부의 기초를 세운 소위 "언어적 전회" 이후 20세기에 발생했던 세계관들의 언어화는 이 전문화된 표현 선분의 독특한 지위의 결과로서 이중분절 이론 안에서 설명될 수 있다. 이처럼 설명되었기 때문에 불법적 연장에 의해 재현된 개념적 방해물은 에둘러 가는 반면, 언어의 힘은 수용될 수 있다.

유물론적 정치학을 논하기에 앞서 하나의 개념적 방해물이 제거되어야 할 필요가 있다. 전통적으로 가장 정치적 관련성을 갖는 과학들이 스스로를 미시-거시의 선들을 따라 나누어 왔다. 한동안 고전 경제학이 합리적 의사결정자라는 미시적 측면을 재현했고, 고전 사회학은 전체로서의 사회라는 거시적 측면을 나타냈다. 그러나 마침내 두 분야가 다양화되었다. 미시경제학은 국민 총생산, 전면적 인플레이션, 실업률 같은 거시적 양을 취급하는 케인즈의 거시경제학으로 보충되었고, 반면 뒤르켐과 파슨스의 거시사회학은 1960년대 현상학자들에 의해 도전을 받았고, 개인적 경험을 형성하는 데 있어 고정관념이나 일상의 효과를 다루면서 여러 형식의 미시사회학을 낳기도 했다. 그러나 이처럼 미시와 거시를 절대

---

4) *Ibid*., p. 62.

적 규모들로서 취급하는 것에는 심각한 오류가 존재한다.

보다 적절한 접근법은 그것들을 특정한 규모에 대해 상대적인 것으로 다루는 것이다. 우리가 사람들이 부분을 형성하는 공동체를 다루고 있다면, 사람들은 미시 독립체들이다. 그러나 만약 누군가 인간을 구성하는 감정, 느낌, 신념, 욕망을 연구하고 있다면, 사람들은 거시 독립체들이다. 공동체는 그것을 구성하는 사람들에 비해 거시 독립체이지만, 한편으로 보다 큰 전체의 부분일 수도 있다. 서너 개의 공동체들이 사회정의 운동을 형성하기 위해 동맹 연합들로 연결될 때 보는 것처럼 말이다. 그 경우 하나의 공동체는 미시 독립체이고, 전체 연합은 거시 독립체다. 사람들은 제도적 조직들, 즉 권위구조를 갖는 조직들의 구성 요소일 수도 있다. 이 경우 사람들은 미시 층위에서 작동하고, 반면에 전체 조직은 거시 층위에서 작동한다. 그러나 조직은 보다 큰 전체의 부분일 수도 있다. 가령 경제 조직들의 산업 네트워크라든가 연방, 국가 혹은 지역 조직들의 행정 위계구조 같은 전체들. 이 경우에 산업 네트워크 혹은 연방정부는 거시 독립체들이고, 그것들의 구성 요소인 조직들은 미시 독립체들이다.

특정한 규모, 보다 정확하게는 전체들과 부분들 사이의 특정한 관계에 상대적인 미시-거시 구별법은 이러한 개념적 방해물을 제거해 준다. 이렇게 상대화된 규모 개념을 사용하면, 우리는 개별적으로 미시와 거시 층위들에서 작동하는 두 개의 분절에 대해 생각해 볼 수 있다. 들뢰즈는 영토화와 코드화가 발생하는 여러 층위들을 구별한다. 개인적 층위, 집단적 층위 그리고 사회적 장들.[5] 그러나 이러한 세 층위들은 우리에게 충분히 상세한 사회적 존재론을 제공하지 못한다. 일반적으로 유물론 철학에서 배제되어야 할 필요가 있는 것들은 모호하고 굳어 버린 일반 용어들, 가령 "시장"이라든가 "국가" 같은 용어들이다.[6] 사회(혹은 사회적 장) 같은 용어들은 큰 문제가 되지 않는데, 왜냐하면 그것은 언제나 도시국가, 국민국가, 왕국 그리고 제국 같은 구체적 전체들로 대체될 수 있기 때문이다. 이러한 관점에서 이중분절에 대해 보다 세밀하게 조사해 보자. 우선 감옥, 병원, 학교, 병영 막사, 공장들 같은 제도적 조직들에서 시작해 보자. 물론 이러한 것들은 조직들의 "종"種들이며, 17~18세기 동안의 그 변이체들을 푸코가 철저히 연구해 놓았다. 그 주제에 관한 저서에서 들뢰즈는 이러한 사회적 독립체들의 생산에 포함된 두 가지 분절을 아래와 같이 구별한다.

> 지층들은 역사적 구성물, 실증성 혹은 경험성이다. '퇴적물 지층'처럼 그것들은 사물들과 말들, 보기와 말하기, 가시적인 것과 말할 수 있는 것, 가시성의 무리들과 언표 가능성의 장들, 내용과 표현들로 구성된다. 우리는 이러한 용어들을 옐름슬레우에게서 빌려 오지만, 그것들을 완전히 다른 방식으로 푸코에게 적용한

---

5) Gilles Deleuze and Claire Parnet, *Dialogues II*, New York: Columbia University Press, 2002, p. 124와 p. 135.
6) 이 텍스트의 이전 장을 참조하라.

다. 왜냐하면 내용은 여기서 기의와 혼동되어서는 안 되며, 마찬가지로 표현도 기표가 아니기 때문이다. 대신에 그것은 새롭고도 엄격한 분할을 포함한다. 내용은 표현과 형식 둘 다를 가지고 있다. 예컨대 형식은 감옥이고, 실체는 수감된 것들, 가령 죄수들이다. […] 표현 또한 형식과 실체를 가지고 있다. 예컨대 형식은 형법이고, 실체는 그것이 진술의 대상인 한에서 '비행'非行이다. 표현의 형식으로서의 형법이 언표 가능성(비행에 대한 진술들)의 영역을 규정하는 것과 꼭 마찬가지로, 내용의 형식으로서의 감옥은 가시성('전망 감시', 어느 순간에서든 자신은 보이지 않으면서 모든 것을 보는 장소)의 장소를 규정한다.[7]

여기서 들뢰즈는 비-담론적인 것(영토화)과 담론적인 것(코드화)의 선들을 축으로 거칠게 두 개의 분절을 구별한다. 특히 자신들의 일상적 집행을 용이하게 하려고 고안된 건물들에서 수행된 시각적 감독과 감시의 비-담론적 실천들은 재료들(인간의 신체들)을 범죄적, 의학적, 교육학적 범주들로 분류한다. 그리고 범죄학자, 의사 혹은 교사들이 행한 담론적 실천들은 범주들과 범주들이 끼워 넣어진 담론들을 생산하고, 감옥, 병원, 학교에 보다 안정된 형식과 정체성을 부여하면서 그렇게 분류된 재료들을 공고하게 만들었다. 이 정식화에서 유일한 문제는 미시-거시 구별법의 절대적 사

---

7) Gilles Deleuze, *Foucault*, Minneapolis: University of Minnesota Press, 1988, p. 47.

용이다. 들뢰즈와 푸코에게 가시적인 것과 분절 가능한 것은 전체 "사회"를 규정하는 역사적 시대, 즉 "훈육 시대"를 규정한다. 그러나 지질학적 지층의 경우와 마찬가지로 그 문제는 비교적 고치기가 수월하다.

조치를 취할 필요가 있는 첫 번째 것은 두 개의 분절을 "전체로서의 사회"가 아니라 제도적 조직들의 개체군에 적용되는 것으로 간주하는 것이다. 그리고 감옥에 의해 가공 처리된 죄수들, 학교에 의해 가공 처리된 학생들, 병원에 의해 가공 처리된 환자들에다 그 조직에서 직원으로 근무하는 사람들, 즉 단순한 경비, 교사, 의사가 아닌 전체 행정 직원들을 덧붙이는 것이다. 이 사람들 역시 조직의 물질적 구성 요소들이다. 그리고 정도의 차이는 있을지라도 그들도 역시 감시에 종속된다. 관료 조직에서 대형 교회에 이르기까지 다른 많은 조직들은 이러한 행정 직원들을 공유하지만, 감금하고 감시하는 별도의 조직을 갖고 있지는 않다. 이 모든 조직들이 공유하는 것은 권위구조의 소유다. 권위는 두 개의 측면을 갖는다. 하나는 정당성이고, 다른 하나는 집행이다. 푸코는 정당성이라는 문제 틀을 벗어나기 위해 후자에 초점을 맞춘다. 그러나 그의 저작에서 집행 실천을 강조하는 것이 아무리 중요할지라도 정당성의 실천 또한 고려해야만 한다. 거칠게 말해서 집행의 실천은 가시성, 즉 감시뿐만 아니라 전기傳記적 기록물을 보관하고, 신체들을 훈육하는 1차 분절을 구성한다. 반면에 정당성의 실천은 2차 분절을 수행한다.

미셸 푸코가 집행 실천을 올바로 개념화했던 최초의 사상가라면, 막스 베버는 확실히 정당화 실천을 가장 훌륭히 개념화했던 사상가다. 그는 인간의 활동이 강제적 조정에 종속되는 조직에서 순수하게 강압적인 조치들과 물질적 혜택(가령, 임금 같은)은 권위를 안정화시키는 데 충분하지 않다고 주장했다. 게다가 복종하는 사람들은 그러한 명령의 정당성 혹은 보다 정확하게는 그러한 명령들이 표현하는 권위에 대한 권리의 정당성을 믿어야 한다. 베버는 정당성을 명령에 대한 자발적 복종의 중요한 원천으로 간주했기 때문에, 조직의 권위 유형들을 그것에 맞추어 분류했다. 사회적 행위의 강제적 조정은 이러한 분류에 따라 세 가지 "이상적 유형들"과 그 혼합물들이 규정하는 형식들의 연속체로 일어날 수 있다.

연속체의 한끝은 완벽히 효율적인 관료체제의 극단적인 경우에 의해 규정되는데, 거기서 직위 혹은 직무와 그것을 점유하는 사람과의 완벽한 분리가 성취되었다. 특히 직위와 연관된 자원과 재임자의 예리한 분리라는 결과를 가져왔다.[8] 게다가 재임자의 권한 영역은 명확히 문헌화된 규정에 의거해야 한다. 몇몇 규정들은 기술적 규칙을 상술하고, 그것의 적용은 전문적 훈련을 요구할 수도 있다. 이러한 기술적 능력에 대해 재임자를 테스트하는 공식 시험은 직위와 재직자의 분리를 공고한 것으로 만든다. 결국 직위 혹은 직무는 직위들(사람들이 아닌) 사이의 종속의 관계가 글로써, 즉 법

---

8) Max Weber, *The Theory of Social and Economic Organization*, New York: Free Press of Glencoe, 1964, p. 331.

적 구조로써 명시되는 명백한 위계구조를 형성해야 한다. 베버는 이 같은 이상적 유형을 그 질서의 헌법적이고 기술적 측면 모두를 포착하기 위해 "합리적-합법적"인 것으로 부른다. 이 경우에 복종은 비인격적 질서 자체에 기인한다. 다시 말해 정당성은 권위에 대한 권리의 기술적 권한과 적법성에 대한 신념에 의존한다.[9]

권위 형식의 연속체를 규정하는 또 하나의 이상적 극단은 "전통적 유형"이다. 전통적 유형에는 직위와 재임자들 사이의 명백한 분리가 존재하지 않는다. 우선 복종은 정당성이 부여된 권위 있는 직위를 가진 사람에 기인하는데, 그 정당성은 성스러운 것이라고 여겨지는 의례들과 전통적 규칙의 관점에서 부여된 것이다. 관습이 추장의 권위의 크기를 규정하는 반면, 개인적 특권의 영역 또한 존재하는데, 그 안에는 합법적 명령의 내용들이 공개되어 있으며, 매우 자의적인 것일 수도 있다. 베버가 말하는 것처럼 "개인적 특권의 영역에서, 추장은 그의 개인적 쾌락이나 불쾌함, 기호에 근거해서 매우 자의적으로, 특히 자신의 정기적 수입의 원천이 되는 선물에 대한 답례로 은총을 마음껏 수여할 수 있다."[10] 마지막으로 연속체의 세 번째 이상적 극단은 강제적 조정을 포함하는데, 거기에는 추상적 적법성이나 신성한 선례가 적법성의 원천으로 존재하지 않는다. 추상적 적법성이나 신성한 선례 중 어느 하나에 기초한

---

9) *Ibid.*, pp. 328~336.
10) *Ibid.*, p. 348.

집단 행위에 대한 일상적 통제는 특별히 개인적 카리스마 때문에 추종자들이 지도자로 모시는 개인에 의해 거부된다. 실상 이러한 세 가지 이상적 유형(세 가지 특이성들로 규정된 가능성의 공간)들로 규정된 연속체에는 이러한 특징들의 혼합물을 드러내는 조직들이 거주하는 경향이 있다. 카리스마 있는 선출 공무원이 이끄는 관료주의 혹은 과거에 목적을 위한 수단이었던 문헌화된 규칙들이 그 자체 목적이 되어 버린, 즉 관례화된 관료주의 말이다.[11]

제도적 조직은 그것을 구성하는 인간 무리들이 위계 서열로 분류되는 정도까지 영토화된다고 말할 수 있다. 의사결정의 중앙 집중화 정도가 높을수록, 서열의 규정이 예리할수록, 그 조직은 보다 강도 있게 영토화된다고 말할 수 있을 것이다. 또한 인간 신체에 대한 징벌적 개입이 보다 노골적일수록 영토화 정도는 증가한다. 따라서 권위를 강제하는 데 고문과 무차별적 감금이 주요 방식인 조직은 일상적 훈련, 눈에 띄지 않는 감시, 막후 기록 보관 같은 보다 덜 노골적 형식들에 의존하면서 강제가 분산된 조직보다는 더 영토화되어 있다. 2차 분절은 이러한 조직들에서 생산된 담론들(그것들이 단순히 합법화하는 서사 혹은 완벽한 강제 실천에 사용된 공식적 지식)과 문헌화된 규정과 합리화된 일상에서부터 의례적 행위와 의식 복장까지 그들이 코드화되는 방식까지도 포함한다. 이러한 일상 업무와 의례들이 글에서 엄격히 명시될수록, 그 조직은 보

---

11) *Ibid*., p. 359.

다 코드화되어 있다고 말할 수 있다.

푸코는 근대 조직들이 이중의 기원을 갖는다는 사실을 강조했다. 다시 말해 두 개의 분절들 각각이 분리된 역사적 원천을 가졌다는 것이다. 두 개의 분절은 나폴레옹 국가에서 수렴되었는데, 푸코가 적고 있듯이 (그것의 기초는)

[…] 법률가들뿐만 아니라 군인들, 국가 고문들과 하급 장교들, 법조계 인사들과 군부 인사들에 의해 계획되었다. 이 공식화에 동반된 로마의 참조문헌은 확실히 이중의 지표를 지니고 있다. 시민과 부대원, 법과 기동훈련. 법률가들과 철학자들이 조약에서 사회적 신체의 구성과 재구성을 위한 원초적 모델을 찾고 있는 동안, 군인들과 훈육 전문가들은 신체에 대한 개별적이고 집단적 강요를 위한 절차를 정교하게 다듬고 있었다.[12]

만일 이러한 분석이 옳다면 우리가 들뢰즈가 말하는 "가시성들과 언표 가능성들"을 넘어서야 한다는 것은 분명하다. 그 문제를 이렇게 틀 짓는 방식은 인식론적 목적들, 가령 인간 행위(임무 수행, 의학적 증상들, 개인적 성질과 경향)의 어떤 측면들을 가시적으로 만들고, 그것들의 언어적 분절을 용인하는 데 있어 조직들이 행했던 역할을 강조하기에는 유용할 수도 있다. 그러나 정치적 목적, 즉 인

---

12) Foucault, *Discipline and Punish*, p. 169.

간 행위에 대한 강제적 조정이 조직에서 수행되는 방식을 변경하려는 목적에는 훨씬 덜 유용할 수 있다. 특히 정당성과 합리적-합법적 형식의 집행(법률가들과 군인들)이라는 이중의 역사적 원천을 이해하는 것은 실제적 변화를 꾀하려는 정치적 시도에서 중요한 것이다. 그러나 무엇보다 정치학에서 중요한 것은 그러한 분석을 올바른 규모의 층위에 위치시키는 일이다. 즉 우리가 성취한 모든 것이 17~18세기에 존재했던 모든 조직들을 통해 집행의 특정한 실천들이 증식되었던 방식을 이해하고 있다고 할 때, 우리가 "훈육 사회"의 본질을 발견했다고 믿는 실수를 피해야 한다.

나는 이 같은 이중분절 이론의 확장판을 구체적인 사회적 독립체들, 가령 지역 공동체들에 적용하는 방법의 또 다른 예를 제공해 보려고 한다. 많은 공동체들이 명확히 규정된 공간적 위치, 가령 대도시의 마을이라든가 소수인종 지역구 같은 곳에 존재한다. 그 공동체들의 영토화 정도는 친족과 친구 관계의 네트워크를 규정하는 연결의 밀도에 의해 측정될 수 있다. 모든 사람이 그 밖에 모든 사람을 알고 있는 개인 상호 간 네트워크는 높은 밀도를 갖고 있으며, 이는 공동체에 사람들을 내부자와 외부자로 분류하고, 다시 내부자를 평판이 좋은 사람과 그렇지 않은 사람으로 분류하는 능력을 부여한다. 이러한 분류 작용이 1차 분절을 구성한다고 말할 수 있다. 2차 분절은 연대감의 표현을 포함한다. 연대감은 공동체를 향한 연설처럼 언어로 표현될 수 있다. 그러나 그것은 현실적 행위를 통해서 보다 분명히 표현될 수 있다. 가령 필요한 경우에 물질적 도움이나 정서적 후원을 제공하기. 반면 언어는 공동체의 기억을 저장하는 역할을 수행한다. 권위에 저항하는 이야기들이나 다른 공동체들과의 투쟁에 관한 이야기들의 형태로.[13] 정기적으로 이러한 이야기를 듣는 것이 내부적 통합을 증대시키고, 공동체의 정체성을 강화하는 정도까지 이야기를 지어내는 실천도 역시 2차 분절을 수행한다.

공동체에서 연대감의 정도는 정치적 목적을 위해 구성원들을 결집할 수 있는 정도를 결정하는 데 있어 분명히 중요하다. 특히 원거리 통신 기술이 발생하기 이전에 사회정의 운동은 공동체들의 결집을 창출할 수 있는 내부적 연대감에 의존했다. 이러한 연합은 18세기에 정치적 반대의 표현이 기계 파괴, 세금 징수원에 대한 물리적 공격 그리고 다른 형태의 직접적 행위로부터 오늘날 대중 시위의 특징인 일련의 상이한 과시들로 변형되었던 순간부터 중요해졌다. 이는 역사사회학자 찰스 틸리가 논쟁의 목록들repertoires of contention이라고 부른 것에서의 변화이다. 집단적 행위자들이 정치적 권리에 대한 요구를 표현하는 퍼포먼스의 집합. 이러한 표현 목록은 산업혁명 기간에 극적으로 변화되었다. "공중 집회, 시위, 행진, 청원, 팸플릿, 대중매체를 통한 발언, 동지를 식별할 수 있는 기호를 두르거나 입는 행위, 뚜렷한 표어의 의도적 채택 등등."[14] 이러한 수단들을 통해 사회정의 운동은 그것이 훌륭하고, 통합되어 있

---

13) Charles Tilly, *Stories, Identities, and Political Change*, Langham : Rowman and Littlefield, 2002, pp. 28~29.
14) *Ibid.*, p. 90.

으며, 수적으로 다수이고, 열정적인 것임을 표현할 수 있었다. 간단히 말해 그것은 경쟁자들과 정부가 보기에 합법적이고 집단적인 요구였다.

물론 이러한 속성들의 표현은 언어를 사용함으로써 수행될 수 있다. 후원 멤버들이 다수임에 관한 진술을 출판하는 것은 그 무수함을 표현할 것이다. 그러나 이러한 언어적 진술은 부풀려질 수 있으므로, 마을의 특정한 장소에 많은 군중을 모으는 것이 보다 극적으로 그 무수함을 표현할 것이다. 연합에서 통합의 정도는 쉽게 언어적으로 표현될 수 있다. 그러나 그것은 합심한 행동과 상호 지원을 통해 보다 강하게 표현될 것이다. 그러나 이 같은 극적인, 강한, 설득력 있는 요구들이 누구에게 표현되는가? 이것들은 특정한 권리들(집단 협상, 투표, 집회에 대한 권리)에 대한 표현이기 때문에, 의도된 청중은 전형적으로 그러한 권리를 승인할 수 있는 정부 조직들이다. 틸리가 적고 있듯이

요구를 제기하는 것은 정부 혹은 보다 일반적으로 말해서 집중된 강요 수단을 통제하는 개인들이나 조직들이 청구인 혹은 청구의 대상이나 이해 당사자로서 그러한 요구의 당사자가 될 때 정치적인 것이 된다. 예컨대 두 인종적 당파의 지도자가 자신들의 인종적 범주를 위한 유효한 대화 상대자로서 인정을 위한 경쟁을 할 때, 대화 상대자들이 말을 거는 정부는 불가피하게 이해 당사자로서 중요하다. 논쟁은 도처에서 발생한다. 그러나 논쟁적 정치

학은 적어도 제3자로서 정부를 포함한다.[15)

이 같은 예가 보여 주듯이 정치 운동에 대한 올바른 역사적 설명을 주는 것은 사회적 독립체들에 대한 보다 상세한 분석을 포함한다. 즉 우리는 개인, 단체 그리고 사회적 장이라는 세 부분의 구별을 넘어서야 할 필요가 있다. 그리고 비슷한 주장이 정치경제의 경우에도 적용된다. 특히 우리는 "자본주의 사회" 혹은 "자본주의 시스템"에 대해 말하는 것에 익숙해져 있다. 이러한 용어들은 과거에는 좌파의 전유물이었지만 1980년대 이후 우파에 의해서도 채택이 되었다. 유일한 차이가 있다면 한쪽은 그것을 악마시하며, 다른 한쪽은 그것을 영웅시하는 것이다. "자본주의"라는 용어는 교훈극의 대본이 되는 단어쯤으로 격하되었다. 들뢰즈와 가타리는 그것을 탈코드화되고 탈영토화된 흐름들의 공리로 재규정하면서, 그 개념에 새로운 생명을 불어넣었다. "공리"라는 용어의 요점은 국가장치가 수행한 코드화의 비교적 고정된 형식과의 뚜렷한 대조를 생산하는 것이다. 계급적 차이에 따른 의복과 행위에 관한 고정된 코드들. 고대 문헌에 근거를 둔 고정된 법률들. 기술혁신이 두려워 닫혀 있는 기술의 고정된 목록들 등등. 논리학과 수학에서 하나의 공리는 무한한 수의 정리들이 도출될 수 있는 자명한 진리들의 작은 모음이다. 비슷하게도 여기서 "자본주의 시스템"은 무한한 수의 새로

---

15) *Ibid.*, p. 12.

운 독립체들, 가령 기술, 관습, 유행, 재정 도구들을 끌어낼 수 있는 것으로 간주되며, 그 모든 것이 전체 시스템과 양립 가능하다.[16]

13세기 이후 유럽을 휩쓴 상업혁명과 18세기에 시작된 훨씬 더 강렬했던 산업혁명이 모든 종류의 결과들을 탈영토화하고, 탈코드화했음은 의심의 여지가 없다. 그러나 문제는 어떠한 사회적 독립체들이 이러한 탈영토화와 탈코드화를 겪었는가라는 점이다. 유물론적 관점에서 보자면 실제로 존재하는 사회적 독립체들만 그러한 영향을 받을 수 있다. 그래서 문제는 "자본주의 시스템 같은 것이 존재하느냐"가 된다. 들뢰즈와 가타리라면 "그렇다"라고 답했을 것이다. 그들에게 마르크스주의 전통은 자신들이 감히 도전할 수 없었던 조그만 영토이자 그들의 오이디푸스와도 같았다. 그러나 바로 그러한 이유 때문에 우리는 이러한 문제들에 대해 그들을 신뢰할 수가 없다. 그렇다면 우리는 누구를 신뢰할 수 있는가? 그 주제에 관한 진정한 전문가들이며, 전통에 얽매이지 않는 경제 사학자들. 예컨대 페르낭 브로델은 "우리는 자본주의가 서구 사회 전체를 포용한다거나, 그것이 사회적 조직의 전부를 설명할 수 있다고 성급하게 가정해서는 안 된다"[17]고 주장한다. 그리고 그는 계속해서 "만일 우리가 시장경제와 자본주의 사이에 명확한 구별을 할 준비가 되어 있다면 […] 경제 해결책은 어느 것이 시장의 영역

---

16) Deleuze and Guattari, *A Thousand Plateaus*, pp. 454~455.
17) Fernand Braudel, *The Perspective of the World*, New York: Harper and Row, 1986, p. 630.

을 확장할 수 있는가 그리고 어느 것이 이제껏 사회의 한 지배 집단에 의해 독점된 경제적 유리함을 처분할 수 있는가에서 발견할 수 있다"[18]라고 말한다.

이는 힘이 실린 말들이다. 그러나 누가 감히 우리가 명확히 자본주의와 시장경제를 구분해야 한다고 제안할 수 있는가? 이러한 두 개의 용어들(자본주의와 시장경제)은 좌파와 우파 모두에 엄밀히 동의어다. 그러나 우리가 "전체로서의 사회" 같은 굳어 버린 일반성을 포기하고 상업, 재정, 산업 조직들의 개체군에 집중한다면, 그 구별은 완벽한 의미를 갖게 될 것이다. 보다 분명히 말해서 여기서 브로델이 주장하는 것은 최초의 상업혁명 이래 서구에는 두 개의 경제 동력이 존재했다는 점이다. 도매는 결코 소매와 비슷하지도 않으며 (20세기 후반부가 될 때까지는) 거대한 산업 생산은 소규모 산업과 아무런 관련이 없다는 것이다. 달리 말해서 그는 "자본주의"라는 단어를 "대규모 사업"으로 재규정하는 셈이다. 개인적으로 나는 그러한 재규정들이 매우 유용하다고 생각하지는 않는다. "자본주의"같이 우리의 언어적 실천에 단단히 자리 잡은 용어들의 경우에는 특히나 그렇다. 그러나 언어적 문제들을 제쳐 둔다면, 여기서 브로델이 주장하는 것은 경제 조직들의 집단에서 우리는 거대한 규모 덕분에 경제적 힘을 행사할 수 있는 것들과 그렇지 못한 것들을 구별할 수 있다는 것이다. 이는 적절한 규모들 중 하나

---

18) *Ibid.*, p. 632.

를 탈영토화와 탈코드화가 발생하는 곳에 위치시킨다.

　규모의 경제를 통해 부를 창출하는 제조회사는 다양한 방식으로 탈영토화되어 있다. 그것은 대개 복합 주식회사라는 법적 형식을 갖는다. 즉 일상의 운영에 대한 통제권이 소유권과 분리되어 있는 조직화된 구조를 갖는다. 자유롭게 이 회사, 저 회사를 이동하는 경영자들이 통제권을 행사하는 반면, 소유권은 많은 주주들로 분산되어 있다. 이는 소유주 겸 회사에 대한 관리를 제공하는 한 사람의 기업가에 의해 운영되는 작은 회사들과 강렬한 대조를 보여 준다. 또한 대규모라는 것은 회사들이 다양한 경제 기능들을 수직통합(공급자들과 유통업자들을 구매하기) 혹은 수평통합(다른 지역의 회사들을 매입하기)을 통해 내부화하는 것을 허용한다. 결과적으로 내부화는 이러한 거대 회사들을 자족적인 것으로 만들고 지리적 이동성을 부여한다. 그들은 보다 낮은 임금과 세금 혜택을 주는 나라로 공장과 본부를 이전시킬 수 있다. 물론 오늘날 이러한 이동성은 전 지구적인 것이 되었고 훨씬 강렬한 탈영토화가 되었다. 작은 회사들, 특히 네트워크에 존재하고 특정 지역에 거주하는 인재들의 집적에 의존하는 회사들은 이러한 이동성이 결여되어 있다.

　그러나 브로델 역시 상이한 규모들에서 작동하는 다른 사회적 독립체들을 묘사하고 있는데, 그것들 또한 탈영토화와 탈코드화를 겪었다고 말할 수 있다. 도시들이 그것들이다. 도시들은 다양한 방식으로 분류될 수 있다. 그러나 현재의 목적을 위한 적절한 구별은 지역 자본의 역할을 수행하는 내륙 도시들과——17세기 이후에는 민족 자본이 되었다——국제무역 참여를 통해 외부와의 관문 역할을 하는 해상 도시들 사이에 있다. 기관차가 도입될 때까지는 해상 운송이 육로 운송보다 훨씬 더 급속히 발전했다. 그리고 이것이 바다가 만들어 낸 열린 공간들과의 매일의 접촉으로 해상 도시들이 내륙 도시들보다 덜 영토화되게 만들었다. 새로운 천년이 시작된 이래 이렇게 탈영토화된 도시들은 모든 것, 가령 상품, 돈, 사람, 소식, 전염병 등이 보다 빠른 속도로 이동하는 것을 통해 네트워크 안으로 진입했다. 게다가 파리, 비엔나, 마드리드 같은 지역 자본들은 자신들이 지배했던 도처의 지역에서 건너온 이민자들을 매료시켰다. 그리고 수 세기가 넘도록 그 도시들은 서서히 독특한 지역문화를 증류하고, 잘 규정된 정체성을 부여했다. 달리 말해서 이 도시들 또한 고도로 코드화되었다. 반면 베니스, 제노바, 리스본 혹은 암스테르담 같은 해상 관문들은 결코 확연히 구분되는 문화적 정체성을 얻지 못했는데, 그 이유는 그 도시들과 정기적 교류를 행한 다양한 외부 문화로부터 온 요소들을 뒤섞고 조화롭게 만들었으며 따라서 그 도시들의 정체성은 덜 코드화되었다.[19] 브로델에 따르면, 자본주의가 탄생하고 적절히 재정립된 곳은 바로 이렇게 탈영토화되고 탈코드화된 (해상) 도시들이었다.

마침내 우리는 개인들과 개별 공동체들에서 개별 국민국가들에 이르기까지 많은 상이한 규모들에서 다양한 탈영토화와 탈코

---

19) Paul M. Hohenberg and Lynn H. Lees, *The Making of Urban Europe, 1000-1950*, Cambridge : Harvard University Press, 1985, pp. 281~282.

드화의 결과들을 관찰할 수 있다. 공동체들은 자신들의 개인 상호 간 네트워크의 밀도에 따라 영토화가 증가된다. 때문에 밀도를 감소시키는 것은 무엇이든 공동체를 탈영토화시킬 것이다. 이 같은 밀도 감소 요인들 중 하나가 사회적 이동성인데, 그것은 중간계급이 수적으로 증가했을 때, 그리고 동산의 형식들(돈, 채권, 주식들)이 부동산(토지)의 형식들에 비해서 증가했을 때, 점점 더 중요해진 하나의 요인이었다. 적당한 비용이 드는 장거리 운송과 통신 기술들도 탈영토화의 힘들로 작용했다. 나는 들뢰즈와 가타리의 가설이 사실임을 확인하면서 동시에 그러한 탈영토화와 탈코드화가 "전체로서의 사회", 즉 공리로서의 사회의 탓이라고 설명하는 것이 얼마나 부적절한 것인가를 보여 주는 보다 많은 예들을 덧붙일 수도 있다.

　들뢰즈와 가타리는 왜 이 생각에 그토록 집착했는가? 왜냐하면 내가 말했듯이 그들은 삶의 말년까지도 마르크스의 도산한 정치경제학의 주문에 홀려 있었기 때문이다. 따라서 그들은 다음과 같이 적고 있다. "만일 마르크스가 자본주의의 기능을 하나의 공리로서 설명했다면, 그것은 무엇보다도 이윤율 저하 경향이라는 그 유명한 장에 있을 것이다."[20] 이러한 주장의 문제는 "경향"이라는 것이 전적으로 허구적이라는 데에 있다. 왜냐하면 그것의 유일한 근거는 가치에 대한 마르크스주의 이론이기 때문이다. 만일 임금

---

20) Deleuze and Guattari, *A Thousand Plateaus*, p. 463.

노동이 본질적으로 잉여 추출의 방식이라면, 즉 산업 조직이 만들어 내는 모든 이윤이 궁극적으로 노동의 산물이라면, 그리고 만일 기계들은 단지 그것들을 조립한 노동자들의 응고된 노동에 불과한 것이라면, 자본가들이 노동자들을 기계로 대체할 경우 이윤은 반드시 하락할 것이다. 그러나 로봇들로 운영되는 공장이 어떠한 이윤도 낳지 않는다는 증거를 이제껏 어느 누가 보여 주었는가? 당연히 그렇지 않다. 기계들 또한 가치(그리고 이윤)를 생산한다. 왜냐하면 로봇들은 단순한 노동의 산물이 아니며, 훨씬 더 중요하게도 공학 디자인과 과학의 산물이기 때문이다. 그리고 산업 조직도(테일러주의 같은) 가치의 원천이다. 비록 그것이 노동 인구의 탈숙련화 같은 숨겨진 비용을 지불할지라도.

이윤율 저하 경향 혹은 차라리 그것을 뒷받침하는 노동가치론에 대한 믿음이 들뢰즈와 가타리로 하여금 13세기 해상 대도시들이 공급과 수요를 조절할 수 있는 경제 조직들의 탄생지였다고 하는 브로델의 훌륭하게 정리된 주장을 부인하게 만들었다. 그러나 마르크스주의 관점에서는 무역과 신용은 가치를 생산하지 않기 때문에 그러한 행위에 종사하는 도시들은 자본주의를 발생시킬 수가 없었다. 들뢰즈와 가타리가 적고 있듯이

따라서 가장 강렬한 탈코드화가 발생하는 지역들, 이를테면 고대의 에게해 세계라든가 중세나 르네상스 시기의 서구 같은 지역의 도시에 고유한 어드벤처가 있다. 자본주의는 그러한 도시들의 결실이고, 도시의 재코드화가 국가의 초코드화를 대체하는 경향이

있을 때 일어난다고 말할 수는 없는가? 그러나 이는 사실과 맞지 않았다. (소)도시들은 자본주의를 창출하지 못했다. 금융과 상업 도시들은 생산적이지 못했기 때문에 그리고 시골 오지에 무관심했기 때문에 탈코드화된 흐름들의 일반적 통접을 금하지 않고서는 재코드화를 수행하지 못했다. […] [따라서] 자본주의가 승리의 나팔을 분 것은 도시 형태가 아닌 국가 형태를 통해서였다.[21]

특정한 정부 조직들("국가"가 아니라)이 우리가 오늘날 아는 것처럼 산업 조직들을 창출하는 데 중요했음은 사실이다. 왜냐하면 규모의 경제에 필수적인 노동에 대한 산업 훈육과 관례화는 프랑스와 미국의 무기고와 병기고에서 태어난 군사적 기원을 갖고 있기 때문이다.[22] 그러나 그것은 공급과 수요가 결정한 가격의 탈코드화 효과보다는 노동의 초코드화와 더 많은 관계가 있기 때문에 전적으로 다른 문제이다. 이것이야말로 배치를 올바른 규모의

---

21) *Ibid.*, p. 434(강조는 저자의 것). 이 인용문 뒤에 나오는 문장에서 들뢰즈와 가타리는 계속해서 영토국가들이 도시국가들과의 경쟁에서 마침내 승리했다고 주장하면서 브로델을 인용한다. 물론 이는 사실이다. 그러나 그것은 영토국가들이 공리를 번성하도록 허용했기 때문이 아니라 그들이 더 많은 인구를 보유했고 따라서 군대에 징집할 예비군이 훨씬 더 많았을 뿐만 아니라 보다 많은 세원을 확보함으로써 점증하는 군비 경쟁에 투자할 자금을 확보했기 때문이다. 우리가 이로부터 끌어낼 수 있는 유일한 결론은 들뢰즈와 가타리가 브로델의 역사에 관한 세 권의 저작을 다 읽지 못했거나 함축된 내용을 충분히 이해하지 못했다는 것이다.

22) David A. Hounshell, *From the American System to Mass Production. 1800-1932*, Baltimore : John Hopkins University Press, 1984, ch. 1.

층위, 이 경우라면 군사적 조직을 포함하는 전체 조직들에 위치시키는 것이 그렇게도 중요한 이유다. 굳어 버린 일반성이 없는 존재론을 고수하는 것 또한 필수적이다. 불행히도 오늘날 학술 좌파의 대부분은 유물론을 포기하고, 정치적으로 굳어 버린 일반성들(권력, 저항, 자본, 노동 따위)을 목표로 하는 이중 위험에 시달리고 있다. 그러나 새로운 좌파는 이러한 잿더미로부터 생겨날 수 있다. 다만 정신과 무관한 현실에 발을 딛고, 올바른 사회적 규모에 노력을 집중할 경우에 한해서 말이다. 이곳이 유물론 철학자들이 어느 날 변화를 가져올 수 있는 장소이다.

❖ 배치 이론과 언어(학)적 진화

배치 이론의 관점에서 언어 연구에 접근하는 것은 어려운 작업이다. 왜냐하면 언어적 독립체들은 여러 규모의 층위에서 동시에 작동하기 때문이다. 첫째, 단어들과 문장들은 많은 사회적 배치들, 이를테면 개인 상호 간 네트워크와 제도적 조직들 같은 배치의 구성 요소인데, 그러한 배치들의 물질적 요소뿐만 아니라 비-언어적 표현 요소를 가지고 상호작용한다. 둘째, 몇몇 언어적 독립체들은 (종교 담론, 성문 헌법 같은) 주어진 배치의 모든 구성 요소들을 코드화하는 능력을 가지고 있다. 첫 번째 경우에 언어적 독립체들은 사회적 배치의 변수들인 반면, 두 번째 경우에 언어적 독립체들은 사회적 배치의 매개변수다. 결국 언어 자체는 특징적인 부분-대-전체 관계를 드러내며, 하나의 배치로서 연구될 수 있다. 소리나 문자는 환원 불가능한 자신만의 의미론적 속성들을 가지고 전체들, 즉 단어들을 형성하기 위해 상호작용한다. 단어들은 자신들만의 의미론적이고 통사론적 속성들을 가지고 보다 큰 전체, 즉 문장들을 형성하려고 상호작용한다.

하나의 배치로서의 언어의 표현 요소들은 단어들과 문장들의 의미뿐만 아니라 표현성의 다른 비-의미론적 원천을 포함하고 있다. 어조, 강세, 리듬, 운율 등등. 물질적 요소들은 음향적 질료, 즉 후두에서 생산되거나 혀, 입천장, 치아와 입술이 조성한 공기의 진동이거나 물리적 기입이다. 돌 위에 새겨 넣은 것, 종이 위에 쓰인 잉크 혹은 인터넷에서 언어를 전기적 흐름으로 코드화하는 0과 1도 마찬가지다. 하나의 배치로서 언어 자체를 연구한다고 할 때, "일반적 언어" 같은 것은 없다는 점을 강조하는 것이 중요하다. 다시 말해 우리는 굳어 버린 일반성인 "언어"를 모든 개별적 특이성들로 대체해야 한다. 복수적인 개별 방언들이 개별 표준어들과 공존하고 상호작용한다.

분석 목적을 위해서 이러한 세 가지 상이한 층위들, 즉 사회적 배치들의 변수로서의 언어, 매개변수로서의 언어, 배치로서의 언어 자체를 구별하는 것이 편리하겠지만, 어떤 구체적 경우에는 세 개의 층위들 모두가 동시에 작용하고 서로에게 영향을 줄 것이 분명하다. 이 글에서 나는 세 가지 층위들을 따로 떼어서 기술할 것이다. 우선 변수로서 혹은 마치 공동체들이나 조직들처럼 배치의 표현 요소로서의 언어의 역할에서 시작하겠다. 그 분석을 올바른 층위에 놓기 위해서 속성들과 능력들을 구별하는 것이 중요하다. 언어의 음운론, 의미론, 통사론적 속성들은 서로 다른 층위들에서 대략 항상적인 것으로 남아 있지만, 언어의 능력들은 그렇지가 않다. 속성들과 능력들 사이의 구별은 독립체란 무엇인가와 독립체는 무엇을 할 수 있는가 사이의 구별과 유사하다. "말로 행위하는 방법"How to

Do Things with Words이라고 적절히 이름 붙여진 유명한 텍스트에서 철학자 존 오스틴은 문장들(혹은 보다 정확히 말하면 진술들)은 발화로 사회적 공약들, 가령 약속, 내기, 사과, 위협, 경고, 명령, 사형선고, 전쟁 선포 그리고 다양한 다른 "화행"speech acts[1]들을 생산하는 수행 능력을 가진다는 생각을 소개했다.

화행은 흔히 특정한 의미론적, 통사론적 속성을 가진 진술에 의해 수행된다. 가령 "나는 X를 약속한다" 혹은 "나는 너에게 Y를 할 것을 명령한다" 같은 수행적 진술문들. 그러나 이러한 속성은 그 진술문에 (발화수반)[2] 능력을 부여하기에 충분하지 못하다. 사형선고를 내리는 판사의 발화를 예로 들자. "나는 너에게 유죄를 선고하고 사형을 언도한다." 이 진술문은 단지 그것을 말하는 사람이 올바른 조직, 그러니까 입법이나 행정 조직이 아닌 사법 조직의 적법한 권위를 가진 사람인 경우에만 영향을 줄 수 있는 능력을 갖는다. 게다가 그 진술문은 영향을 받을 수 있는 능력을 가진 사람에게 전해져야 한다. 예컨대 인간 외의 동물은 법정에서 유죄를 선고받을 수 없다. 그리고 많은 사법 조직들에서 정신병이 있는 사람은 사형을 선고받을 수 없다. 명령 또한 군사 조직의 명령의 연쇄에

---

1) John L. Austin, *How to Do Things with Words*, Cambridge Mass: Harvard University Press, 1975, p. 26. 언어학에서 화행은 화자의 관점에서 정의된 발화이고, 청자에게 그것이 끼치는 효과를 의미한다. 본질적으로 이는 화자가 자신의 청중에게 환기시키려고 하는 행동이다(옮긴이).

2) 발화수반행위(illocutionary act)는 발화행위에 뒤따라 발생하는 약속, 명령, 질문, 진술, 강요 등의 행위를 가리키며, 언어행위의 핵심이다(옮긴이).

서처럼 권위적 위계의 존재를 전제한다. 왜냐하면 명령을 받는 사람들뿐만 아니라 명령을 내리는 사람들에게도 구속력을 갖도록 하는 화행은 그 위계 안에서 올바른 위치를 가져야 하기 때문이다. 한 사람은 부하라야 하고, 다른 한 사람은 법적 상급자라야 한다. 다른 화행들은 조직적 배치의 존재가 아니라 공동체들의 존재를 전제한다. 예컨대 유대가 긴밀한 공동체에서 지켜지지 못한 약속에 대한 입소문은 빠르게 전파되고, 이러한 위반은 조롱이나 추방으로 처벌받을 수 있다. 때문에 하나의 공동체는 그 내부에서 약속, 내기, 사과, 단언이 영향을 주는 능력을 갖고, 그 구성원들은 단지 영향을 받는 그러한 배치다.

어떻게 화행은 조직이나 공동체의 한 구성원에게 정확히 영향을 미치는가? 답은 그/그녀의 사회적 지위를 변화시키는 방식으로 영향을 준다는 것이다. 약속을 하고, 내기에 동의하고, 사과를 수용하고 난 후에는 공동체의 한 구성원의 지위는 그/그녀가 이제 특정한 사회적 의무를 취득했다고 다른 구성원들이 간주한다는 의미에서의 사건을 통해서 바뀐다. 약속을 지키고, 내기 돈을 지불하고, 용서하는 식으로 행동하는 것. 그리고 조직에서 수행된 화행도 마찬가지다. 유죄 평결은 그것이 갖는 모든 결과들로 한 사람의 지위를 무죄에서 죄인으로 바꾸어 놓는다. 그리고 일단 군대에서 명령이 주어지면, 그 명령을 받은 병사의 지위는 바뀌게 된다. 이제 그는 명령을 수행할 의무를 갖거나 명령 불복종으로 처벌을 받는다. 들뢰즈와 가타리는 언어의 능력들이 실현되는 사건들을 구별한다. 그것들은 배치의 물질적 요소로부터 표현 요소로서 비신체적 변환

들을 (결과로서) 가져온다. 판사의 판결문에서 쓰고 있듯이

> 사실상 이전에 발생하는 것(누군가 기소된 범죄) 그리고 이후에
> 일어나는 것(처벌의 실행)은 신체들(건물의 신체, 희생자의 신체,
> 기결수의 신체, 감옥의 신체)에 영향을 주는 능동-수동들이다. 그
> 러나 피고인을 죄인으로 만드는 변환은 순수하게 즉각적인 행위
> 이거나 판사의 판결문에서 표현된 비신체적 속성이다. 전쟁과 평
> 화는 매우 다른 종류의 신체들의 뒤섞임이나 상태들이지만, 전국
> 적 병력동원의 선포는 신체에 대한 즉각적이고 비신체적인 변환
> 을 표현한다.[3]

들뢰즈와 가타리는 오스틴으로부터 화행 개념을 취하면서 몇
가지 자신들만의 요소를 덧붙인다. 특별히 그들은 배치 이론과 화
행 이론을 연결하기 위해서 명령-어라는 개념을 창안해 낸다. 한
편으로 명령-어들은 약속을 생산하는 진술문의 능력을 지시한다.
"명령-어는 단지 명령하고만 관계를 맺는 것이 아니라, 사회적 의
무를 갖는 진술문과 연결된 모든 행위와 관계한다. 모든 진술문은
이러한 연결을 직간접적으로 드러낸다. 질문, 약속들은 명령-어들
이다."[4] 다른 한편 들뢰즈와 가타리는 명령-어 개념이 언어의 소통

---

3) Gilles Deleuze and Felix Guattari, *A Thousand Plateaus*, Minneapolis: University of Minnesota Press, 1987, pp. 80~81.
4) *Ibid.*, p. 79.

적 기능, 즉 소통하려는 의지를 갖는 사람이나 주체의 존재를 암시하는 기능들과 아무런 관련이 없으며, 진술문(그리고 그들의 발화수반 능력들)의 비인격적 전달과 관계가 있다고 주장한다. 예컨대 군사적 위계에 명령이 주어지면, 명령을 발하는 사령관의 의도가 중요할 수도 있지만, 명령이 내려진 후부터 정말로 중요해지는 것은 명령의 연쇄를 따라 흐르는 명령의 전달이다. 그리고 의무의 불이행이 공동체에서 목격되면 파기된 약속이나 그릇된 주장을 증언하는 사람의 의도는 단지 입소문을 통한 전달 과정의 시작일 뿐이다. 그것은 전체로서의 공동체에 그 구성원들의 평판을 저장하는 능력을 부여하는 비인격적 과정이다. 저자들이 적고 있듯이

> 만일 언어가 언제나 그 자신을 전제하는 것처럼 보인다면, 우리가 그것에 비-언어적 출발점을 할당할 수 없다면, 그것은 언어가 보이는 것(혹은 느껴진 것)과 말해진 것 사이에서 작동하지 않기 때문이 아니라 언제나 말하기에서 말하기로 움직이기 때문이다. 우리는 서사라는 것이 우리가 본 것을 소통하는 것이 아니고 우리가 들은 것, 누군가 당신에게 말한 것을 전달하는 데에 있다고 믿는다. 전해 들은 말 […] 언어는 제1자와 제2자, 즉 사건을 본 사람에서 사건을 보지 못한 사람으로 흘러가는 것에 만족하지 않는다. 그것은 반드시 제2자에서 제3자로 흘러가는 것이며, 그들 중 어느 누구도 그 사건을 보지는 못했다. 언어가 명령-어로서의 말의 전달인 것이지, 정보로서의 기호의 소통이 아니라는 것은

이런 의미에서다.[5]

　　표현 요소들 중 하나로서 전달 가능한 명령-어들을 소유하는
공동체나 조직은 "언표행위의 집합적 배치"[6]라고 불린다. 명령-
어는 이러한 배치들을 특징짓는 변수들 중 하나다. 가능한 화행만
큼의 많은 값을 취할 수 있는 변수들. 그러나 이러한 배치들의 모
든 요소를 코드화하는 것처럼 보이는 보다 큰 다른 언어적 독립체
들을 우리는 어떻게 생각할 수 있을까? 예컨대 판사의 판결문의
경우에서 법원(사법 조직의 보다 큰 배치의 한 부분으로서)은 진술문
이 영향력을 집행하는 개별 사건들뿐만 아니라 과거의 법 지식과
선례들을 코드화하는 보다 큰 법의 신체body[7]에 의해 특징지어진
다. 특정한 문장이 정당성을 얻는 것은 그 법조문을 언급함으로써
다. 비슷하게 군사 조직(그리고 대부분의 민간 조직)에는 정부가 그

---

5) *Ibid.*, p. 77.
6) *Ibid.*, p. 88. 이 표현에다 공동체들과 기구들은 또한 이질적 물질적 신체들(인간들, 기계
　들, 도구들, 음식과 물, 건물들과 가구 등등)의 섞임이라는 것이 추가되어야 한다. 따라서 한
　편으로 하나의 공동체 혹은 기구는 "신체들의 기계적 배치, 서로 반작용하는 신체들의 섞임
　이며 다른 한편으로 그것은 행위들과 진술들의, 신체에 귀속되는 비신체적 변환들의 언표
　의 집합적 배치이다." (강조는 원문의 것.)
7) 들뢰즈에게 신체(body)는 부분들로 구성된 어떤 전체로서 규정된다. 거기서 이러한 부분
　들은 다른 부분들과 명확한 관계에 있으며, 다른 신체들에 의해 영향받는 능력을 갖는다.
　사람의 신체는 이러한 신체의 한 사례이다. 그러나 하나의 신체는 작품 전집, 사회적 신체,
　정당 같은 것이 될 수도 있다. 신체는 단순한 물질성, 가령 공간을 점유하거나 유기적 구조
　에 의해 규정되는 것이 아니고 그 부분들의 관계(움직임과 정지, 빠르고 느림 같은)에 의해
　규정된다(옮긴이).

조직에 승인한 기능, 권리, 의무를 코드화하는 성문법이 있을 것이다. 이러한 성문법은 특정한 명령들이 적법한 권위를 가지고 주어질 수 있는 배경을 형성한다. 비록 이러한 성문법들이 명령-어의 전달을 통해 작동할지라도, 그것들은 이러한 배치들의 변수들이라기보다는 그것들의 전체 환경을 수량화하는 매개변수들이다. 그리고 공동체의 경우에도 마찬가지다. 종교 담론은 장소들을 성스럽고 세속적인 것으로, 음식을 허용 가능한 것과 금기로, 1년 중 하루를 특별한 날로 코드화하고, 사회적 배치의 모든 표현적이고 물질적 요소에 영향을 미친다.

변수들과 매개변수들 사이의 구별은 물리적 과정들의 수학적 모델로부터 나온다. 예컨대 온도는 동물을 둘러싸는 환경의 온도를 수량화하는 매개변수일 뿐만 아니라 동물 신체의 내부 온도를 나타내는 변수로서 나타날 수 있다. 우리는 이러한 구별을 언어적 독립체들이 배치의 모든 요소에 영향을 미칠 때, 즉 언어적 독립체들이 배치 환경의 부분일 때 수행한 역할을 포착하기 위해서 차용할 수 있다. 우리는 배치 개념을 매개변수화하는 데까지 밀고 나가서, 그 안에 다양한 설정치를 갖는 "조절 손잡이들"을 설치할 수도 있다. 손잡이의 눈금들은 배치의 요소들의 균일한uniform 정도 혹은 규정하는 경계들의 예리한 정도(영토화 매개변수)를 수량화할 수 있다. 다른 손잡이는 법조문이나 종교 담론에 속하는 언어적 범주들이 체계적으로 이러한 요소들에 할당되는 정도(코드화 매개변수)를 수량화할 수 있다. 매개변수화의 이점은 그것이 역사적으로 구성된 모든 독립체들의 정체성의 내적 가변성을 포착할 수 있도록 해 줄 뿐만 아니라 변이가 특정한 통계적 분배를 소유하는 개념적 개체군을 형성함으로써 우리가 쉽게 그 개념을 수없이 우리 마음속에 배치하도록 허용한다는 것이다.[8]

전체 배치 개체군들과 그것들의 변이가 분배되는 통계적 형식에 대해 생각할 수 있다는 것은 배치 이론을 언어학적 진화에 적용하는 데 있어 매우 중요하다. 비록 위의 논의가 조직이나 공동체 구성원들 사이에서 명령-어의 전달 가능성을 강조할지라도, 명령-어들이 세대를 가로질러 부모(혹은 선생들)로부터 아이들까지 전달되는 것도 역시 분명하다. 이러한 면에서 단어와 문장들은 유전자와 유사하다. 즉 그것들은 복제물들이다. 생물학자들은 유전자들이 진화에 대한 독점권을 갖는 것이 아님을 어느 정도 알고 있었다. 학습된 행위 패턴, 즉 유전적으로 신체에 내장되지 않은 행위에 관한 패턴들은 모방에 의해서 한 세대에서 다음 세대로 전달될 수 있다. 이러한 진화 과정에 대한 가장 훌륭한 범례는 나이팅게일이나 찌르레기의 복잡한 새소리다. 이러한 복제하는 행위 패턴들은 "밈"memes[9]이라고 칭해진다. 인간 세계에서 밈들의 전형적인 예는 패션(의복 패턴, 춤의 패턴)이다. 그러나 보다 중요한 복제하는 독립체 유형은 모방에 의한 것이 아니라, 강제된 사회적 의무에 의한

---

8) 배치의 개념을 매개변수화하는 생각에 대해서는 이 책의 첫 번째 글을 참조하라.

9) Richard Dawkins, *The Selfish Gene*, New York : Oxford University Press, 1990, pp. 19~20. 비유전적 문화 요소 —— 유전자가 아닌 모방 등에 의하여 다음 세대로 전달된다(옮긴이).

것, 즉 언어를 구성하는 소리, 단어 그리고 문법 규칙들이다. 비록 아기들이 처음에는 부모의 입에서 나오는 소리들을 모방하는 것을 목표로 삼지만, 곧 모국어로 말하는 것이 선택이 아닌 강제임을 깨닫는다. 그리고 그들이 순응해야 하는 규범(자신들의 공동체에서 말해지는 방언)이 있다는 것을 깨닫게 된다.

진화의 모든 경우에서 변이는 없어서는 안 되는 것이다. 만일 유전자들이 정확히 자기복제하고, 오류나 돌연변이를 복제할 수 없다면, 유기적 독립체들은 진화할 능력을 갖지 못할 것이다. 왜냐하면 다른 것들을 희생하는 대가로 어느 변종들의 복제를 촉진하는 도태압은 적응 가능한 특징들의 완만한 축적을 통해 운용할 만한 원료를 갖지 못할 테니까. 그리고 이러한 사실은 다른 종류의 복제하는 독립체에 대해서도 적용된다. 방언들의 경우, 변이의 총계 그리고 구심력(영토화)이나 원심력(탈영토화)의 정도는 많은 경우에 강제집행의 강도에 의해서 규정된다. 강제집행은 언어 아카데미 같은 제도적 조직에 의해 수행될 수 있다. 언어 아카데미는 16세기 후반 유럽에서 시작되어서 플로렌스나 파리 같은 지배적 지역 자본들의 방언을 표준어로 채택하기 위해 승인되었고, 공식 사전의 편찬, 공식 문법, 정확한 발음에 대한 교본들을 출판함으로써 그것들을 강제했다. 그러나 강제집행은 유대가 긴밀한 공동체에 의해서도 수행될 수 있다. 사회-언어학자들이 20세기에 와서도 영어나 프랑스어의 많은 방언들이 생존하였음을 설명하려고 시도할 때 (표준어로 하는 의무적 초등교육, TV와 라디오 표준어 방송, 국가의 중심지에서 온 관광객들의 확산이라는 동질화하는 영향에도 불구하고)

그들은 이유를 밝히기 위해 두 가지 요인을 사용한다. 첫째, 공동체 구성원들이 사용하는 언어는 소통을 위해서뿐만 아니라 정체성의 표식으로도 사용된다.[10] 공부를 위해 대도시로 유학을 갔다가 다른 억양으로 귀향하는 작은 마을의 젊은이는 외부인으로서 그 고장을 계몽하기 위해 보다 복잡한 변이를 데리고 오기 때문에 환영받지는 못할 것이다. 둘째, 평판을 저장하고 지역 규범의 위반을 탐지하는 유대가 긴밀한 공동체의 능력은 처벌 형식으로 조롱과 추방의 사용에 연결되었기 때문에 그 지역의 언어적 정체성을 강제하고 유지할 능력을 부여한다.[11]

이를 몇 가지 예들로 설명해 보자. 로마제국의 붕괴 이전, 로마는 정복했던 모든 지역들에 공식 언어로 라틴어를 부과했는데, 이 지역들은 비교적 언어적으로 동질화되어 있었다. 로마의 지배하에 있던 지역은 너무나 넓어서, 지역적 변이체들이 틀림없이 존재했을 것이다. 그러나 로마 군대와 고위 관리들(정부 조직뿐만 아니라)이라는 존재가 그 변이체들이 중심을 향하도록 유지했다. 예컨대 고위 관리에게 말을 걸 수 있으려면, 지역민들은 로마의 라틴어를 사용해야 했다. 그리고 이것이 하나의 규범으로 사용될 표준어를 제공해 주었다. 그러나 제국과 제국의 규칙을 강제했던 조직들

---

10) William Labov, "The Social Setting of Linguistic Change", *Sociolinguistic Patterns*, Philadelphia : University of Pennsylvania Press, 1972, p. 271.

11) Lesley Milroy, *Language and Social Networks*, Oxford : Basil Blackwell, 1980, pp. 47~50.

이 존재하기를 멈추고, 지역 공동체들이 강제집행 메커니즘으로서의 제국의 조직들을 대체했을 때, 그 변이체는 원심적인 것으로 전환했다. 정복을 당한 민중들이 사용한 세속적 라틴어는 변하기 시작했고, 엄청나게 다양한 로마 방언들을 만들어 냈다. 처음에는 이러한 폭발적 분기가 눈에 띄지 않게 진행되었다.[12] 로마제국의 라틴어화된 지역에 사는 민중들은 그들 모두가 라틴어로 말을 하고 있다고 생각했다. 그리고 새롭게 생겨나는 변종(방언)들에 대한 적절한 이름은 거의 없었다. 세속적 라틴어라는 새로운 판본들이 존재한다는 자각은 (정부) 조직의 개입을 수반했다. 샤를마뉴 궁정이 9세기 초에 도입했던 개혁들. 알캥Alcuin이라는 이름의 전문 문법학자가 왕국 내에 존재하는 언어 상태에 대한 보고를 위해 초빙되었다. 그리고 그는 왕에게 전혀 새로운 것이 성벽 밖에 존재한다고 알렸다. 그는 이 새로운 언어를 "루스티카 로마나(로마 시골방언)"[13]라고 불렀다.

중세 시대에는 "방언 연속체"[14]라고 불리는 것 안에 많은 로망스어들이 공존했다. 예컨대 중세 파리 방언은 프랑코-프로방스, 갈

---

12) Alberto Varvaro, "Latin and Romance : Fragmentation or Restructuring?", ed. Roger Wright, *Latin and the Romance Languages in the Early Middle Ages*, London : Routledge, 1991, pp. 47~48.

13) Roger Wright, "The Conceptual Distinction between Latin and Romance : Invention or Evolution?", *Ibid.*, p. 109.

14) M. L. Samuels, *Linguistic Evolution*, London : Cambridge University Press, 1972, p. 90.

리아-이탈리아 방언들 같은 프랑스어 연속체에 연결되어 있었다. 비록 비교적 예리한 변천(등어선들)이 연속체 안에 존재했지만, 정부와 종교 조직에서 사용되는 라틴어와 비교해 보면 프랑스-로마어, 스페인-로마어, 이탈리아-로마어로 분기하는 방언들은 상당히 탈영토화된 독립체였다. 반면 고전 작품들과 카롤링거 개혁부터 구어 형식으로 주어진 위엄 있는 라틴어는 매우 영토화되고 코드화되었다. 그 내적인 동질성은 로마의 텍스트들에 대한 참조를 통해 유지될 수 있었다. 귀족과 종교 공동체가 통치한 그 경계들. 그리고 그 코드화된 용법들(대중 앞에서 성경을 소리 내어 읽기, 법과 칙령들을 쓰기). 배치 이론을 이러한 독립체들에 적용하기 위해 들뢰즈와 가타리는 다수어와 소수어라는 개념을 도입했다. 그들이 적고 있듯이

두 종류의 언어들, 즉 "고상한" 언어와 "저속한" 언어, 다수어와 소수어 사이의 구별이 만들어져야 하는가? 첫 번째 언어들은 정확히 상수들의 힘에 의해 규정될 것이고, 두 번째 언어들은 변이의 힘에 의해 규정될 것이다. 우리는 단순히 다수어의 통합과 방언들의 다양성 사이에 하나의 대립을 설정하고자 함이 아니다. 차라리 각각의 방언들은 변천과 변이의 지대를 갖고 있으며, […] 방언들의 지도 위에 명확한 경계를 긋는 것은 어렵다. 대신에 과도적인 경계 지대들, 식별 불가능의 지대들이 존재한다. […] 방언이라는 바로 그 개념은 무척이나 의문스럽다. 게다가 그것은 상대적인데, 왜냐하면 우리는 어떤 다수어가 그 기능을 행사하는

지에 관하여 알 필요가 있기 때문이다. 예컨대 퀘벡어는 표준 프랑스어와 비교해야 할 뿐만 아니라 모든 종류의 음성학적, 통사론적 요소들을 변이 속에 두기 위해 빌려 오는 다수적 영어와도 비교해서 판단해야 한다. […] 간단히 말해 방언이라는 개념이 소수어의 개념을 명료하게 밝히는 것이 아니라 오히려 그 반대다. 그 자신의 변이 가능성을 통해 방언을 규정하는 것은 소수어다.[15]

다수어와 소수어 개념의 상대성은 매개변수화된 개념으로 포착될 수 있는데, 매개변수들의 가치는 역사적으로 상이할 수 있다. 따라서 로망스어의 모든 방언 형식들이 새로운 천년의 전반부(11~15세기)까지는 고전적인 다수적 라틴어와 비교해서 소수성을 계속 유지했지만, 몇몇 방언들은 다른 방언들과 비교해 볼 때 다수어가 되었다. 11세기에서 14세기 동안 유럽에서 발생했던 상업혁명, 증식하는 도시국가들 내에서 정부 기능의 다양화, 글쓰기 용법의 다변화. 자격증, 수료증, 진정서, 비난성명서, 유서, 유품 목록, 상업과 금융 계약서들이 빈번히 글로 쓰이기 시작했다.[16] 이처럼 급부상하는 수요와 고전적 라틴어 필경사의 공급이 일치하지 않았기 때문에 여러 지역 자본들의 정부는 자신들만의 방언을 위한 글

---

15) Deleuze and Guattari, *A Thousand Plateaus*, pp. 101~102.
16) Peter Burke, "The Uses of Literacy in Early Modern Italy, eds. Peter Burke and Roy Porter, *Social History of Language*, Cambridge: Cambridge University Press, 1987, pp. 22~23.

쓰기 체계 창출을 의뢰했다.[17] 글쓰기 형식의 등장은 여러 결과를 야기했다. 그것은 글쓰기 형식이 없는 방언들과 비교해 볼 때 진화의 속도를 늦추며 방언들 내에서 변이의 강도를 약화시켰다. 사용자들 사이에서 그들만의 독특한 정체성에 대한 자각을 증가시켰고, 주요한 다수적 표준어와 비교해 위신의 수준을 강화시켰다. 간단히 말해서 글쓰기는 (방언) 연속체의 몇몇 구성원들을 나머지 소수어들과 비교해 다수어로 변형시키면서 보다 분리되고 변함없도록 만들었던 영토화 효과를 가졌다.

오늘날 영어 방언들의 선조들을 낳았던 진화 과정은 유사한 패턴을 보여 준다. 이 과정을 위한 원료들이 5세기경 주트어, 앵글어, 색슨어를 말하는 게르만족 출신의 몇몇 이주 물결에 의해 영국으로 보내졌다. 이러한 방언들이 대륙에서 형성되고 있던 것과 유사한 방언 연속체를 그 섬 안에 만들어 냈다. 이러한 방언들 중 하나인, 우리가 오늘날 "웨스트 색슨어"라고 부르는 것이 글쓰기 체계로 주어졌고, 그 언어로 쓴 문학 걸작,『베오울프』의 등장으로 그 방언의 위신은 크게 증가했다. 따라서 웨스트 색슨어는 다른 많은 소수적 변이들과 비교해 볼 때 다수어의 자리를 차지했다. 그러나 그때 프랑스어를 사용하는 노르만족들이 야수적 침략을 전개했고, 그 와중에 영국을 통치하던 엘리트들은 물리적으로 몰살당했고,

---

17) Wright, "The Conceptual Distinction between Latin and Romance", *Latin and the Romance Languages in the Early Middle Ages*, pp. 104~105.

떠오르던 표준어를 시행할 제도적 방법도 함께 절멸했다. 1066년 헤이스팅스 전투에서의 패배는 그 엘리트들의 운명을 봉쇄했을 뿐만 아니라 그들 언어의 역사에서 혁신적 사건이 되었다. 역사가 존 니스트John Nist의 말에 따르면

> 노르만 정복의 결과로서 고대 영어의 고귀함은 사실상 사라졌다. 헤이스팅스 전투 후 10년 내에 영국의 열두 명 백작들은 모두가 노르만 사람들로 바뀌었다. 노르만 성직자들이 […] 교회 최상위 요직들을 넘겨받았다. 대주교, 주교 그리고 수도원장 등등. 한 언어의 위신은 그 말을 사용하는 사람들의 영향력과 권위에 의해 규정되기 때문에 노르만 지배자들의 프랑스어가 영국에서 거의 200년 동안 지배적 언어가 되었다. 영국을 통치하는 노르만 왕과 그의 프랑스 귀족들은 대략 1200년까지 영어에 대해 극도로 무관심했다. 그 기간 동안 왕실은 영어가 아닌 프랑스어 문학을 후원했다. 마침내 궁중과 귀족 후원자들이 자신들이 통치하는 땅의 언어에 관심을 갖게 되었을 때, 그 언어는 더 이상 튜턴적이며 어형이 변화하는 고대 영어가 아니었고 혼종-생성, 로망스-수입, 굴절어미가-탈락하는 중세 영어였다.[18]

---

18) John Nist, *A Structural History of English*, New York: St. Martin's Press, 1976, pp. 106~107.

여기서 우리는 하나의 다수어(웨스트 색슨어)가 다른 다수어(노르만 프랑스어)에 의해 대체되면서, 소수어들에 대한 모든 영토화와 코드화 압력을 제거하고 그 진화를 가속화했던 하나의 예를 본다. 그 집단이 겪었던 다른 모든 변화들 중에서 어쩌면 가장 중요한 것은 어형변화의 상실일 것이다. 굴절은 단어의 한 부분으로서 문법 정보를 함께 실어나르는 음절이다. 게르만어든, 로마어든, 고도의 굴절어들은 명사에서 성과 수, 동사에서 인칭과 시제를 표현하기 위해 이러한 음절들을 사용한다. 노르만 정복 기간 동안 살았던 영국의 농부들은 첫 음절에 강세를 두는 습관을 물려받았다. 이러한 습관은 기원이 다른 현대의 영어 단어들에서 여전히 발견된다. 따라서 게르만어를 기원으로 하는 단어들은 일관되게 뿌리 음절을 강조한다. "love", "lover", "loveliness".[19] 반면 로마어에서 차용한 단어들은 그렇지 않다. "family", "familiar", "familiarity".[20] 주어진 습관적 강세와 지역 공동체의 규범을 넘어서는 어떠한 규범들의 강제가 없었기 때문에 최종 음절은 글자 그대로 약화되어 사라지고 말았다. 그리고 굴절이 없기 때문에 영어 방언들은 문법 기능, 주요한 구조적 변형을 표현하기 위해 비교적 고정된 어순을 사용할 수밖에 없었다. 니스트가 적고 있듯이 "금지와 규정에 관한 규칙들에 의해서 아무런 제약을 받지 않았기 때문에, 영국의 농부

---

19) 강세가 모두 앞에 있다(옮긴이).
20) 강세의 위치가 변한다(옮긴이).

들은 뿌리 음절에 강세를 요구했고, 혀와 입천장을 가지고 그 언어를 개조했다".[21]

이러한 역사적 변형을 수용하기 위해서 우리는 어떠한 종류의 언어학 모델을 필요로 하는가? 혹은 달리 물어서 언어는 무엇이 되어야 하는가? 언어는 이런 변형 능력을 소유하기 위해 어떤 속성을 가져야 하는가? 몇몇 언어학 모델은 진화 과정을 설명할 수 없을뿐더러 오히려 언어의 진화를 인간 종의 진화에 종속시킨다. 예컨대 촘스키 모델은 보편 문법의 존재를 공리로 인정하는데, 그것은 유전적으로 진화해서 우리 뇌에 상주하는 것으로, 모든 언어에 공통적인 불변의 핵심이다. 이러한 선천적 보편 문법은 언어적 범주들(문장, 명사, 동사)과 그러한 범주들에 속하는 일련의 단어들을 다른 일련의 단어들로 변형할 수 있는 다시-쓰기 규칙들을 포함한다.[22] 그러나 복제물들이 유전적인 것이 아닌 언어적인 진화 과정을 모델로 삼기 위해서 우리는 머리로부터 언어를 얻어야 하고, 보다 중요한 것은 한 문장 내의 단어들 사이의 관계는 내부성의 관계가 아닌 외부성의 관계로 간주되어야 한다는 점이다. 이러한 구별은 배치 이론에서 중요한 역할을 한다. 내부성의 관계는 그 항들이 서로 연관되어 있다는 바로 그 사실로 인해 서로를 구성하는 관계다. 달리 말해서 그 관계의 항들은 그것들의 관계와 따로 떨어져서 자율적 존

21) *Ibid.*, p. 148.
22) Noam Chomsky, *Aspects of the Theory of Syntax*, Cambridge : MIT Press, 1965, pp. 66~73.

재를 갖지 않는다. 헤겔적 총체성이 그런 특징을 갖는다. 촘스키 언어학의 문법 관계들도 마찬가지다. 보편 문법의 총체성의 부분으로서 명사와 동사는 한 문장 안에서 다름 아닌 바로 그것들의 관계에 의해 구성된다. 반면 외부성의 관계는 그것들이 연결되었다는 것과 무관하게 존재하는 항들을 연결한다. 어떤 배치의 구성 요소들 사이의 상호작용, 즉 그 배치 안에서 영향을 주고 영향을 받는 능력들을 행사하는 상호작용이 바로 이러한 유형이다.

이러한 필요조건을 충족시키는 언어 모델을 젤리그 해리스가 만들었다. 이 모델에서 단어들은 그것들의 의미론적 정보, 즉 단어들의 의미뿐만 아니라 다른 단어들과의 동시출현 빈도에 관한 비-언어적 정보도 함께 실어나른다. 이 두 번째 의미에서 "정보"라는 용어는 컴퓨터가 처리하는 0과 1들의 패턴 같은 물리적 패턴을 지시한다. 그래서 그것은 순서나 패턴이 무작위성에서 벗어나는 정도의 기준이다. 단어가 실어나르는 비-언어적 정보는 어떤 단어들은 실제 용법의 문제로서 보다 빈번히 다른 단어들 바로 뒤에 오는 경향이 있다는 사실을 반영한다. 따라서 화자가 "the" 같은 정관사를 발화한 후에, 청자는 자연스럽게 그다음에 명사나 명사 상당어구가 올 것이라고 기대한다. 해리스는 이 관계를 "가능성likelihood 제약"이라고 부른다. 어느 주어진 시점에서 이러한 제약들은 단순히 공동체에서 우연히 사용된(따라서 선택적인) 단어 조합을 반영할 수도 있다. 그러나 이러한 습관적 패턴들이 결국에는 표준이 되고, 관습이 되고, 의무적 제약으로 변할 수도 있다. "the"와 함께 문장을 시작하는 사람은 이제 그다음에 올 단어로서 명사나 명사 상당어구를 제공해야 할 필요가 있다.[23] 물론 가능성 제약이 의무적인 것이 된다고 말하는 것은 단어들 스스로가 사회적 의무를 강제한다는 것이 아니라, 강제집행 능력을 소유하는 유대가 긴밀한 공동체에서처럼 그 단어들이 언표행위의 집합적 배치 안에서 사용이 된다는 점을 암시한다.

단어들의 동시출현 빈도에 관한 통계적 정보를 나르는 것으로 단어를 모델화하는 것은 단어 범주들의 생성을 위한 비-유전적 진화 메커니즘을 제공한다. 하나의 단어가 다른 단어 뒤에 매우 빈번히 사용된다고 할 때, 청자들은 확신을 가지고 그 첫 번째 단어를 들은 후에는 그 두 번째 단어가 나올 것이라고 기대하게 된다. 이는 그 두 번째 단어를 발화하는 것이 잉여적일 수 있음을 암시한다. 왜냐하면 그 화자는 그 두 번째 단어를 제공하기 위해 청자에 의존할 수 있기 때문이다. 해리스는 이것을 "감소reduction 제약"이라고 부른다. 이러한 제약은 전체 단어를 다른 단어에 부착된 접미사나 접두사로 줄이거나 심지어 완전히 제거할 수도 있다. 게다가 전체 문장은 줄이지 않은 문장의 완전한 의미를 보존하면서도, 모든 잉여적 단어들을 제거함으로써 간결해질 수 있다. 왜냐하면 의미는 청자가 재구성하는 것이기 때문이다. 해리스가 보여 주듯이, 감소 제약의 연속 적용은 특히 그것이 의무적인 것이 될 때, 형용사, 부사,

---

23) Zellig Harris, *A Theory of Language and Information : A Mathematical Approach*, Oxford: Clarendon Press, 1981, p. 367.

접속사, 전치사 같은 새로운 종류들의 단어들을 야기할 수 있다.[24]
해리스가 보기에 언어의 초기 형식들은 한덩어리로 된 상징적 인
공물에서 진화했다. 즉 보다 큰 언어적 독립체들로 결합될 능력을
갖지 못한 상징적 인공물 말이다. 처음에는 이처럼 한덩어리로 된
인공물은 출현과 동일한 개연성을 가졌다. 즉 그것들의 상대적 빈
도는 무작위적이었다. 그러나 곧 원래의 균형은 동시출현의 패턴
을 변화시키고 서서히 그 인공물에 결합 능력을 부여함으로써 동등
개연성으로부터의 연속적 이탈에 의해 점진적으로 깨져 버렸다.

일단 단어의 종류들이 수립되고 나면 마지막 제약이 생겨날
수 있다. 그러한 종류들 사이 의무 관계를 수립하는 연산자-인수
operator-argument 제약이 그것이다. 이 마지막 제약은 명사에 작용
하는 형용사의 행위나 동사에 작용하는 부사의 행위, 즉 어떤 단어
들이 다른 단어들을 한정하는 능력을 만들기 위해서 필요하다. 연
산자-인수 제약은 비-언어적 의미에서도 정보를 준다. 주어진 연
산자에 제공된 인수가 낯설수록 정보에 보다 더 유익하다. 반대로
너무 익숙해진 인수는 잉여적인 것이 되고, 감소 제약의 목표가 될
수 있다. 들뢰즈와 가타리는 자신들의 명령-어 이론에서 잉여성(그
리고 잉여성의 특정 형식으로서의 빈도)의 중요성을 강조했지만, 잉
여성이 형태발생적 역할을 수행한 언어 모델을 제공하지는 않았

---

24) *Ibid.*, p. 339.

다.[25] 반면 젤리그 해리스의 작업은 배치 이론을 가지고 언어에 접근할 때 발생하는 이러한 허점을 막는 수단을 제공한다. 그의 모델은 단어를 상호 간 외부성의 관계로 진입하게 해 주는 물질적 독립체들로 취급할 뿐만 아니라 명백히 진화적 모델이기도 하다. 언어는 조합 제약들의 의무적·사회적 전달을 통해 비-유전적 방식으로 진화한다. 마치 단어와 문장들이 "정보에 유익한 적절한 장소"[26]를 위해 경쟁하는 것처럼 말이다.

들뢰즈와 가타리의 분석에서 드러나는 또 하나의 결함은 "언표행위의 집합적 배치"를 일반 용어로 사용하는 것이다. 이 글에서 나는 언제나 구체적인 사회적 배치들, 이를테면 공동체들이나 조직들을 언급함으로써 이러한 경향을 올바로 잡으려고 노력해 왔다. 그러나 이것들이 유일한 경우들은 아니다. 예컨대 사회정의 운동, 즉 많은 공동체들의 연합체가 되는 것 또한 언표행위의 집합적 배치이며, 거기서 명령-어는 표어, 단합과 목적을 위한 다른 표현들의 형태를 취한다. 정부로부터 구체적 권리를 얻어 내거나 이익을 굳히기 위해 이러한 운동은 그 배치에다 하나 혹은 그 이상의 조직을 덧붙여야 할 수도 있다. 비슷하게 로망스어를 말하는 많은 나라들에서 표준어를 생산했던 언어 아카데미들이 강력한 언어적 영토화 효과를 가졌지만, 표준어는 많은 조직들로 이루어진 보다 큰

---

25) Deleuze and Guattari, *A Thousand Plateaus*, p. 79.
26) Harris, *A Theory of Language and Information*, pp. 324~326.

배치들의 도움 없이는 결코 전국 방방곡곡에 퍼지지 못했을 것이
다. 19세기에 시작된 학교들의 네트워크는 표준어에 의한 강제적
의무교육에 도구를 제공했다. 따라서 특정한 역사적 사건을 설명
하기 위해 우리는 일반 용어가 아니라 언표행위의 집합적 배치의
구체적 경우들을 사용할 필요가 있다. 우리가 역사적 분석 안으로
굳어 버린 일반성을 끌어들이지 않으려면 구체적 배치들, 가령 개
별 공동체들, 개별 조직들 등등을 고수할 때에만 가능하다. 그리고
역사에 대한 접근법이 진정으로 유물론적이 될 수 있는 것은 굳어
버린 일반성을 제거할 때에만 가능하다.

❖ 금속 배치

스텝에 사는 사람들의 정치, 경제 그리고 사회체제는 공격과 방어 무기, 부대 편성이나 전략 그리고 기술적 요소들(안장, 등자, 편자, 마구 등등) 같은 전쟁에서의 혁신적 방법들보다는 덜 알려졌다. 역사는 각각의 혁신과 맞서 싸우지만, 유목민의 흔적들을 없애지는 못했다. 유목민들이 발명한 것은 인간-동물-무기, 인간-말-활의 배치였다. 이런 속도의 배치를 통해 금속 시대는 혁신의 시대였다. 힉소스족의 청동 전부(戰斧)와 히타이트족의 철검이 소형 원자폭탄과 비교되어 왔다. [⋯] 화기, 특히 대포의 도래와 함께 유목민들이 혁신자로서의 역할을 상실했다는 데 많은 이들이 동의했다. [⋯] 그러나 그것은 유목민들이 대포를 사용하는 법을 몰랐기 때문이 아니었다. 유목민 전통이 강하게 남아 있던 터키 군대는 대규모 화력, 새로운 공간을 발전시켰을 뿐만 아니라 추가적으로, 심지어 훨씬 특징적으로, 자주포가 이동식 마차 편성과 해적선에 완전히 통합되었다. 만일 대포가 유목민에게 한계를 표시한다면 대포가 오직 국가장치만이 할 수 있는(심지어 상업 도시들조차 감당할 수 없는) 경제적 투자를 암시하기 때문이다.

— 질 들뢰즈와 펠릭스 가타리, 『천의 고원』[1]

인간, 빠르게 질주하는 말 그리고 활처럼 쏘아 던지는 무기로 구성

---

1) Gilles Deleuze and Felix Guattari, *A Thousand Plateaus*, New York: University of Minnesota Press, 1987, p. 404.

된 전체는 아마도 전적으로 다른 실재의 영역들, 즉 인간적인 것, 생물학적인 것, 기술적인 것을 가로지르기 때문에 이질적 요소들로 이루어진 배치의 가장 잘 알려진 예일 것이다. 이 창발적인 전체는 그 자체가 보다 큰 배치들을 구성할 수 있다. 유목민 군대의 기병 편대 배치는 그 구성 요소들이 홀로 싸울 수도 있고, 팀을 이루어 싸울 수도 있다. 왜냐하면 전장의 조건에 따라 다양하게 적용할 수 있기 때문이다. 대조적으로 정주민이 창조했던 군사적 배치는 고대 그리스의 밀집 보병처럼 전장에서 어떠한 주도권도 행사할 수 없고, 따라서 일단 공격 명령이 내려진 뒤에는 통제하기도 어려운 경직된 덩어리였다. 한쪽은 보다 유연하고 탈영토화된 것, 다른 한쪽은 보다 경직되고 영토화된 것. 유목민과 정주민의 군사적 배치 사이의 이러한 구별은 군대에 대한 두 개의 일반적 범주들의 존재를 암시하는 것으로 이해되어서는 곤란하다. 오히려 영토화 혹은 탈영토화의 정도는 역사적으로 변할 수 있는 다양한 매개변수로서 다루어져야 한다.

예컨대 유럽의 정주민 군대는 지난 400년 동안 점진적인 "유목민화"를 경험했다. 유럽의 밀집 보병은 16세기에 처음으로 기가 한풀 꺾이게 되었다. 원래는 8열 편성이었는데, 나중에는 3열 편성으로 줄었다. 곧이어 나폴레옹 전쟁 동안 그들에게는 더 많은 유연성이 부여되었다. 그리고 마침내 2차 세계대전 동안 밀집군은 붕괴되었고, 스스로 전술을 결정할 수 있는 자율적 플래툰으로 바뀌었다. 이러한 탈영토화 과정은 촘촘한 편성의 전투를 점차 희생이 크도록 만들었던 보다 강력하고 기계화된 화기, 이를테면 소총과 기관포의 부단한 압력과 무선 명령을 통해 많은 소대들의 분절을 가능하게 했던 휴대용 무선통신의 이용에 의해 생겨났다.[2]

정주민이든 유목민이든 군대는 배치들의 배치로서 간주되어야 한다. 즉 부분-대-전체 관계의 반복적 적용의 결과로 생겨난 하나의 독립체로서 간주되어야 한다. 유목민 군대는 상호작용하는 많은 기병들로 이루어져 있다. 그것은 인간-말-활 배치로 구성되어 있으며, 결국 인간적, 동물적, 기술적 요소들로 이루어져 있다. 비슷하게도 다소 단순화시켜 보면 근대의 군대는 많은 플래툰으로 이루어져 있으며, 많은 인간-소총-무선통신 배치들, 인간적이고 기술적인 요소들로 이루어져 있다. 그러한 배치의 집합의 어느 층위에서든 인과성은 동시에 두 방향으로 작동한다. 하나는 전체에 대한 부분들의 상향 효과, 다른 하나는 부분들에 대한 전체의 하향 효과. 한편으로 전체의 속성들과 능력들은 부분들 사이의 인과적 상호작용에서 온다. 많은 인간-말-활 배치들은 함께 작업하기 위해 강렬하게 훈련되었기 때문에, 전장의 공간적 특징을 이용하고 (매복이나 기습) 전투의 시간적 특징, 이를테면 적군 편대에서의 일시적 휴식이 제공하는 순간적인 전술상의 기회를 이용하는 창발적인 능력을 가진 전체를 형성한다. 이러한 상향 인과성 때문에 전체의 창발적인 속성들과 능력들은 내재적이다. 즉 전체들은 그 부분

---

2) Manuel DeLanda, *War in the Age of Intelligent Machines*, New York: Zone Books, 1991, pp. 62~79.

들로 환원 불가능하지만 그 부분들이 상호작용하기를 그친다면, 그 전체는 존재하기를 그치거나 단순한 요소들의 총합이 된다는 의미에서 그 부분들을 초월하지 않는다. 다른 한편 일단 전체가 생성되면, 그것은 전장에서 두 적군이 대치하고 있을 때처럼 다른 전체들과 상호작용하는 능력들뿐만 아니라 그 부분들을 구속하고 힘을 부여하면서 그 부분들에 영향을 미치는 능력들을 강제할 수 있다. 전사들의 팀에 소속되는 것은 그 구성원들을 상호 감시에 종속되도록 만든다. 한 구성원이 용기를 잃거나 나약함을 노출하면 그 팀의 나머지 구성원들이 알게 될 것이고, 그/그녀의 평판에 영향을 미치게 될 것이다. 그러나 그 구성원들이 서로의 나약함을 보충하고 서로의 힘을 극대화하기 때문에 그 팀은 그 구성원들을 위한 자원을 창조한다.

인과성의 상향 형식과 하향 형식들의 존재는 하나의 배치의 구성 요소들의 진화가, 주어진 어느 규모의 층위에서든, 부분적으로는 자율적이고 부분적으로는 보다 큰 배치가 생산한 환경에 의해 영향받게 될 것임을 암시한다. 예컨대 어느 특정한 기술적 대상이 무기로 사용될 것인지, 아니면 도구로 사용될 것인지는 경우에 따라서 하향 인과성에 의해 규정된다. 수렵 공동체, 즉 수십만 년 동안 인간들(그리고 그들의 근대 이전의 선조들)이 구성 요소들이었던 공동체 배치의 예를 보자. 이러한 배치에는 노동 분업뿐만 아니라 행위에 대한 공동의 감시도 존재했다. 전체로서의 공동체는 사냥의 성과에 대한 다소간 공평한 분배를 집행할 수도 있을 것이다. 이는 비록 대부분의 이 시기 동안 인간들이 언어를 소유하지는 못했을지라도 그들이 이미 충분히 사회적 존재였음을 의미한다. 그들이 매우 수준 높은 석기 생산자들이었음은 말할 것도 없다. 우리는 수렵 공동체의 일상의 삶에서 이러한 석기들이 동물 사체의 가죽을 벗기거나 살점을 발라내는 도구였다고 가정해 볼 수 있다. 그러나 하나의 공동체가 다른 공동체와 투쟁 관계에 들어갔을 때, 동일한 대상이 무기가 되었다고 생각해 볼 수 있다. 즉 그 대상의 속성들은 동일하게 남아 있지만, 그것은 매우 다른 방식으로 사용된다. 동물 사체를 향한 통제된 움직임이 아니라, 적을 향해 돌출된, 심지어 던진 무기로 사용된다. 달리 말해서 그 공동체 배치는 "작업 모드"일 때에는 석기의 어떤 능력들을 선택했고, "전쟁 모드"일 때에는 석기의 다른 능력들을 선택했다. 들뢰즈와 가타리가 적고 있듯이

> 모든 기술 배후의 원리는 기술적 요소가 추상적이고, 전적으로 규정되지 않은 채 남아 있음을 증명하는 것이다. 우리가 그것이 전제하는 배치와 그것을 연결하지 않는 한에서 말이다. 기술적 요소와 관련해서 주요한 것은 기계다. 그 자체 요소들의 모음인 기술적 기계가 아니라 사회적 혹은 집합적 기계, 즉 주어진 순간에 기술적 요소, 그 용법, 그 연장extension, 그 이해력 등등이 무엇인가를 규정하는 기계적 배치다.[3]

---

3) Deleuze and Guattari, *A Thousand Plateaus*, pp. 397~398.

이렇게 하향 인과성의 실재를 표현하는 것은 문제가 될 수 있다. 왜냐하면 그것은 하나의 배치를 구성하는 요소들의 어떠한 자율성도 부정하는 것처럼 보이기 때문이다. 예컨대 위의 인용문이 계속될 때, 들뢰즈와 가타리는 "기술적 대상들은 분별이 되는 내적 특징을 갖고 있지 않다"[4]고까지 단언한다. 만일 그것이 일반적으로 무기와 도구를 명료하게 구별 짓는 필요충분한 특징들의 집합이 없음을 의미한다면, 나도 그 주장에 동의한다. "무기"와 "도구" 같은 독립체들은 단지 굳어 버린 일반성일 따름이고, 배치 이론에는 그런 것을 위한 장소가 없다. 그러나 보다 큰 배치 외부에 존재하는 기술적 대상은 전적으로 규정되지 않은 채 남아 있다고 말함으로써, 이것을 표현하는 것은 배치 개념을 헤겔적 총체성 같은 것, 즉 부분들의 정체성이 전체와의 관계들에 의해 구성된다는 식으로 변형시킬 위험이 있다. 이러한 위험을 피하기 위해서 기술적 대상들을 두 개의 다른 방식들로 구별하는 것이 중요한데, 그 안에서 기술적 대상들은 자신들의 속성과 능력들을 갖는다.

나이프를 예로 들자. 그것의 속성은 나이프의 길이, 무게, 예리함을 포함한다. 이런 속성들은 그 나이프의 지속적인 상태를 특징짓고, 따라서 언제나 현행적이다. 시간의 어떤 시점에서도 나이프는 예리하거나 무딘 것이다. 다른 한편 예리한 나이프는 절단 같은 능력들도 가지고 있다. 예리함과는 달리, 그 나이프가 현재 무언

---

4) *Ibid.*, p. 398.

가를 자르고 있지 않다면, 절단 능력은 현행적일 필요가 없고, 그 나이프가 결코 사용되지 않는다면 결코 현행적인 것이 될 수 없다. 하나의 능력이 현행적인 것이라면, 그것은 지속적 상태가 아니고 거의 순간적 사건으로서 그렇다. 게다가 이 사건은 언제나 이중적인데, 자름-잘림, 왜냐하면 변용하는affect[5] 능력은 언제나 변용을 받는 능력과 함께 오기 때문이다. 특정한 나이프는 빵, 치즈, 종이, 심지어 나무를 자를 수 있다. 그러나 단단한 티타늄 덩어리를 자를 순 없다. 이것은 속성들이 유한하고 폐쇄된 목록에 갇힐 수 있는 반면, 변용 능력들은 잠재적으로 무한한 수의 변용되는 능력들에 의존하기 때문에 완전히 열거될 수 없음을 암시한다. 따라서 하나의 나이프는 절단 능력을 가질 뿐 아니라, 만일 우연히 나를 살상할 능력을 가진 독립체, 즉 분화된 기관들을 가진 충분히 커다란 유기체와 나이프가 상호작용하게 되면, 그 유기체를 죽일 능력도 가진다.

보다 큰 배치의 부분인 특정한 기술적 대상이 그 배치에 따라 도구가 되거나 무기가 된다는 주장은 "주방 배치"에서 사용될 때 나이프는 도구이며, 그 배치는 나이프의 모든 능력 중에서 오직 절단

---

5) affect는 학문 분야나 옮긴이에 따라 정서, 정동, 감응, 변용 등등으로 다양하게 옮겨진다. 스피노자 철학에서 이 개념은 명사로서는 '양태'와 동의어로 쓰이기도 하고, 동사로 쓰일 때는 '신체나 정신에 영향을 미쳐, 이러저러한 상태로 만들다'라는 의미로 사용된다. 『윤리학』 2부에서는 신체들 간의 물리적 작용을 가리키고, 3부 이하에서는 인간의 정신이 어떤 대상에 의해 심리적으로 변화되는 작용을 가리킨다. 들뢰즈는 줄곧 affect를 신체와 관련시켜, 한 신체의 상태, 하나의 신체가 다른 신체 위에 생산하는 작용이나 효과를 의미하는 것으로 사용한다. 나는 동사로는 '변용'하다로, 명사로는 '정서'로 옮기겠다(옮긴이).

능력만을 선별했다는 의미이고, 반면 "군대 배치"에서 사용될 때 그 동일한 나이프는 무기가 되고, 그 배치는 살상하는 능력을 선별했다는 의미로 해석될 수 있다. 그러나 이것이 나이프의 속성들이 그보다 큰 배치에 의해 규정된다는 것을 암시하지는 않을 것이다. 그와 반대로 그러한 속성들은 나이프의 구성 요소들 사이의 상호작용으로부터 나온다. 예컨대 날의 예리함은 날의 단면의 기하학적 속성(삼각 혹은 뾰족한 형식)이며, 그 구성 요소 결정結晶들의 특정한 배열에서 나오는 속성이다. 이는 보다 큰 배치들에서도 마찬가지다. 검, 인간 그리고 말은 인간-말-검 배치가 창발적인 속성들을 갖도록 서로 상호작용할 때, 특정한 인과적 능력들을 발휘해야 한다. 인간은 가속도(보다 빠른 속도에 의해 증대된 보다 큰 질량)를 얻기 위해 말을 타야 하고, 그 운동량을 무기에 전달하기 위해 무기를 손안에 꼭 쥐고 있어야 한다. 그러나 일단 그 배치가 생성되면, 그것은 몇몇 능력을 폐기하면서 그 구성 요소를 제한한다. 말을 탄 사람의 남을 동정할 수 있는 능력의 폐기, 말의 수레를 끄는 능력의 폐기, 검이 도구로 사용될 수 있는 능력의 폐기. 그리고 다른 능력들을 선택한다. 전투 기술, 재빠른 운동, 찌르는 움직임 등등.

　　수렵-채집인의 석기들이 상대적으로 규정되지 않은 것으로 간주될 수 있는 반면, 공동체 안에서 그리고 상충하는 공동체들 사이에서 상이한 두 가지 용도를 갖는 그 동일한 대상은 일단 도구와 무기들이 형식과 기능에서 분화되고 나면, 특정한 자율성을 얻었다. 의심할 바 없이 기술적 대상들의 점진적 분화는 그것들이 일부인 분화된 사회적 배치들(농장, 군대, 작업장, 사원)에 의해 이끌

렸다. 그러나 그럼에도 그것들의 속성들은 유지되었다. 그것은 화기火器가 정주민 군대로부터 유목민 군대로 이전될 때처럼, 그것들이 하나의 배치로부터 떨어져서 다른 배치와 접속할 수 있음을 설명하는 사실로부터 알 수 있다. 그리고 기술적 대상들은 기술 발전의 발걸음이 제도 발전의 발걸음에 비례해서 속도를 내고, 후자가 따라잡도록 강제하면서 속도를 낼 수 있다는 의미에서 자신들만의 역사를 갖는다고 말할 수 있다. 이는 소총과 기관총의 경우에 사실인 것처럼 보이는데, 그것들의 치명적 능력들은 촘촘한 편대와의 결별을 요구했다. 곧 군대가 과학기술에 뒤처져 있었기 때문에, 스스로를 개혁하지도 못하고, 전장의 새로운 조건들에 적응하지도 못한 채 한 세기 넘도록 만족되지 못했던 요구 말이다.

그러나 속성들과 능력들을 구별하는 것이 우리가 위 인용문을 올바로 해석하는 데 도움을 줄 수는 있겠지만, 거기에는 해결하기 어려운 또 하나의 문제가 있다. 들뢰즈와 가타리가 "배치"라는 용어의 두 가지 양립할 수 없는 정의를 사용하는 것처럼 보인다는 사실 때문이다. 자신의 저작들에서 들뢰즈는 그 용어를 인간-말-무기 배치 같은 사회적 배치들을 지시할 때뿐만 아니라, 생물학적 배치들(말벌-난초 공생 배치 같은) 그리고 심지어 구리와 주석이 합금, 동을 만들기 위해 상호작용할 때 같은 비유기적 배치들을 지시할 때에도 사용한다.[6] 그러나 가타리와의 공동 작업에서 그 용어는

---

6) Gilles Deleuze and Claire Parnet, *Dialogues II*, New York: Columbia University

오직 사회적 배치만을 지시한다. 그래서 하나의 군대는 "기계적 배치" 혹은 물질적 신체들(인간, 동물, 기술적 신체들)의 섞임일 뿐만 아니라 "언표행위의 집합적 배치", 즉 진술이 그 안에서 사회적 의무(군대 위계구조에서 아래로 흐르는 명령이나 위로 흐르는 보고와 같은)를 생산하는 능력을 갖는 전체다.[7] 이 두 번째 의미에서 "배치"는 사회적 전체에 한정되지 않는다. 왜냐하면 사회적 전체 안에서만 진술은 화행이 될 수 있지만, 그것은 오직 한 규모의 층위에만 적용되기 때문이다. 다른 용어인 "신체들"이 배치의 구성 요소들을 지칭하기 위해 사용된다. 그리고 배치들이 구성하는 보다 큰 사회적 전체를 지시하기 위해서는 "사회적 장"이나 "사회체" 같은 용어들이 사용된다. 따라서 첫 번째 정의에서 인간-말-무기 배치의 구성 요소들은 배치로 간주될 수 있지만, 두 번째 정의에서는 그럴 수가 없다.

나의 저작에서 난 언제나 첫 번째 정의만을 사용함으로써 이러한 모호함을 해결해 왔다. 물론 배치의 물질적 요소들과 표현적 요소들 사이의 구별을 통해 두 번째 정의의 내용을 포착하려고 노력했다. 표현적 요소들은 진술과 화행들을 포함할 뿐만 아니라 표현의 비언어적 형식들이 가능한 요소들도 포함한다. 그뿐만 아니라 들뢰즈는 첫 번째 정의에서 구성 요소들이 이질적이어야 한다

Press, 2002, p. 69.

7) Deleuze and Guattari, *A Thousand Plateaus*, p. 88.

는 필요조건(동질적 요소들로 이루어진 전체를 지시하기 위해서는 "지층"이라는 용어를 사용하면서)을 포함시키지만, 나는 그것을 매개변수화함으로써 그 개념을 수정했다. 즉 그 안에 구성 요소들의 동질성이나 이질성의 정도 혹은 배치의 정체성이 경직되거나 유연하게 규정되는 정도를 수량화하는 다양한 설정치를 갖는 "조절 손잡이"를 설치했다. 따라서 이 글의 서두 문구가 지시하는 것처럼, 나는 유목민과 정주민 부대를 두 개의 상이한 범주로 취급하지 않고 두 개의 배치들로 다루며, 그 안에서 이 매개변수는 서로 다른 설정치를 갖고 두 개의 상이한 영토화의 정도를 수량화한다. 보다 빠르고 보다 정확한 화기들의 압력 아래서 매개변수가 변할 때 밀집군은 "유목민화"되었다. 즉 그것은 탈영토화되었다.

결국 매개변수 안의 변이들이 단지 양적 변화만을 야기하고, 반면에 두 개의 상이한 범주들의 사용은 질적 차이들의 존재를 지시하기 때문에, 배치 개념을 매개변수화하는 것이 지층/배치의 이분법을 대체할 수 없다는 주장은 반박될 수 있다. 이는 물리학, 화학, 생물학 영역에서 수학적 모델이나 실험실 상황에서 매개변수의 사용을 조사해 보면 알 수 있듯이, 실질적 문제라기보다는 외견상의 문제이다. 이러한 분야들에서 매개변수는 강도적 속성을 그것이 수량화할 때, 질적으로 급격한 변화를 표시하는 강도의 결정적 지점들에 의해 특징지어진다. 속력의 예를 들어 보자. 유체 물질에서 이러한 강도적 매개변수의 변화는 흐름의 영역에서 질적인 변화를 야기한다. 느린 속력에서 유체는 "층류"라고 불리는 획일적 방식으로 흐른다. 그러나 속력의 결정적 지점에서 이 체제regime

는 질적으로 다른 체제, 즉 "대류"라고 불리는 일관되고 순환적 흐름으로 대체된다. 그런데 그것은 또 다른 결정적 지점에서 "난류"라고 불리는 체제로 바뀐다. 이 세 가지 체제들은 흐름의 일반적 범주들과 혼동될 수 없고, 질적으로 구분되는 국면들 생성의 전형적인 예가 된다. 특히 소용돌이 내부의 소용돌이라는 복잡한 구조를 갖는 난류는 종종 들뢰즈와 가타리가 질적으로 구분되는 체제 혹은 강도의 지대를 위한 모델로서 사용한다. 그들은 다음과 같이 말한다.

> 따라서 속력과 운동을 구분하는 것은 필수적이다. 운동은 매우 빠를 수 있지만, 자신에게 속력을 부여하지는 못한다. 속력은 매우 느릴 수 있고, 심지어 움직이지 않을 수도 있지만, 그럼에도 그것은 여전히 속력이다. 운동은 외연적이고 속력은 강도적이다. 운동은 "하나"로서 간주된 신체의 상대적 특징을 지시하고 이리저리 움직인다. 반대로 속력은 신체의 절대적 특징을 구성하고, 신체의 환원 불가능한 부분들(원자들)은 어느 지점에서든 도약할 가능성을 가지고, 소용돌이의 방식으로 매끈한 공간을 채우거나 점유한다. (따라서 상대적 운동 없이도 하나의 장소, 하나의 강도에서 영적인 항해가 성취되었다는 언급은 놀랄 만한 것이 아니다. 이것들 또한 노마디즘의 부분이다.)[8]

---

8) Ian Stewart and Martin Golubitsky, *Fearful Symmetry*, Oxford: Blackwell, 1992,

속력 매개변수에 의해 추동된 국면 변천들은 생물학에서도 일어난다. 인간-말-무기 배치의 구성 요소 중에서 하나의 예를 들어 보자. 네발 동물로서 말의 이동 방식, 그 걸음걸이는 속력의 결정적 지점에서 일제히 질적 변화를 겪는다. 이 매개변수의 낮은 강도 수치에서 말은 걷는다. 보다 빠른 수치에서 말은 빨리 걷는다. 그리고 훨씬 높은 속력에 도달하기 위해 말은 어쩔 수 없이 질주하기 시작한다.[9] 보다 큰 배치들을 분석할 때, 이를테면 기병 편대의 재빠른 돌진과 밀집군의 느린 행진 사이에 운동의 질에 대한 차이는 얼마간 분명하기 때문에 속력 또한 중요하다. 그러나 군사적 배치에서 영토화와 탈영토화의 정도를 수량화하는 데 필요한 매개변수는 속력과 다른 변화 가능한 속성들의 복잡한 기능이다. 예컨대 매개변수는 군대에서 의사결정이 중심화되거나 탈중심화되는 정도를 수량화해야 한다. 왜냐하면 군인들이 전장에서 보다 많은 진취성을 드러내도록 허용하는 일은 유목민 군대가 전장에서의 지형학적 변이들을 유리하게 이용하고, 전투 자체의 시간적 변화 가능성에 적응할 수 있도록 해 주기 때문이다. 예컨대 나폴레옹 군대에서 속력과 기동성의 증가는 보다 유연한 명령 체계와 함께 움직였다. 명령 집중화의 강도는 반자율적 플래툰의 발생에서 중요한 것이었다. 지상의 부대들이 스스로 전술 결정을 하도록 허용함으로써 의사결정

---

pp. 104~109.

9) Deleuze and Guattari, *A Thousand Plateaus*, p. 381 (강조는 원문의 것).

의 문턱들이 낮아졌고, 반면에 사령관들은 단지 전체적인 전략 목표를 설정할 따름이었다.

일반적 용어들(배치들, 지층들)을 단일한 매개변수화된 개념으로 대체하는 것은 유물론적 철학에서 정당화된다. 왜냐하면 그 존재론에서 굳어 버린 범주들을 몰아낼뿐더러 가능한 매개변수 수치들의 공간이 분할되는 상이한 체제들이나 국면들이 상호 변형될 수 있기 때문이다. 이는 역사적 분석들이 도시를 포위하는 군대는 정주민이 되어야 하고, 대부분의 시간을 병참 노동에 바쳐야 할 때처럼, 군인들의 배치가 노동자들의 배치가 될 수 있다는 사실을 설명할 수 있게 해 준다. 들뢰즈와 가타리가 적고 있듯이 "그러나 무기들과 도구들이 형태 변환의 새로운 배치들에 의해 점유된다면, 다른 연합관계 속으로 진입하는 것이 불가능하지만은 않다. 전쟁의 인간은 때때로 농민이나 노동자 연합을 만들 수도 있다. 그러나 산업 노동자든, 농업 노동자든 노동자가 전쟁기계를 재발명하는 것이 보다 빈번하다".[10]

게다가 체제 혹은 국면들을 가지고 범주들을 대체하는 것은 들뢰즈와 가타리 논의에 어떤 역설적이거나 심지어 문제가 되는 측면들을 제거하는 데 도움을 줄 수 있다. 그들은 부단히 전쟁기계[11]에 대한 찬사를 드러낸다. 그들이 전쟁기계를 국가장치, 즉 고도로 영

---

10) Thomas A. McMahon and John Tyler Bonner, *On Size and Life*, New York: Scientific American Library, 1983, pp. 155~162.

11) Deleuze and Guattari, *A Thousand Plateaus*, p. 402.

토화된(그리고 코드화된) 정부 조직들의 배치에 대립시킬 때는 특히 그렇다. 그러나 이 끊임없는 찬사가 그들이 어느 특정한 군사적 배치를 — 물론 전설적 잔인함으로 잘 알려진 유목민 전사들로 구성된 배치는 아니고 — 보다 나은 사회질서의 모델로서 간주하는 것은 아니며, 전쟁 자체에 대한 승인이나 칭찬을 의미하는 것은 더욱 아니다. 오히려 제어 매개변수를 위한 가능한 수치들의 공간에서 강도의 지대 혹은 국면을 위한 명칭으로서의 "전쟁기계"라는 용어는 조직적 배치를 작동하는 특별한 체제를 지시한다. 그러한 체제에서 조직은 끊임없는 변이 속에서 작동하는 능력을 보여 준다.

대류나 난류 같은 흐름의 체제들은 공기와 물에서부터 녹은 바위까지 엄청나게 다양한 유동적인 실체들 안에서 존재할 수 있지만, 결정적인 지점들이 매개변수 공간을 깰 수 있다. 왜냐하면 조직들은 어떤 보편성을 소유하기 때문이다. 즉 그것들은 상이한 조직들에서 현행화될 수 있다. 사실 들뢰즈와 가타리는 "전쟁기계"와 "유목민"이라는 용어를 지식의 신체들bodies of knowledge과 그것들이 안에서 생산되는 조직을 포함하는 다른 많은 배치들을 지시하기 위해서 사용한다. 예컨대 이러한 의미에서 그들은 전쟁기계를 유발하는 지식 생산의 분야로서 "유목민 과학"에 대해서 얘기한다.[12] 그들은 이러한 분야들과 정주민(혹은 왕립) 과학들의 분야를 대비시킨다. 여기서 왕립과학은 고도로 영토화된 (그리고 코드화

---

12) *Ibid.*, pp. 362~364.

된) 체제인 국가장치와 이웃하는 매개변수 공간 안에 강도의 지대를 점유한다.

　과학의 정주민적 분야들이 영원하고 불변하는 자연법칙을 추구하고, 물질을 그런 법칙을 충실히 따르는 순종적이고 유순한 기질基質로 다루는 반면, 유목민 과학들은 물질을 외부에서(소위 "질료 형상 모델"에서처럼) 오는 형식들을 위한 비활성 용기로서가 아니라 그 자신의 경향들과 능력들[13]에 의해 내부로부터 활성화된 것으로 다룬다. 들뢰즈와 가타리는 "변용"affect이라는 용어(혹은 변용적 특질)를 영향을 주고받는 능력을 지시하기 위해서 사용한다. 그리고 "특이성"을 경향들을 지시하기 위해서 사용한다. 이를테면 섭씨 1535도에서 녹는 철의 경향. 여기서 "특이한"이라는 용어는 "복수적"인 것의 대립물이 아니라, "평범한" 것의 대립물을 나타내기 위해서 사용된다. 1532, 1533, 1534(그 외 다른 많은)도를 표기하는 온도 값들의 선은 평범한데, 왜냐하면 그러한 온도들에서는 어떠한 특별한 일도 발생하지 않기 때문이다. 반면 1535도는 주목할 만하고, 특이한 것이라는 의미에서이다. 게다가 섭씨 1535도는 만일 우리가 단일한 매개변수를 사용한다면 오직 상수일 뿐이다. 그러나 일단 우리가 압력 같은 두 번째 매개변수를 추가하면, 그것은 변수가 된다. 야금술은 들뢰즈와 가타리가 가장 상세하게 논의하는 유목민 과학의 중요한 예이다. 부분적으로는 무기 생산

---

13) *Ibid.*, p. 408.

자로서의 대장장이가 군사적 배치와 오랜 관련을 맺어 왔기 때문이고, 또한 야금술은 하나의 조직(이 경우에서는 작업장)이 상수, 틀에 박힌 일상 그리고 동질화된 물질적 행위로 근근이 연명하는 것이 아니라, 변이 자체를 먹고 살도록 허용하는 탈영토화의 특별한 체제를 설명해 주기 때문이다. 그들이 적고 있듯이

야금술이 항상적 법칙, 예컨대 모든 시간과 장소에서 일정한 금속의 용융점 같은 것을 발견하기 때문에 하나의 과학이라고 말하는 것은 부질없는 짓일 것이다. 왜냐하면 야금술은 서너 개의 변이 선들과 분리될 수 없기 때문이다. 운석과 토착 금속 사이의 변이. 광석과 금속의 (함유량) 비율 사이의 변이. 자연적 합금과 인공적 합금 사이의 변이. 주어진 작용을 가능하게 만드는 특질들 혹은 주어진 작용에서 생겨나는 특질들 사이의 변이. [⋯] 이러한 모든 변수들이 두 개의 포괄적 부문들로 나뉠 수 있다. 상이한 질서들의 특이성들 혹은 시공간적 이-것들[14] 그리고 변형과 변환의 과정으로서 그것들과 연관된 작용들. 그리고 이러한 특이성과 작용들에 호응하는 서로 다른 층위들의 변용 특질이나 표현 특성들 traits(단단함, 무게, 색깔 등등). 다시 단검 아니 오히려 도가니강의 예로 돌아가자. 그것은 첫 번째 특이성의 현행화를 암시한다. 즉

---

14) 이-것임(haecceitiy)은 중세 스콜라 철학자 둔스 스코투스가 창안한 개념으로 사물을 특수한 것으로 만드는 사물의 특성을 의미한다(옮긴이).

고온에서의 철의 용융. 그리고 두 번째 특이성, 연속적인 탄소 제거. 이러한 특이성들에 호응하는 것은 표현 특성들이다. 단단함, 예리함, 마무리뿐 아니라 결정화 과정과 도가니강의 내부 조직으로부터 유래하는 파동이나 디자인도 역시 표현 특질들이다. 철검은 전적으로 다른 특이성들과 관련을 맺는다. 왜냐하면 그것은 주형이나 주물이 아니라 단조를 통해 만들어지고, 바람이 아니라 물 안에 넣어 식히며, 여러 개가 아니라 한 개씩 만들어지기 때문이다. 철검의 표현 특질은 반드시 다르다. 왜냐하면 그것은 베는 것보다는 차라리 찌르는 것이며, 측면보다는 정면에서 공격하기 때문이다.[15]

이 인용문에서 들뢰즈와 가타리는 속성들(무게, 색, 예리함)과 능력들 간의 명료한 구별을 하지 않는다. 가령 무기가 고기를 썰거나 적을 공격하는 상이한 방식들 말이다. 그 이유는 속성들과 능력들 모두가 무기의 정체성을 표현할 수 있고, 다시 말해서 속성들과 능력들 모두가 표현의 두 가지 특성들이라는 점일 것이다. 그러나 앞서 밝혔듯 구별해야만 하는 중요한 차이가 하나 있다. 속성들은 언제나 현행적인 반면, 능력들은 실재적이기는 하지만, 능력들이 현재 실행되고 있지 않다면 현행적이지는 않다. 그리고 마찬가지로 경향들 또한 실재적인데, 심지어 실제로 표명되지 않을 경우조

---

15) *Ibid.*, pp. 405~406(강조는 원문의 것).

차 그러하며, 사건들처럼 언제나 현행화된다. 배치로서 기병용 칼과 검의 차이는 경향들, 능력들, 속성들 혹은 표현의 특이성들과 특성들의 무리에 기초해서 수립될 수 있다. 들뢰즈와 가타리가 적고 있듯이 "우리는 하나의 배치를 흐름, 곧 선별된, 조직화된, 지층화된 흐름에서 추출된 특이성들과 특성들의 모든 무리라고 부를 것이다. 인위적이든 자연적이든 수렴하는 방식으로".[16]

이 구별을 가지고 우리는 배치 개념을 문제의 핵심에 가져다 놓을 수 있다. 즉 우리는 모든 배치들이 "언표행위의 집합적 배치"여야 한다는 필수요건을 수용할 필요가 없다. 단지 배치들 모두가 무엇이든 간에 표현 요소들을 갖는다는 점을 제외하고는 말이다. 금속의 수정처럼 맑은 소리, 그것의 빛과 광채 그러나 또한 금속이 전기적, 기계적, 화학적 능력들을 수행할 때, 그것이 무엇을 할 수 있는가를 표현하는 방식. 금속적 변용들. 화학적으로 금속은 지구상에서 두 번째로 강한 촉매이며, 생물학 효소에만 뒤진다. 촉매란 자신은 그 과정에서 변하지 않으면서 화학반응의 속도를 촉진하거나 감소시키는 데 실제로 개입할 수 있는 분자적 배치다. 전기적으로 금속은 매우 전도율이 높아서, 동물들의 뇌와 신경 조직의 부분들을 활성화시키기 위해서 동물들이 원자(혹은 이온) 형태로 사용한다. 배치 이론을 분자 혹은 심지어 원자 수준까지 끌어내리는 것은 과거 물질적 독립체들(육체노동, 음식, 음료, 의복 그리고 노동력을 재

---

16) *Ibid.*, p. 406.

생산하기 위해 필요한 집 등등의 생산 수단들)의 작은 집합만을 포함했던 유물론 철학에 새로운 생명을 불어넣어 준다. 물론 이러한 독립체들은 새로운 유물론에서 여전히 중요한 것들이다. 그러나 이제는 물질 자체가 중요하다. 들뢰즈와 가타리의 유려한 인용문으로 결론짓자.

간단히 말해서, 금속과 야금술이 밝혀 주는 것은 물질에 고유한 삶이다. 물질의 생기 있는 상태, 모든 곳에 존재하는 그러나 대개는 숨겨져 있거나, 감추어져 있는, 질료 형상 모델에 의해 인식되지 않은 채 존재하는, 분리되어 생각되는 물질적 생기론. 야금술은 질료-흐름의 의식이나 생각이고, 금속은 그러한 의식의 상관물이다. 모든 것을 금속으로 보는 금속 환원론에서 보았듯이 금속은 질료의 전체와 동외연적이고, 질료의 전체는 야금술과 동외연적이다. 심지어 물, 풀, 다양한 나무들, 동물들조차 소금이나 광물이 거주한다. 모든 것이 금속은 아니지만 금속은 어디에나 있다.[17]

---

17) *Ibid.*, p. 411.

❖ 유물론적 형이상학

관념론자들은 편하게 지낸다. 그들의 실재는 외관이나 현상들이 획일적으로 거주하고, 언어적 재현이나 사회적 관습 같은 것들로 구조화되어 있다. 그래서 자기들 세상의 내용이 미리 결정되었음을 아는 형이상학적 사변에 몰두할 때, 그들은 안전함을 느낄 수 있다. 반면 실재론자들은 인간 정신으로부터 실재의 자율성을 단언할 수밖에 없고, 그 후 그 실재에 무엇이 거주하는가를 규정하기 위해 투쟁을 해야 한다. 예컨대 많은 종교인들은 천국과 지옥, 천사와 악마 같은 초월적 공간과 독립체들에 관해서는 실재론자들이다. 그러나 유물론적 형이상학자들은 내재적 독립체들, 즉 유물론적이거나 에너지적인 하부 지층과의 어떠한 연결 없이는 존속할 수 없는 독립체들에 대해서만 실재론자들일 수 있다. 그리고 유물론자가 천사나 악마 같은 것들을 제거하는 것은 단순한 일이지만, 제거하기 훨씬 어려운 초월성의 다른 형식들이 존재한다.

특히 물질적 독립체들이 인간 의식에 의존하지 않는 정체성을 갖는다면, 이러한 정체성의 존재와 내구성이 설명되어야 한다. 안정된 정체성을 설명하는 전통적 방식은 본질들의 존재, 즉 2000년이 넘도록 실재론의 한 부분이었고 따라서 제거하기 어려운 초월적 독립체들의 존재를 상정하는 것이다. 이 개념에 대해 가장 옹호하기 쉬운 판본인 아리스토텔레스에 기인하는 판본을 취해 보자. 그는 형이상학 혹은 존재론이라는 학문을 독립적으로 존속 가능한 독립체들에 대한 연구로 규정한다. 그러한 독립체들에 대해서는 중요한 구별이 존재하는데, 그것은 사건에 따라 존속하는 독립체들과 본질적으로 존속하는 독립체들이다.[1] 학문으로서의 형이상학은 아리스토텔레스가 주장하듯 우연한 것을 사유할 수 없고 따라서 그 주제를 구성하는 것은 두 번째 종류의 독립체들이었다. 그가 적고 있듯이

> 이제 영원하고 움직일 수 없는 무언가가 존재한다면 그리고 독립적 존속을 포함하는 무언가가 존재한다면, 그러한 것을 연구하는 것은 사변적 분야, 즉 존재론적 분야임이 분명하다. 확실히 자연과학 분야는 아니다. (왜냐하면 자연과학은 움직일 수 있는 종류의 것들과 친숙하기 때문이다.) 뿐만 아니라 수학 분야도 아니며 이 두 가지 모두에 선행하는 종류의 학문, 즉 형이상학이다. 왜냐하면 확실히 자연과학은 분리할 수 없지만 움직일 수 있는 것들과 친숙하기 때문이다. 그리고 몇몇 수학 분야는 움직일 수 없고 분

---

1) Aristotle, *The Metaphysics*, New York: Prometheus Books, 1991, p. 100.

리할 수도 없지만, 물질 안에 존속하는 독립체들과 친숙하다. 그러나 형이상학, 즉 제1철학은 독립적 존재를 가지고 있으며, 움직일 수 없는 독립체들에 정통하며, 원인들이 영원해야 하고, 예외는 존재할 수 없어야 한다.[2]

아리스토텔레스의 세계는 세 범주의 독립체들로 구성되었다. 그러니까 유개념, 종 그리고 개체 범주다. 처음 두 범주들(유개념, 종)에 속하는 독립체들은 본질적으로 존속했으며, 세 번째 범주에 속하는 독립체들만 우연히 존속했다. 예컨대 유개념은 동물일 수 있고, 종개념은 인간일 수 있으며, 개체는 우연적 속성들을 특징으로 갖는 특정한 개인이다. 가령 백인이라든가, 음악에 재능이 있다든가, 정당하다든가 하는 개인 말이다. 모든 단계에서 오직 논리적으로 필요한 구별이 행해진 일련의 하위분할이 유개념과 그 다양한 종들을 연결했다. 예컨대 동물이라는 유개념에서 시작하면, 우리는 그것을 두 발 동물과 그 이상의 발을 가진 동물 유형으로 나눌 수 있고, 그다음에 각 유형은 발 모양의 차이로 나눌 수 있다. 말 같은 발굽을 가진 유형과 인간 같은 발의 형태를 가진 유형들. 이러한 일련의 하위분할이 발가락 하나를 잃어 버린 발처럼 더 이상의 구별도 우연한 것이 되는 지점에 도달할 때, 우리는 종의 층위, 즉 존재론적 최하위 층위에 도달하는 것이고, 그 지점에서 우리는 하나

---

2) *Ibid.*, pp. 124~125.

의 사물의 본성, 본질에 대해 말할 수 있다. 아리스토텔레스가 자신의 실재론적 존재론을 요약하듯

> 물리적 혹은 자연적 실체들은 하나의 존속을 갖는다고 인정된다. 예컨대 불, 흙, 물, 공기 그리고 단순한 신체들의 나머지. 다음에 식물과 식물의 부분들. 동물과 동물의 부분들. 마지막으로 하늘과 하늘의 부분들 […] 그러나 의심의 여지 없이 앞서 말한 추론으로부터 또 다른 실체들이 존재한다는 결과가 뒤따른다. 요컨대 사물의 본질이나 본성 […] 게다가 다른 점에서 유개념은 종보다는 우선적으로 실체이고, 보편적인 것이 특이한 것보다는 우선적으로 실체다.[3]

아리스토텔레스는 의심할 바 없이 시대를 초월해서 가장 영향력 있는 실재론 철학자이다. 그의 존재론적 구별은 하나의 속성이 다른 속성에 비해 보다 일반적이라거나 보다 특별하다고 말할 때처럼 오늘날 일상 언어에 단단히 박혀 있다. 따라서 그의 형이상학을 전적으로 다른 것으로 대체하는 것은 중대한 철학적 도전이다. 철학자 들뢰즈의 저작으로부터 우리는 "새로운 유물론적 형이상학"이라고 부를 수 있는 존재의 문제에 대한 새로운 접근법, 전적으로 새로운 존재론을 이끌어 낼 수 있다. 이 접근법에서 모든 현행

---

3) *Ibid.*, p. 167.

적 독립체들은 개별적 특이성들, 즉 아리스토텔레스의 존재론적 위계에서 최하위 층위에 속하고, 반면 상위 두 개 층위들의 역할은 보편적 특이성들에 의해 수행된다. 이 글의 뒷부분에서 우리는 이것이 사실 단순하고 조악한 정의라는 것을 보게 될 것이다. 왜냐하면 인간이나 말의 경우처럼 종의 층위는 보다 큰 규모에서 작동하는 개별적 특이성으로 대체되기 때문이다. 그러나 논의를 촉발하기 위한 날카로운 대조를 수립하려는 목적을 위해서, 일반과 특수라는 아리스토텔레스의 범주들이 들뢰즈의 존재론에서는 보편적 특이성과 개별적 특이성으로 대체되고 있다는 점만 말해도 충분할 것이다.

"일반적" 그리고 "보편적"이라는 용어는 종종 혼용되어 사용된다. (아리스토텔레스 혹은 들뢰즈에 의해서) 그리고 그 용어들은 일상 언어생활에서도 동의어에 가깝다. 그래서 그 용어들 간 차이는 기술적technical 정의의 문제임이 틀림없다. 아리스토텔레스에게 유개념과 종의 층위들은 술어의 논리적 역할과 직접 연결되어 있다. 따라서 우리가 예컨대, "소크라테스는 인간이다"라고 말할 때, 그 명제는 소크라테스라는 이름의 특수한 개체가 "인간"이라는 범주에 속해 있다는 사실로부터 그 진리를 끌어낸다. 혹은 거의 같은 얘기인데, 일반적 술어 "인간"을 특수한 주어인 소크라테스에 속하는 것으로 생각할 수도 있다. 반면 "보편"이라는 용어는 여기서 사용된 기술적 의미에서 논리적 술어를 지시하지 않고, 가능성들의 공간이라는 수학적 구조를 지시한다. 이러한 두 입장들 사이의 주요한 차이를 들뢰즈의 언어로 요약하려면 우리는 "특이성은 특칭 명제

들을 넘어서고, 마찬가지로 보편성은 일반적 전칭 명제들을 넘어
선다"[4]라고 말할 수 있다.

원자 수준에서 두 가지 존재론의 비교를 시작해 보자. 가령 유
개념이 "원자"이고, 종은 "수소" 혹은 "산소"인 경우. 근대적 아리스
토텔레스의 접근법은 일반적 범주 "수소"에 속하는 필요충분조건
을 부여함으로써 시작할 것이다. 가령 단일한 양성자의 소유 같은
(그리고 단일한 원자) 필요충분조건 말이다. 만일 우리가 수소 원자
에 또 하나의 양성자를 추가하면, 그것을 헬륨 원자로 변형시키면
서 그 정체성을 변화시킬 것임을 고려해 볼 때, 이것이 이 화학적
종의 정체성을 설명하기 위한 완벽히 합리적인 방식이다. 그러나
아리스토텔레스에게 종이란 독립체들을 분류하는 역할에 그치지
않고, 그것들을 생산해 내기도 한다. 훌륭한 실재론자로서 아리스
토텔레스는 그 자신이 객관적 독립체들이 자연과 예술 영역 모두
에서 어떻게 존재로 생성되는지를 설명해야 한다는 사실을 잘 알
고 있었다. 두 경우에서 그의 설명은 형상인으로서 작용하는 본질을
포함했다. 자연에서 아리스토텔레스는 말이 말을 낳고, 사람이 사
람을 낳는다는 관찰로부터 자명한 것으로서의 본질의 작용을 보았
다. 달리 말하자면, 그는 동물들이 자신들의 형식적 원인이라고 말
함으로써, 어떻게 동물 종이 개별 유기체를 생성해 내는가를 설명

---

4) Gilles Deleuze, *Difference and Repetition*, New York: Columbia University Press, 1994, p. 163.

했다. 예술의 경우도 유사하다. 집을 짓는 경우(혹은 환자를 건강해지도록 보살피는 경우)에 형상인은 인간 정신에 미리 존재하는 관념이다.

따라서 아리스토텔레스는 "질료를 포함하는 집이나 여타의 독립체는 질료와의 관계를 포함하지 않는 것으로부터 생겨나거나 생성된다. 의학과 건축술은 형식[형상]이다. 전자는 건강의 형상이고, 후자는 집의 형상이다. 이제 나는 실체를 질료와 어떠한 관계도 맺지 않는 것, 사물의 형상인 본질 혹은 본성으로 정의한다"[5]고 주장했다. 이는 단순히 단일한 양성자와 단일한 전자를 소유하는 것이 "수소" 범주에 속하는 기준이라고 말하는 것보다 훨씬 더 강한 주장이다. 그것은 형식[형상]의 생성에 대해서 철학적으로 중요한 것이 무엇인가에 대한 주장이기도 하다. 하나의 집이 지어지거나 말이 발생학적으로 발달했던 과정은 질료와의 관계를 포함하고(내재적) 따라서 그렇게 연결되지 않은 형식적 본질(초월적)만큼 형이상학적으로 중요한 것은 아니다.

반면에 들뢰즈의 존재론에서 형상인으로 작용하는 본질은 양성자와 전자들로 구성된 하나의 배치의 정체성을 규정하는 것이 아닐뿐더러, 조립assembly 과정의 문제를 형이상학과 무관하게 두지도 않을 것이다. "배치"라는 용어의 최소한의 정의는 환원 불가능하고 내재적 속성들을 가진 하나의 전체라는 정의다. 배치의 속성

---

5) Aristotle, *The Metaphysics*, p. 142.

들은 환원 불가능하다. 왜냐하면 그것들은 그 부분들 간의 현행적 상호작용에서 생겨나지만, 그 부분들의 어떠한 것으로 귀속될 수 없기 때문이다. 그리고 그것들은 내재적이다. 왜냐하면 배치의 요소들이 상호작용하기를 그치면, 그 속성들도 존재하기를 그칠 것이기 때문이다. 창발적인 속성들은 이런저런 특정한 상호작용, 질료와의 이런저런 연결에 의존하지 않을 수는 있지만, 질료와의 어떠한 연결이 존재해야 한다는 것을 요구한다. 예컨대 원자의 창발적인 화학적 속성들(그리고 능력들)은 전자들의 가장 바깥쪽 껍질에 의존한다. 그 껍질이 하나의 전자를 잃든가, 여분의 전자를 갖든가, 아니면 정확히 꽉 차든가. 이러한 속성은 하나의 전자가 다른 전자들과 얼마나 많은 결합을 형성할 수 있는가를 결정한다. 탄소 원자들은 네 개의 결합을 형성할 수 있다. 산소 원자들은 두 개, 수소 원자들은 단지 한 개다. 바깥 껍질의 속성들(그리고 이것들이 원자에 부여하는 결합 능력들)은 분명히 개별 원자들의 속성들로 환원되지 않고, 그러한 전자들이 원자의 핵과 상호작용하는 것을 멈춘다면, 속성들은 존재하지 않을 것이다.

우리는 이 같은 논의를 다음과 같이 말함으로써 요약할 수 있다. "일반적 수소" 같은 것은 없으며, 단지 개별 요소들 간의 지속적 상호작용에서 생겨나는 속성들에 의해 규정된 엄청나게 많은 개별 수소 원자들의 개체군만이 존재한다. 달리 말해서 개별 수소 원자는 하나의 개별적 특이성이다. 비록 개별 수소 원자가 독특한 역사적 독립체일지라도, 모든 수소 원자들이 기본적으로 동일하다(곧 그것들은 모두 하나의 양성자 핵에 의해 규정된다)는 반론에 대해서는 다른 요소들, 즉 내적 변이를 생산하는 중성자들이 존재한다고 답할 수 있다. 중성자의 수에 따라서 수소 핵은 변종을 소유하며, 다음과 같은 화학적 종의 동위원소가 생성된다. 프로튬, 듀테륨(중수소), 트리튬(삼중수소). 핵 안의 중성자의 수는 원자의 화학적 속성에 거의 영향을 주지 못하지만, 원자의 물리적 안정성에는 영향을 준다. 몇몇 동위원소들은 안정되고 보다 내구성이 있지만, 다른 동위원소들은 보다 빠르게 부식된다. 우리가 하나의 원자가 아니라 원자들 전체의 개체군을 고려해 볼 때, 동위원소들의 상대적 풍부함 혹은 보다 정확히 말해서 동위원소 변이의 분배에 대한 통계학적 형식은 개체군을 생산했던 역사적 과정, 이 존재론에서 형상인을 대체했던 과정에 대한 정보를 포함한다. 달리 말해서 변이는 사소한 부수 효과가 아니라 지식의 중요한 원천이다.

상이한 종의 원자들의 생산에 관해 천체물리학에서 알려진 것을 간략히 제시해 보자. 수소와 헬륨이 빅뱅 이후 강렬한 조건들 아래서 생산되었지만, 나머지 화학적 종들은 별들이 생성되기까지 수억 년을 기다려야 했다. 오늘날 대부분의 원자들의 핵은 별에서 만들어졌다. 따라서 조립 과정은 별의 핵합성이라고 알려져 있다. 상이한 크기의 별들은 상이한 종의 원자들을 위한 조립 공장으로서 기능한다. 별이 더 크고 더 뜨거울수록, 더 무거운 원자들을 합성할 수 있다. 태양처럼 보다 작은 별들은 단지 수소를 원료로서 태울 수 있을 만큼의 온도(천만 K.)이고 헬륨을 그 산물로 내놓는다. 보다 높은 온도(1억 도 이상)에서 헬륨 자체는 원료로서 연소되고 탄소, 산소 그리고 질소를 그 산물로 내놓는다. 훨씬 더 높은 강도(10억 도)에서는 탄소와 산소가 연료가 되고, 그 산물은 그 종의 원자들인 소듐, 마그네슘, 실리콘 그리고 유황이다. 강도들이 계속 증가함에 따라 실리콘은 연료로서 연소되고 철을 생산한다. 그리고 마침내 강도의 최대치는 폭발적 핵합성 과정에 이르게 되는데, 그 과정에서 "초신성"[6]이라고 알려진 격렬한 사건 와중에 보다 무거운 종들이 생산된다.

상상해 보건대 이러한 정보를 접하더라도, 아리스토텔레스는 아마 무덤덤했을 것이다. 왜냐하면 그는 집을 짓거나 환자를 치료하거나 혹은 원자들이 조립되는 방법의 세세한 부분은 그것들의 형상인보다 덜 중요하다고 주장했기 때문이다. 특히 그는 별들 안에서 무슨 일이 일어나는가와 관계없이, 단지 특정한 수의 원자 종들, 즉 핵합성 과정에 앞서 존재했다고 간주될 수 있는 수만큼의 원자 종들이 존재한다고 주장할 수도 있을 것이다. 사실 이 같은 이의 제기에는 어느 정도의 진실이 존재한다. 그것이 왜 개별적 특이성의 존재론에다 가능한 종들의 공간을 조직하는 보편적 특이성을 부가할 필요가 있는가의 이유다. 우선 이 공간을 그 유명한 원소주기율표에 주어진 것으로 간주해 보자. 그 표 자체는 다채로운 역사를 가지고 있는데, 왜냐하면 1869년에 멘델레프가 그 표에다 자신의 이름을 각인하기 전에 여러 학자들이 이미 화학적 종의 속성들에서 규칙성(원자 무게에 따라 순서가 정해졌을 때)을 식별했기 때문

---

6) Stephen F. Mason, *Chemical Evolution*, Oxford: Clarendon Press, 1992, ch. 5.

이다. 예컨대 수십 년 전에 한 과학자가 이미 3가 원소들 간의 단순한 산술적 관계를 발견했고, 이후에 다른 과학자들이 어떤 속성들 (화학적 반응 같은)이 일곱 번째 혹은 여덟 번째 원소마다 반복된다는 사실을 관찰했다. 달리 말하면 심층구조의 존재를 증거하는 반복 패턴(리듬) 혹은 주기적으로 반복되는 규칙성이 관찰되었다. 멘델레프의 위대한 업적을 구성하는 것은 그가 주기율표에 인위적 폐쇄를 부과하려고 노력하는 대신, 그 표에다 대담하게도 열린 공백을 남겨 놓았던 최초의 인물이었다는 점이다. 이는 중요한데 왜냐하면 1860년대에는 대략 육십여 개의 종들만이 식별 가능하도록 분리되었고, 따라서 멘델레프 표의 공백들은 아직 발견되지 않은 종들이 존재해야 한다는 대담한 예언과도 같았기 때문이다. 예컨대 그는 실리콘 근처의 공백을 근거로 게르마늄의 존재를 예측했다. 훗날 퀴리 부부는 이웃하는 바륨을 근거로 라듐의 존재를 예측했다.[7] 이러한 위험한 예측들과 그것들의 우발적인 협력이 그 표에다 객관적 지위를 부여한 것이다. 그러나 화학적 질료의 핵심에 깔려 있는 반복 패턴(리듬)은 무엇으로 설명할 것인가?

답하기에 앞서 보편적 특이성 연구와 관련이 있는 수학 분야들을 잠시 들여다보자. 그것들 중 하나가 미분방정식 연구인데, 이는 오늘날 "동역학계 이론"이라고 알려진 분야이다. 그리고 다른

---

7) P. W. Atkins, *The Periodic Kingdom*, New York: Basic Books, 1995, ch. 7, pp. 72~73.

하나는 "군론"이라고 알려진 분야인데, 대수방정식 연구로부터 파생되었다. 동역학계 이론의 선구는 18세기의 위대한 수학자 레온하르트 오일러가 창안한 수학적 방법이다. 그것은 "변이의 미적분학", 즉 미분방정식에 가능한 해解들의 공간을 조직하는 특이성들을 드러내는 방법이다. 오일러가 발견한 특이성들은 매우 단순한 유형이었다. 최소치와 최대치. 그러나 물리적 계에서의 많은 행위는 최소량과 최대량에 의해 지배받는다. 예컨대 비누 거품의 구형 모양은 자발적이고 반복적으로 생겨난다. 왜냐하면 비눗물막을 구성하는 분자들의 개체군은 어떠한 상태에서도 표면장력을 최소화하려는 경향이 있기 때문이다. 보통 식탁용 소금 결정체의 정육면체 모양 또한 자발적이고 반복적으로 생겨나는데, 소듐[=나트륨]과 염소라는 구성 원자들이 결합 에너지를 최소화하려는 경향이 있기 때문이다.

두 경우에서 가능성들의 공간은 하나의 특이성, 즉 실재하지만 현행적일 필요는 없는 위상학적 점을 포함한다. 비록 그것이 현재 명시되고 있지는 않더라도 말이다. 그리고 그 특이성이 현행화되었을 때, 그것은 결과적으로 다양한 기하학적 형태들, 그러니까 구, 정육면체 그리고 다른 많은 형태들의 형성으로 이끈다. 이러한 분기하는 현행화는 수학적 특이성들이 "일반적"이 아니고 "보편적"이라고 지칭되는 이유다. 일반적 본질은 그것이 구현되는 것을 닮는 반면, 보편적 특이성은 분기하는 현행화들과 어떠한 유사성도 갖지 않는다.[8] 제1특이성들의 발견은 그것들이 단순하기 때문에, 오일러와 그의 동시대인들에게, 그들이 신의 계획에 대한 것을 드러냈다는 의미를 환기시키기에 충분했다. 그들이 생각하기에 만일 합리적 신이 모든 물질을 효과적으로, 즉 최대화와 최소화를 통해 이용하지 않았더라면, 어떻게 그의 피조물을 조직했겠는가?

오늘날 우리는 그러한 신학적 사색들을 진지하게 받아들이지는 않는다. 그러나 오일러의 다른 통찰은 여전히 유효한 것이다. 특히 그는 아리스토텔레스의 전문용어로 자신의 발견에 대해 생각했으며, 특이성들을 "목적인"이라고 불렀다. 왜냐하면 그것들이 장기간의 경향, 즉 과정이 향하는 "궁극적 목적"을 나타내기 때문이다. 그리고 이러한 목적인들이 메커니즘 연구, 즉 작용인을 포함하는 과정을 대체하는 것이 아니라, 오히려 그것을 보충한다고 오일러는 주장했다.[9] 달리 말해서, 거품이나 (소금) 결정체의 발생을 설

---

8) Deleuze, *Difference and Repetition*, p. 212. "현행화는 하나의 원칙으로서의 동일성과 단절하듯이, 하나의 과정으로서의 유사성과도 단절한다. 이런 의미에서 현행화 혹은 차이화는 언제나 진정한 창조이다."

9) Leonard Euler, Quoted in Stephen P. Timoshenko, *History of Strength of Materials*, New York: Dover, 1983, p. 31. "우주의 조직은 가장 완벽하기 때문에, 그것은 가장 현명한 조물주의 작품이다. 우주에서 최대치와 최소치의 어떤 관계가 나타나지 않는 것은 전혀 없다. 그러므로 우주에서의 모든 결과가 작용인들 자체에서처럼, 최대치와 최소치의 도움을 통해서, 목적인들로부터 만족스럽게 설명될 수 있다는 것은 전혀 의심의 여지가 없다. [⋯] 따라서 자연에서 효과들을 연구하는 두 가지 방법들이 우리에게 열려 있다. 작용인들을 통한 방법이 있는데, 이는 공통적으로 직접적 방법이라고 불린다. 다른 방법은 목적인들을 통한 것이다. [⋯] 우리는 문제의 해법에 접근하는 두 가지 방식들이 열려 있다는 것을 알기 위해서 특별한 노력을 기울여야 한다. 왜냐하면 하나의 해법은 다른 해법에 의해 대단히 강화될 뿐 아니라 두 해법들의 일치로부터 우리는 가장 높은 만족을 보호하기

명하는 것은 이러한 형상들을 생산하는 상이한 메커니즘을 설명하는 것(작용인)과 두 가지 형상들에 공통적인 메커니즘 독립적 경향을 규정하는 것(목적인)을 포함한다.

19세기 말엽에 또 하나의 위대한 수학자 앙리 푸앵카레는 가능성들의 집합의 구조에 관한 오일러의 힘 있는 통찰에 명백히 공간적 표현을 부여했다. 푸앵카레는 비선형 미분방정식에 가능한 해들의 공간을 연구하기 위해 위상 공간이라는 개념을 창안했고, 이러한 공간들의 반복적 특징들로서 새로운 유형의 특이성들을 발견했다. 상이한 유형의 점 특이성들. (안정된 상태 끌개). 폐쇄된 고리 형태의 선 특이성들(주기적 끌개). 그리고 심지어 프랙탈 특이성들(카오스적 끌개)의 존재를 엿보기도 했다.[10] 원래의 특이성들과 마찬가지로, 이 상이한 끌개들은 한 과정의 오래 지속되는 경향을 나타냈다. 안정된 상태로 향하는 경향. 단순하고 반복적 상태로 향하는 경향. 복잡하지만 반복적 상태로 향하는 경향. 비록 푸앵카레의 생각이 수학 분야 밖으로 퍼져 나가는 데에는 수십 년이 걸렸지만, 적어도 1960년대 무렵 파리 같은 도시들에서 그러한 생각은 널리 퍼지게 되었다. 질 들뢰즈는 즉각 그것들의 중요성을 간파했을 뿐 아니라 형이상학적 문제들의 정식화를 위해 그것들을 재빨리 수용

때문이다."

10) June Barrow-Green, *Poincare and the Three Body Problem*, Providence: American Mathematical Society, 1997, pp. 32~33. 또한 Ian Stewart, *Does God Play Dice: The Mathematics of Chaos*, Oxford: Basil Blackwell, 1989, pp. 70~71도 참조하라.

할 만큼의 충분한 기술적 배경도 소유하고 있었다. 특히 그는 보편적 특이성들이 형식적 가능성의 공간들(방정식을 위한 가능한 해들의 공간)뿐만 아니라 거품이나 결정체 같은 실재의 독립체들과 연관된 가능성의 공간들을 구성한다는 것을 깨달았다. 들뢰즈는 또한 그러한 구조를 드러낼 수 있는 미적분학 곁에 군론 같은 다른 수학적 분야들이 존재함을 깨달았다.[11]

군론은 대수방정식에 대한 가능한 해들의 공간연구로부터 파생되었다. 그러나 그것은 결국 대칭 연구와 관계가 있는 자율적 분과학문으로 성장했다. 이것을 비누 거품과 소금 결정체의 예를 가지고 설명해 보자. 소금 결정체는 정육면체의 형태를 갖는다. 우리가 그것을 0도, 90도, 180도, 270도 각도로 회전시켜 보더라도 아무런 변화가 없다. 우리가 회전 행위를 목격하지 않으면, 어떠한 변화가 있다는 것을 알아채지 못한다는 의미에서 말이다. 반면에 비누 거품이 만들어 내는 구체는 훨씬 많은 수의 회전 각도들(0도, 1도, 2도, 3도, […] 359도) 아래서도 변함없이 존재한다. 군론에서 이는 구체가 정육면체보다 더 많은 회전대칭을 가지고 있다고 말함으로써 표현된다.[12] 연관된 개념이 대칭-깨짐 전이 개념인데, 이는 대칭이 덜한 형태를 낳는 변형을 말한다. 우리가 비눗물막을 억눌러서 구체를 형성할 수 없다고 하더라도, 그것은 대칭이 덜한 안

---

11) Deleuze, *Difference and Repetition*, pp. 179~180.
12) Joe Rosen, *Symmetry in Science*, New York : Springer-Verlag, 1995, ch. 2.

장 모양의 표면(쌍곡선의 포물면)을 형성함으로써, 표면장력을 최소화하려는 경향을 드러낼 수 있다. 달리 말해서 군론은 우리가 특정한 형태를 생성하는 경향뿐만 아니라 각기 대칭의 감소 정도가 다른 그러한 형태들의 군을 생성하는 경향을 연구하도록 허용한다. 깨진 대칭 연쇄cascade의 예는 대칭을 상실하여 두 잎 모양이 되는 구체로 시작을 하며, 순차적으로 더 많은 대칭을 잃고 네 잎 형태, 마지막으로 훨씬 더 많은 대칭을 잃고 여섯 잎 형태가 된다.

이러한 전문용어로 무장을 했기 때문에, 우리는 이제 들뢰즈의 형이상학에서 "원자"라는 유개념을 무엇이 대체할 수 있을까라는 질문에 맞설 수 있다. 유개념 구조, 그것이 종으로 하위 분할하는 방식은 주기율표의 리듬에 의해 주어진다. 앞서 언급한 바와 같이, 알아낸 최초의 리듬은 원자들의 창발적인 속성들이 여덟 개의 종마다 반복된다는 것이다. 그러나 나중에 더 많은 종이 발견되었기 때문에 화학자들은 그 리듬이 보다 복잡한 것임을 깨달았다. 그것은 8순환을 두 번 반복했고, 그다음 18순환을 두 번 반복했고, 그다음 32순환을 두 번 반복했다. 이처럼 "고립된" 가장 단순한 종, 수소와 헬륨에 덧붙여 그 연쇄는 2, 8, 8, 18, 18, 32, 32가 된다. 이러한 복잡한 주기성에 대한 설명은 전자가 핵 주위의 "궤도를 도는" "궤적"trajectory 형태를 갖는 대칭 깨짐 연쇄로 판명되었다. 실제로 전자들은 파도같이 움직이므로 예리하게 규정된 궤적을 따라 움직이지 않고, 오히려 구름이나 주어진 공간적 형태, 곧 궤도orbital를 소유하는 통계적 분포에 거주한다.

가능한 궤도 형태들의 공간을 구조화하는 깨진 대칭 연쇄는 우리가 기본 수소 원자에다 더 많은 에너지를 주입함으로써 풀릴 수 있다. 이 수소 원자의 단일한 전자는 구의 형태(그리고 대칭)를 가진 궤도에 거주한다. 이 원자를 다음 층위로 활성화시키는 것은 두 번째로 커다란 구형 궤도 혹은 둘로 갈라진 잎 모양의 대칭(세 가지 상이한 방향을 갖는)을 갖는 세 개의 가능한 궤도 중 하나를 생산한다. 훨씬 더 많은 에너지를 주입함으로써, 우리는 둘로 갈라진 잎 모양이 넷으로 갈라진 잎 모양(다섯 가지 상이한 방향을 갖는)이 되고, 계속해서 그 활성화가 충분한 강도를 가질 때, 여섯으로 갈라진 잎 모양을 낳는 지점에 이르게 된다. 실제로는 붕소는 비구면적 대칭 궤도를 사용하는 최초의 화학적 종이기 때문에, 이 풀림 연쇄는 수소 원자에서 발생하지 않고, 핵 안에 증가하는 수의 양성자들을 갖는 원자들에서 발생한다.[13] 이러한 일련의 감소하는 대칭의 전자 궤도를 반대편 스핀의 두 개의 전자들만이 동일한 궤도에 존재할 수 있다는 필요조건(위상 공간의 지역들 관점에서 표현될 수 있는 필요조건)과 짝짓기 때문에,[14] 우리는 주기율표의 리듬을 재생산하고 설명할 수 있다.

지금까지의 논의를 요약해 보자. 들뢰즈의 존재론에서 "일반적 원자들" 같은 것은 없으며, 단지 개별 원자적 배치들의 변화 가능한 개체군만이 존재한다. 그 배치(양성자들)의 구성 요소들의 종

---

13) Vincent Icke, *The Force of Symmetry*, Cambridge: Cambridge University Press, 1995, pp. 150~162.
14) Mason, *Chemical Evolution*, p. 60.

류와 수는 주어진 종의 모든 원자들이 공유하는 어떤 속성들이 있음을 보증하는 것이고, 반면 다른 배치들(중성자들)의 종류와 수는 이러한 속성들에 일정한 변이의 정도를 부여한다. 그 배치의 어떤 변종들은 매우 안정된 동위원소들일 것이다. 정확히 두 개의 중성자와 두 개의 양성자를 소유하는 헬륨의 동위원소처럼 말이다. 반면 다른 변종들은 이러한 속성을 결여할 것이다. 매우 안정된 동위원소들만이 별의 강렬한 환경에서 보다 복잡한 핵의 조립을 위한 플랫폼으로 기능할 만큼 충분히 오래 버틴다. 이것은 원자적 배치의 다른 종은 가능한 전자 궤도 공간의 구조에 의해 규정되고, 별 안에서 하나의 종에서 다른 종으로의 생산 경로는 안정된 동위원소들의 개체군에 의해 규정된다는 것을 의미한다. 여기서 안정성은 가능한 양성자-중성자 상호작용의 공간에서 특이성(에너지의 최소치)의 소유로부터 비롯된다. 따라서 원자적 배치는 현행적 부분, 즉 현행적으로 창발적인 속성을 생산하기 위해 상호작용하는 요소들과 잠재적 부분, 곧 그 연관된 가능성의 공간을 구조화하는 보편적 특이성들과 대칭들을 갖는다. "잠재적"이라는 용어는 실재하지만 현행적이지는 않은 독립체들의 존재론적 지위를 지시한다. 가령 현행적으로 표명되지 않는 경향들(혹은 현행적으로 시행되지 않는 능력들). 하나의 배치의 잠재적 요소를 배치의 디아그람이라고 부른다.

이러한 고찰에서 나오는 전체적 형이상학 그림은 아리스토텔레스의 그것과는 사뭇 다르다. 아리스토텔레스에게 세계는 이미 논리적 범주들로 분할되었다. 보다 특수한 것들, 보다 일반적인 것들, 그리고 각 범주의 특정한 모든 구성원들을 생성해 내는 형상인들로서 작동하는 미리 존재하는 분할들. 반면 들뢰즈에게 세계는 무엇보다도 어떠한 경향들이 표명되고, 어떠한 능력들이 시행될 때에만 종으로 분할되는 강도의 연속체이다. 원자적 배치의 경우에 그 강도의 연속체는 별들, 전적으로 미분화된 것은 아니고 최소한의 분할을 소유한 플라스마의 구들 안에서 구체화된다. 왜냐하면 그것들은 온도, 압력 그리고 밀도의 차이들로 규정된 구조를 갖고 있기 때문이다. 이러한 연속체를 분할하는 방식은 유개념에 대한 논리적 분할로는 주어지지 않으며, 수학적으로 포착될 수 있는 잠재적 구조에 의해서 주어진다.

이 지점에서 아리스토텔레스는 하나의 이의를 제기할 수 있을 것이다. 이러한 새로운 유물론적 형이상학은 물리학과 수학으로부터 대부분의 직관을 끌어오지만, 형이상학을 창조하는 전체 요점은 정확히 말해 물리적이고 수학적인 것에 선행하는 세계의 측면들을 사변적으로 발견하는 것이라고 말이다. 이에 대해서 우리는 물리학과 수학으로부터 나온 성과들을 사용하는 것은 형이상학이 두 개의 학문 중 하나에 종속될 수 있음을 의미하지 않고, 다만 형이상학이 선험적 사변에 만족해서는 안 된다는 것을 의미한다고 답할 수 있다. 들뢰즈의 존재론에서 주요한 철학적 임무는 물리학자들과 수학자들로부터 생산된 성과들로부터 형이상학적 문제를 뽑아내는 것이다. 왜 원자의 정체성의 생산과 유지가 그것이 존재하는 방식인가?

예컨대 경솔한 물리학자는 원자들이 불변의 자연법칙 때문에 지금의 모습 그대로라고 주장하면서 이 문제를 부정확하게 제기한다. 그러나 이러한 주장은 우리를 아리스토텔레스를 넘어서 사유하도록 이끌지 못한다. 왜냐하면 그것은 단순히 형상인들의 집합(일반적 범주들)을 또 다른 집합(일반적 법칙들)으로 대체할 뿐이기 때문이다. 더욱 나쁜 것은 대부분의 물리학자들이 실증주의적 존재론을 후원한다는 점이다. 그들은 직접 관찰 가능한 정신-독립적 존재만을 주장하도록 되어 있다. 이는 그들이 온도와 압력을 별들의 창발적인 강도적 속성들로서 참조하는 것이 아니라 온도계, 기압계를 읽을 때처럼 직접 관찰 가능한 수량들로서 참조한다는 의미다. "법칙"이라는 용어를 사용할 때, 실증주의자들은 실재론적 존재론에서 그 용어가 지시하는 존재와 생성의 내재적 패턴들을 지시하지 않는다.[15] 대신에 그들은 그 용어를 그러한 패턴들의 견본을 만들기 위한 방정식을 지시하는 데 사용한다. 왜냐하면 방정식은 칠판에 적히거나 종이 위에 인쇄될 때 직접 관찰 가능하기 때문이다. 확실히 실증주의적 존재론은 물리학자들이 존재에 대한 형이상학적 문제를 올바로 제기하는 것을 불가능하게 만든다. 플라톤의 존재론을 옹호하는 수학자들의 경우도 마찬가지다.

그러나 과학의 내용이 부단히 바뀌는 중이어서 그것 위에 형이상학을 세우는 것은 모래 위에 집을 짓는 것과 같다는 반론은 어떠한가? 특정한 생산과정에 포함된 인과론적 메커니즘의 세부 사

---

15) Mario Bunge, *Causality and Modern Science*, New York: Dover, 1979, pp. 22~23.

항들이 새로운 경험적 발견들로 인해 틀렸다고 인정되거나 새로운 경험적 발견들이 보다 나은 결과를 낼 경우에는 변할 수도 있다는 것은 사실이다. 그리고 가능성의 공간들에 대한 메커니즘 독립적 구조를 개념화하는 데 사용되는 수학적 관념들도 마찬가지다. 미래에 수학 분야에서 새로운 진전이 관련 분야들(동역학계 이론, 군론) 간의 새로운 관계를 드러낼 수도 있다. 심지어 전적으로 새로운 분야들을 만들어 낼 수도 있다. 이러한 혁신들은 보편적 특이성들을 개념화하기 위한 보다 나은 도구를 제공할 수 있다. 새로운 경험적 발견들이 개별적 특이성들을 생산하는 과정을 개념화하는 새로운 자원들을 제공할 수 있는 것과 마찬가지로. 형이상학은 이러한 잠세적potential[16] 변화들에 민감해야 하고, 그것들로부터 얻는 바가 있어야 한다.

그럼에도 불구하고 예방조치가 취해져야 한다. 예컨대 우리는 최첨단 과학의 경험적 발견들이 아니라, 시대의 시험에 저항해 왔던 과학적 결과들만을 사용하려고 노력해야 한다. 암흑물질이나 우주 끈 같은 신비의 독립체들에 대해 오늘날 우리가 알고 있는 것

---

16) 『차이와 반복』에서 들뢰즈는 "잠재적인 것은 실재적인 것에 대립하는 것이 아니라 현행적인 것에 대립한다"고 쓴다. 실재와 대립하는 것은 가능한 것이다. 잠재적인 것은 그것이 잠재적인 한에서 충분히 실재적이다. 프루스트가 공명의 상태들에 대해 말한 것은 잠재적인 것에 대해 말한 것임이 틀림없다. 현행적인 것이 되지 않은 실재, 추상적인 것이 되지 않은 관념. 잠재적인 것이 실재라는 주장은 잠재적인 것이 잠재적 존재라는 의미가 아니라 오히려 잠재적인 것은 언제나 한 존재 혹은 실체의 잠재성이나 잠세성이라는 의미다. 그런데 이러한 설명에 따르면 잠재적인 것은 거의 '잠세적인'(potential) 것과 구별되지 않는다(옮긴이).

을 사용해서 존재의 문제에 대해 사변하는 것은 현명하지 못한 일일 것이다. 그러나 어느 누가 수소나 산소 원자들의 존재에 대해 진지하게 의심해 볼 수 있는가? 비록 모든 과학적 결과들이 반박될 수 있는 것이긴 해도, 이는 어떠한 결과도 선험적으로 수립되어서는 안 된다는 것을 암시할 뿐 모든 사실들이 동등하게 거짓인 경향이 있음을 의미하는 것이 아니다. 예컨대 수소 혹은 산소 원자들이 존재한다는 주장을 반박하려면, 우리는 물 분자는 두 개의 수소 원자와 하나의 산소 원자로 구성되어 있다는 주장 같은 수백 가지의 다른 진술들을 동시에 반박해야 할 것이다. 그러나 어느 실재론 철학자가 그처럼 대량의 반증이 가능할 것이라고 생각할 수 있겠는가? 특정한 학문의 이론들, 특히 연구 대상으로 굳어 버린 일반성인 "과학"을 취하는 이론들이 형이상학적 사변을 제한하도록 허용하지 않는 것이 중요하다. 새로운 유물론적 형이상학에서는 "일반적 과학" 같은 것은 없다. 단지 개별적 과학 분야들의 개체군만이 존재한다. 그것은 궁극의 진리로 수렴하지 않으며, 오히려 그 자체 분기하는 실재를 따라 뒤쫓으며 증식하고 분기하는 것이다.

우리가 다른 초월적 독립체들을 제거하려고 시도할 때, 이러한 진술들을 기억해야 한다. 특히 "동물"이라는 유개념과 "말"이나 "인간" 종 같은 아리스토텔레스의 예를 대체하는 것은 다양한 생물학 분야들로부터 나온 결과들을 사용하는 것을 포함한다. 그러한 분야들 중 몇몇 분야들(고생물학, 진화생물학)은 다른 분야들(유전학, 발생학)보다 오래되었고 훌륭한 것들이다. 가장 안전한 분야들로부터 나온 결과들의 설명에서 시작해 보자. 오늘날 생물학적 종들은 개별 유기체들만큼이나 특이하고 독특하고 역사적으로 우연적인 것들이라고 널리 알려졌다. 종들은 그것들의 유전자 풀이 생식적 격리를 통한 유전 물질들의 외부적 흐름에 닫혀 있을 때 태어나고, 멸종을 통해 죽는다. 달리 말하면 그것들은 아리스토텔레스가 형이상학적 지식을 산출할 수 없다고 여긴 독립체들의 범주에 속한다. 왜냐하면 아리스토텔레스가 말하듯이 "오염과 부패에 종속된 것들은 과학적 지식을 소유한 것들을 이해하지 못하기"[17] 때문이다. 비슷하게도 생물학적 종의 규정적 속성들은 아리스토텔레스가 요구하는 것만큼 필수적인 것은 아니다. 생식적 격리는 정도에 따라 변화하는 우연적 성취이다. 그래서 어떠한 것도 생물학적 종의 정체성이 영원히 유지될 것임을 보장해 주지 않는다. 그리고 주어진 종의 유기체들의 해부학적, 골상학적, 행위적 속성들은 정확히 복제될 수 없는 역사적 과정에 의해 생산되기 때문에, 종을 멸종으로 몰아가는 것은 개별 유기체를 죽이는 것, 즉 결코 다시는 돌아올 수 없도록 독립체를 제거하는 것과 같다.

분명히 진화론적 종개념은 아리스토텔레스의 종개념과 상당히 다르다. 종과 유기체들 간의 관계는 일반적 범주 안의 구성원들의 관계가 아니라 창발적인 전체를 구성하는 생식을 위해 상호작용하는 부분들의 관계다. 달리 말하면 종은 단지 동일한 존재론적 지위(개별적 특이성들)를 갖지만, 보다 큰 시공간적 규모에서 작동

---

17) Aristotle, *The Metaphysics*, p. 160.

하는 유기체들의 배치다.[18] 새로운 종을 구성하는 유기체들의 조상들이 포식자, 기생충, 희소한 자원들, 기후변화에서 오는 새로운 도전에 직면했던 공통의 역사는 우리가 그것들을 분류하는 데 사용하는 신체적 유사성을 생산했다. 공유된 도태압은 이 유기체들이 다른 종의 유기체들보다 서로 더 많은 유전자를 공유한다는 추론을 허용하면서 유전자 풀을 동질화시킨다. 그러나 양성자와 중성자들의 경우처럼, 우리는 동일하게 존재하는 것뿐만 아니라 변화하는 것도 강조할 필요가 있다. 우연한 돌연변이 혹은 생식적 재조합에 의해 생겨난 유전적 차이들의 부단한 생산이 없다면, 도태압은 조작할 만한 어떠한 원료도 갖지 못할 테니까 말이다. 즉 적응도가 낮아 걸러내야 할 변종들도 없고, 적응도가 높아 촉진할 만한 변종들도 없을 테니까 말이다.

이제 새로운 종이 생겨날 때, 점진적으로 분할된 강도적 연속체에 대해 묘사해 보자. 별들의 경우 "연속체"라는 용어는 분할의 절대적 부재를 의미하지 않는다. 별들은 연료로서 자신을 생산하고 태우는 것들을 제외하고는, 화학적 종들로 분할될 수 없다. 그러나 별들은 확실히 원자 이하의 입자들로 분할될 수는 있다. 비슷하게 우리가 **생태학적 연속체**에 대해 말할 때, 그 주장은 생태학적 연속체는 물리화학적으로 분할될 수 없다는 것이 아니라 단지 생물

18) Michael T. Ghiselin, *Metaphysics and the Origin of Species*, Albany: State University of New York Press, 1997, p. 78.

학적으로 미분할되었다는 것이다. 거칠게 말해서 생성하는 최초의 분리된 생물학적 분할은 바닷물과 침전물 사이 접촉면에 거주하는 움직임이 없는 박테리아의 평평한 층들로 구성되었다. 최초의 박테리아는 이용 가능한 광물들을 발효시킴으로써 자신들을 연료로 삼았다. 그러나 그것들은 마침내 강도적 연속체를 엄청나게 풍요롭게 만들면서, 광합성을 통한 태양열 복사를 활용하는 능력으로 진화했다. "강도적"이라는 용어는 유용한 에너지를 담고 있는 변화도를 형성할 수 있는 온도나 기압 같은 물리적 속성들을 지칭한다. 온도의 변화도는 단순히 물이나 공기의 차가운 덩어리와 뜨거운 덩어리를 결합한 결과이며, 반면 기압의 변화도는 높은 기압의 덩어리와 낮은 기압의 덩어리를 결합한 결과다. 마찬가지로 화학적 변화도는 서로 다른 페하ph를 가진 물질들, 산성, 알칼리성 혹은 환원작용 그리고 산화작용의 속성을 가진 물질들을 결합함으로써 생겨날 수 있다.

강도 안에서 이처럼 결합된 차이들은 과정을 추동하는 능력, 즉 만약 최초의 생명체들이 생존하고, 증식하고, 진화할 운명이라면 동력원으로 활용할 수 있어야 했던 능력을 갖는다.[19] 그리고 일찍이 원시 박테리아가 물리적·화학적 변화도를 활용하는 방법을 개발했고, 스스로 오늘날의 아메바와 짚신벌레, 즉 원시 박테리아

---

19) Ronald E. Fox, *Energy and the Evolution of Life*, New York: W. H. Freeman, 1988, pp. 58~59.

를 먹고 살았던 단일세포 유기체들의 선조들을 위한 생물학적 변화도(생체량의 집중)가 되었다. 이러한 원시적 먹이사슬은 단지 약간의 뚜렷한 분할을 갖고 있었지만, 그것들이 복잡화되었을 때 훨씬 더 완전한 분할이 가능해졌다. 새로운 생태학적 틈새들이 열리고, 그 틈새 안에 거주하는 새로운 종들이 존재하게 되었다. 오늘날 태양 에너지와 무기 영양소들은 셀 수 없이 많은 동식물 종의 신체 안으로 압축되어 들어갔다. 초기의 생물권을 특징짓는 상태와 비교해 볼 때, 고도로 분할된 상태 속으로 말이다.

아리스토텔레스의 종들, 가령 일련의 필수적이고 영원한 특징들로 규정된 "말"이나 "인간" 같은 종들을 대체했으므로, 다음 조치는 "동물"이라는 유개념을 대체하는 가능성의 공간들의 구조를 확인하는 것이다. 불행하게도 형이상학적 사변에 알맞은 비교적 확실한 결과들을 제공하는 진화생물학과 생태학 분야들과 달리, 이 임무를 위해서 우리가 의지해야 하는 생물학 분과들은 연구의 최첨단에 있다. 따라서 그 연구들의 성과는 가까운 미래에 훨씬 더 달라지기 십상이다. 어느 발생학자가 제안하듯이 의미 있는 연구 결과들은 오늘날 수소나 산소의 지위보다는 암흑물질의 존재론적 지위에 더 가깝다.[20] 이는 우리가 시대의 시험을 견뎌 낸 결과들만을 사용하는 규칙을 어겨야 한다는 의미다. 형이상학적으로 들뢰즈와

---

20) Sean B. Carroll, *Endless Forms Most Beautiful. The New Science of Evo Devo*, New York: W. W. Norton, 2005, p. 113.

가타리의 말대로 우리가 마음속에 품어야 할 필요가 있는 것은

그것을 유발하는 모든 배치를 위한 단일한 추상적 동물이다. [왜냐하면] 오징어나 문어가 되려는 척추동물은 등뼈의 양옆을 한데 모을 만큼 빠르게 둘로 접고, 그다음에 골반을 목의 뒷덜미까지 구부려 사지를 한데 모아 사지 중 하나 속으로 접어 넣으면 된다.[21]

달리 말해서 우리는 세상에 거주하는 다양한 동물 종으로 접힐 수 있고, 뻗칠 수 있는 위상적 동물에 대해 생각해 볼 필요가 있다. 물론 들뢰즈와 가타리는 이러한 위상적 작용들이 다 커 버린 동물에 수행될 수 있으리라고는 기대하지 않는다. 그러한 동물들의 태아들만이 그러한 변화를 견딜 만큼 충분히 유연하다. 게다가 위상적이거나 잠재적 동물은 많은 상이한 종들로 분기하며 현행화될 수 있어야 하고, 또한 각각의 현행화는 유전 가능해야 한다. 이것은 우리가 찾는 가능성의 공간이 가능한 동물 형식들 중 하나일 뿐만 아니라, 그러한 형식을 신뢰할 만큼 반복적으로 생산이 가능한 유전적 조합들 중 하나임을 의미한다. 이러한 가능성의 공간을 묘사하기에 앞서 분명히 해야 할 점이 한 가지 더 있다. 아리스토텔레스 분류법에는 단지 두 가지 층위들만이 존재한다. 반면 근대적 분

---

21) Gilles Deleuze and Felix Guattari, *A Thousand Plateaus*, New York: University of Minnesota Press, 1987, p. 255.

류 체계 속에는 하위로는 종과 속들을, 상위로는 계와 문들을 가진 많은 층위들이 존재한다. 아리스토텔레스의 유개념 "동물"은 오늘날 동물 왕국(동물계)으로서 다른 문門들(척색동물, 유인원)로 세분화되고, 그러한 문들은 척추동물과 곤충류 같은 아문亞門으로 다시 세분화된다. 하위의 분류군과 달리 상위의 분류군들은 공통의 체제體制, body plan[22])에 의해 규정되는데, 그것의 특징들은 종종 발생학적 발전 단계에서 일찍이 규정된 것이다. "동물"이라는 유개념을 대체하는 것은 가능한 체제들의 공간의 구조이다.

우리가 맞서야 하는 첫 번째 문제는 관련된 가능성의 공간들이 위상 공간과 그 위상학적 특이성들처럼 우리가 한 세기 넘게 경험한 공간들과는 사뭇 다르다는 점이다. 완전히 연속적이고 잘 규정된 공간구조를 갖는 위상 공간과 달리, 가능한 유전자들의 공간은 전적으로 분리되어 있으며, 고유의 공간적 질서도 없다. 게다가 분리된 조합 공간들의 구조에서 특이한, 특별한 혹은 두드러진(보편적인 것은 말할 것도 없고) 것은 잘 이해하기 어렵다. 그래서 우리는 지도에 나와 있지 않은 곳에 있기 때문에 조심스럽게 나아가야 한다. 일단 우리가 알고 있는 것에서 시작해 보자. 유전 정보 자체는 이제껏 사실로 확증되었고, 유전자로부터 단백질을 만들어 내거나

---

22) 체제(體制)는 가령 문(門) 같은 동물군을 식별하는 데 사용될 수 있는 구조적, 발달적 특징들의 집합이다. 특정한 군의 구성원들은 발달 기간의 어느 지점에서 동일한 체제를 공유한다. 앞선 장에서 상이한 흐름의 유체들의 regime도 '체제'라고 옮겼는데, 동일한 한자를 사용하지만 후자의 경우는 유형이나 종류라는 의미에 가깝다(옮긴이).

천연 단백질로부터 유전자 조작으로 만들어진 유전자를 만들어 내기 위해 관례적으로 사용되었다. 유전자와 단백질 모두 분자들의 선형적 연쇄들이며, 단지 그것들의 구성 요소에서만 다를 뿐이다. 유전자의 경우에는 뉴클레오티드 분자들이고 단백질의 경우에는 아미노산들이다. 유전 정보는 단순히 한 유형의 분자적 연쇄를 다른 유형으로 염색체상에 위치시키는 방식일 뿐이다. 각각의 아미노산에 대응하는 세 개의 뉴클레오티드들, 그 대응 자체는 자의적이며, 일종의 냉엄한 진화적 사건이다.

우리가 가능한 유전자와 단백질의 공간들에 대해 확실히 알고 있는 한 가지는 그것들의 엄청난 규모다. 주어진 길이의 가능한 연쇄들의 수는 최대 길이까지 끌어올려진 이용 가능한 요소들의 수다. 유전자들은 단지 네 개의 가능한 뉴클레오티드들로 구성된다. 반면 단백질은 스무 개의 가능한 아미노산들의 목록으로부터 얻을 수 있다. 5아미노산 길이의 매우 짧은 단백질조차 300만 개 이상의 상이한 조합들(즉 20의 다섯제곱수)에 존재할 수 있다. 현대 효소의 평균 길이인 5아미노산 길이의 가능한 단백질의 수는 문자 그대로 무한하고, 우주가 존재했던 시간을 초로 환산한 것보다 크다. 유전자의 경우에도 마찬가지다. 이 경우 구성 요소들의 수는 훨씬 작지만, 그것들의 길이는 세 배나 크다. 왜냐하면 그것들이 하나의 아미노산에 특성을 부여하기 위해서 세 개의 뉴클레오티드들을 사용해야 하기 때문이다. 따라서 우리는 어느 쪽의 경우든 연쇄의 길이가 증가함에 따라 폭발적으로 증가하는 조합 공간을 고려하고 있다. 그러나 만일 그러한 공간들이 고유의 공간적 질서를 결여하고 있다면, 어떻게 우리가 이러한 무한한 공간들을 연구할 수 있겠는가?

그것들에 자의적이지 않은 질서, 즉 문제의 분자 배열 순서의 경향과 능력들하고 어떠한 연관을 갖는 질서를 부과하는 것이 하나의 전략일 것이다. 유전자의 경우라면 복제 중에 발생하는 오류(돌연변이)를 복사하는 경향만큼이나 복제 능력은 중요한 것이다. 그래서 우리가 각각의 뉴클레오티드 연쇄를 배열해서, 단지 하나의 돌연변이로 그것과 다른 모든 연쇄를 갖는다면, 적당한 공간적 질서가 부과될 수 있다. 그 결과로서 생기는 공간은 다차원적인데, 왜냐하면 그것은 주어진 유전자의 전체 길이에 따라 각각의 뉴클레오티드를 변화시킴으로써 생산할 수 있는 모든 변이체들을 포함해야 하기 때문이다. 그리고 그 결과 생기는 단일 돌연변이체는 상이한 차원에 할당되어야 한다. 그러나 차원들의 순수한 수는 그 공간을 매우 복잡한 것으로 만드는 반면, 그것은 또한 연쇄들의 분배를 매우 단순화한다. 우리가 그것들을 재배열한 후에 모든 가능한 유전자들은 진화가 따를 수 있는 연결된 경로를 형성하면서 단일 돌연변이체의 모든 이웃들과 직접적 접촉을 한다. 달리 말해서 이 공간적 배열을 고려해 볼 때, 유전적 진화는 하나의 이웃에서 다음 이웃으로의 부단한 발걸음으로 시각화될 수 있다. 그것은 한 번에 하나의 돌연변이를 생산하는 사건들에 의해 추동된다.[23]

23) Manfred Eigen, *Steps Towards Life*, Oxford: Oxford University Press, 1992, pp. 92~95.

이러한 발걸음을 인도하는 도태압을 포착하기 위해, 우리는 이 조합 공간에 일련의 적응도 수치를 덧붙일 수 있다. 유기체의 전체적 적응도에 대한 기여를 반영하는 가능한 연쇄에다 각각 하나씩 말이다. 이는 특이성의 분배, 즉 적응도의 국소적local 최대치와 최소치의 분배를 생산한다. 드물기는 하지만 도달하기 쉬운 하나의 전역global 최대치가 존재할 수 있고, 따라서 우리는 "적자생존"이라는 낡은 공식을 적용할 수도 있다. 그러나 대부분 실제로는 전역 최대치가 존재한다 할지라도, 그것은 진화하는 종들을 함정에 빠트리는 국소적 최대치로 둘러싸여 있을 수 있다. 일단 진화의 발걸음이 적응도의 정점에 도달하면, 더 높은 정점을 오르기 위해 그것에서 내려오는 것은 도태압에 의해 방해받을 수 있다. 왜냐하면 정점 아래의 어떠한 유전자도 정의상 덜 적응된 것이기 때문이다. 반면 유전적 부동浮動[24]은 종들이 국소적 함정으로부터 절연하는 것을 도울 수도 있다. 도태의 여과 효과에 종속되지 않는 변이의 무작위적 메커니즘을 제공함으로써 말이다.

이러한 생각을 "동물" 유개념을 대체하는 임무에 적용하는 것은 상이한 유형의 유전자들을 구별하는 것을 포함한다. 왜냐하면 단지 극소수의 유전자들만이 체제에 대한 상세한 설명에 기여하기

---

24) 한 세대에서 다음 세대로 대립유전자가 유전될 빈도의 무작위적 변화를 이름. 자손이 부모로부터 물려받은 대립유전자 중 일부는 자손 개체가 성공적 번식을 할 수 있는지 그리고 생존할 수 있는지를 결정한다. 유전적 부동으로 인해 생존을 위협하는 대립유전자의 빈도가 증가할 수도 있고 드물게 생존을 위협하는 유전자가 사라질 수도 있다(옮긴이).

때문이다. 첫 번째 구분은 유기체의 모든 세포에 대한 일상적 관리 유지 임무를 수행하는 유전자들과 상이한 세포 유형들 간의 차이를 야기하는 유전자들이다. 뼈, 근육, 혈액, 신경, 피부 등등. 하나의 유기체를 구성하는 모든 세포들이 정확히 동일한 DNA를 갖고 있음을 고려해 볼 때, 상이한 세포 유형에서 그것들만의 특성을 부여하는 다른 유전자들을 활성화시키거나 비활성화시키는 특별한 유전자들이 분명히 존재한다. 이것들은 DNA 자체를 자신들의 목적으로 삼는 단백질의 유전 암호를 지정하는 유전자들이며, DNA의 일부를 다른 "하행"downstream[25] 유전자의 형질을 발현할 것인지, 아닌지를 결정하도록 묶어 둔다. 이러한 유형의 유전자는 근처 하행 유전자들을 통제하고, 게다가 상행upstream 유전자들에 의해 통제를 받는 유전자들로 바뀔 수 있다. 우리가 다른 유전자들을 데스크톱 컴퓨터의 CPU가 단지 그러한 스위치의 네트워크(And-게이트, Or-게이트, Not-게이트)라고 가정한다면, 이런 유형의 유전자의 힘은 명백해진다.

가능성의 공간에서 그러한 네트워크들의 부분을 형성할 수 있는 유전자들만 포함하는 것은 그 규모를 상당히 축소시키지만, 그래도 그러한 공간은 여전히 매우 큰 것일 수 있다. 스위치들 자체는 단백질이 달라붙는 DNA 중 유전 정보를 갖지 않는 부분이며, 전형

---

25) 분자생물학과 유전학에서 상행과 하행은 DNA와 RNA에서 유전자 코드의 상대적 위치를 지시한다. DNA와 RNA의 가닥은 5프라임 엔드와 3프라임 엔드를 갖는데, 상행은 RNA의 5프라임 엔드를 향하고, 하행은 3프라임 엔드를 향한다(옮긴이).

적으로 여섯 개에서 아홉 개의 뉴클레오티드 길이를 갖는다. 이것은 우리에게 4096(4의 여섯제곱)과 262,144(4의 아홉제곱) 사이의 가능한 순열을 준다. 스위칭을 수행하는 단백질을 생산하는 유전자들은 상대적으로 극소수지만 인간 게놈(유전체)의 2만 개의 부호화 유전자 중에서 단지 500개만이 발생학적 발달에 포함된다고 가정하면, 두 개의 유전자 회로에 대해서는 25만 개의 가능성을, 세 개의 유전자 회로에서는 2,000만 개가 넘는 가능성을, 네 개의 유전자 회로에 대해서는 60억 개가 넘는 가능성을 우리에게 부여한다.[26] 우리는 체제 상술에 직접 연관의 증거가 있는 유전자들에만 집중함으로써 가능성 공간의 규모를 제한할 수도 있다. 이러한 유전자들이 소위 혹스 유전자[27]들이다.

몇 가지 형질들이 이러한 특별하거나 특이한 유전자들을 떼어 놓는다. 그것들은 아주 오래전 캄브리아기 대폭발(5억 년보다 이전)보다 시대적으로 앞서고, 그것의 화석들은 우리에게 체제들의 분기에 관한 가장 확실한 증거를 제공해 준다. 그것들은 동물 유전체에 함께 모여 있고, 그것들의 공간적 배열은 하나의 체제를 특징짓는 신체 부분들의 분배와 흥미로운 조응을 갖는다. 그리고 문門들을 가로지르는 놀라운 유사성을 보여 준다. 예컨대 척추동물은 네

---

26) Carroll, *Endless Forms Most Beautiful*, pp. 118~119.
27) 혹스 유전자란 초파리 같은 동물의 배아 발생 과정에서 머리에서부터 꼬리까지 축을 따라 몸의 구조와 기능적 체제 형성을 일관성 있게 조절하는 데 관련된 일련의 유전자군을 말한다(옮긴이).

개의 혹스 클러스터(서른아홉 개의 유전자들)를 가지며, 곤충류는 두 개의 혹스 클러스터(여덟 개의 유전자들)를 갖는다.[28] 따라서 우리가 탐험할 필요가 있는 가능성의 공간은 배아 발달의 초기 단계에 영향을 주는 혹스 유전자의 집합이 형성하는 모든 조합(회로, 네트워크)의 공간이다. 앞서의 예처럼 이러한 조합 공간에 덧붙이려면, 특이성의 분배를 생산하는 일련의 적응도 수치가 존재해야 할 것이다. 그러나 이 경우에 적응도 수치를 규정하는 도태압은 포식자나 기생충 같은 외부적인 것이어서는 안 되고 내부적인 것이어야 한다. 일관성을 유지하는 돌연변이를 선택하고, 그것을 방해하는 것들에 대항해서 선택하는 기존 회로나 네트워크들.[29] 이러한 생각에서 나오는 그림은 주어진 동물 문에 열려 있는 가능성들을 규정하는 유전적 네트워크 집합 중 하나이다. 장기적으로는 생태학적 요인들에 의해 현행화되고 단기적으로는 발생학적 요인들에 의해 현행화되는 가능성들. 들뢰즈가 적고 있듯이

> 사물 자체 안에서 어떻게 현행화가 발생하는가? […] [사물 자체]의 현행적 특질과 연장성 아래에 시공간적 역동성이 존재한다. 비록 그것들이 구성된 특질들과 연장성에 의해 대개 가려져 있다

---

28) Wallace Arthur, *The Origin of Animal Body Plans. A Study in Evolutionary Developmental Biology*, Cambridge: Cambridge University Press, 2000, pp. 156~157.
29) *Ibid*., p. 222.

고 하더라도 모든 영역에서 조사되어야 한다. 발생학은 알의 분할이 보다 중요한 형태형성 운동과 비교해서 부차적인 것임을 보여 준다. 자유로운 표면들의 강화, 세포층들의 늘어남, 접힘에 의한 함입, 무리들의 지역적 치환. 알의 전체 운동학은 하나의 역학을 암시하는 것처럼 보인다.[30]

아리스토텔레스의 예들에 한해 혹스 유전자들(그리고 배 발생 기간 동안 작동하는 다른 연계 유전자들)이 어떻게 수정란을 말이나 인간으로 변형시키는가를 이해하기 위해서는 이 과정에 대해 알려진 것을 묘사하는 것이 유용할 것 같다. 그 과정을 시각화하는 가장 손쉬운 방법은 성체의 특정한 반복적 특징을 발생의 다른 단계에 있는 배아의 특징들과 비교해 보는 것이다. 부합들의 첫 번째 집합은 성체의 대칭들과 깨진 대칭들(혹은 극점들) 사이이며, 배아의 지리학을 규정하는 경도나 위도 그리고 고도 같은 축들이다. 다 자란 척추동물은 좌우 양측의 대칭을 갖는다. 즉 거울에 비추어도 좌측과 우측이 대략 변하지 않는다. 그러나 얼굴과 등(말의 경우 등에서 엉덩이)뿐만 아니라 머리와 꼬리는 이 대칭을 깬다. 초기 배아를 구성하는 세포들의 개체군은 이러한 두 개의 깨진 대칭을 따라 세포의 줄무늬 위에 있는 특정한 유전자를 활성화시키면서 동-서 축과 남-북 축을 발달시킨다. 실제로 과거 연속적 세포 개체군이었던 것

---

30) Deleuze, *Difference and Repetition*, p. 214.

이 경도와 위도를 따라 계속해서 보다 미세한 규모로 분할된다. 그 후 이러한 분할들의 미래의 정체성은 그것들의 세포 하위 개체군 sub-population 안에 혹스 유전자들의 활성화에 의해 결정된다.[31]

부합들의 두 번째 집합은 성체의 모듈 구성과 혹스 유전자들의 모듈 사용 사이다. 동물들은 구성 요소들의 배치들이며, 많은 것들이 단지 규모와 종류에서 차이 나는 반복된 모듈들이다. 예컨대 사지는 부분들(허벅지, 종아리, 발목, 상박, 팔뚝, 손목)로 구성되고, 사지말단(인간의 경우 발과 손, 말의 경우 발굽) 또한 다양하게 반복된 모듈로 구성된다. 비슷하게 모든 척추동물은 뻣뻣한 등뼈를 가지고 있지만, 척추의 수와 유형은 하나의 종에서 다음 종에 이르기까지 다양하다.[32] 하나의 사지는 동-서 축을 따라 특정한 위치의 배아로부터 돌출되어 나오는 이상돌기로 자신의 현행화를 시작한다. 그 후 성장 아체는 그 자체 국소 경도와 위도들의 집합으로 분할되고, 각 분할은 그 안에 특정한 유전자들이 활성화되는 세포의 하위 개체군을 포함한다. 이러한 사지들의 말단은 결과적으로 미래의 손, 발가락을 예비하며, 보다 미세한 분할들로 쪼개진다.[33]

혹스 유전자들의 모듈적 표현 패턴들의 이러한 생산에다——특정한 위도와 경도에 위치한 세포 부차 집단들 안의 혹스 유전자 산물의 농도 변화도——우리는 세포들의 집합적 이주, 즉 세포의 뼈

---

31) Carroll, *Endless Forms Most Beautiful*, pp. 92~95.

32) *Ibid.*, pp. 20~21.

33) *Ibid.*, pp. 102~104.

와 근육(그리고 다른 세포 유형들)으로의 내적 분화를 규정하는 시공간적 역학을 추가해야 한다. 접힘과 펼쳐짐이 닫힌 주머니와 함입을 생산한다.[34] 이 글에서 우리의 목적을 위해서라면, 이러한 개요 제시만으로 충분할 것이다. 왜냐하면 앞서 언급했듯이, 향후 수십 년은 유전학 회로와 네트워크들의 수학적 모델링에 대한 새로운 접근법뿐만 아니라 많은 새로운 발견들이 생산될 것 같기 때문이다. 따라서 앞서 기술한 부분들 중 많은 부분이 수정되어야 할지도 모른다. 그러나 형이상학적 관점에서 보자면, 중요한 것은 관련 있는 인과적 행위자들(혹스 유전자들, 경도와 위도의 축을 표시하는 유전자들, 세포의 개체군)은 형상인이 아니라 작용인으로 행위한다는 것이다. 그리고 이러한 결론은 미래에도 수정될 것 같지는 않다. 심지어 우리가 인과론적 메커니즘에 대한 우리의 지식을 세심하게 다듬을 때라도 말이다. "말"과 "인간" 같은 아리스토텔레스의 종들은 그것들을 구성하는 유기체들과 동일한 존재론적 지위를 갖는 역사적으로 구성된 종들, 즉 개별적 특이성을 갖는 종들로 바뀌어야 한다. 그리고 "동물" 같은 유개념은 상이한 체제들이 보편적 특이성이며, 많은 아문과 강들로 분기하며 현행화될 수 있는 가능성들의 공간으로 바뀌어야 한다.

이 글을 끝맺기 위해 교체 전략의 기초에 있는 철학적 개념(배치 개념)에 보다 상세한 설명을 덧붙여 보자. 원자들과 동물들 모

---

34) Arthur, *The Origin of Animal Body Plans*, pp. 97~98.

두가 수와 종류에서 변화하는 집짓기 블록들을 구성하는 배치들이다. 여기서 "종류"kind라는 용어의 사용은 물론 문제가 있다. 왜냐하면 하나의 종류는 단순히 하나의 범주이기 때문이다. 그러나 여기서의 어려움은 실재적이기보다는 외견상의 것이다. 하나의 배치의 구성 요소로서 사용된 집짓기 블록들은 보다 작은 규모에서 작동하는 배치들이다. 그리고 우리는 그것들만의 가능성의 공간들의 메커니즘 독립적인 구조뿐만 아니라 그것들을 현행화하는 과정을 규정하는 인과론적 메커니즘을 제공할 수 있어야 한다. 달리 말해서 우리는 언제나 배치들의 배치들, 상이한 규모에서 반복되는 부분-대-전체 관계를 다루고 있다. 게다가 그 안에서 화학적이고 생물학적 배치들이 현행화되는 강도적 연속체들(별들, 수계水界-대기의 한 쌍으로 된 체계, 초기의 배아) 자체가 배치들이다. 비교적 분화되지 않은 것들일지라도 말이다. 사실 질 들뢰즈는 "배치"라는 용어를 후자 유형의 독립체에만 사용한다. 원자와 동물은 엄격히 말해서 배치가 아니라, 들뢰즈가 지층들이라고 부르는 것이다. 그렇다면 "배치"라는 용어를 강도적 연속체와 이 연속체에서 태어나는 분할된 형태 모두를 무분별하게 지시하여 사용하는 것을 무엇이 정당화하는가?

독립체들의 범주를 규정하는 용어를 도입한다는 사실은 우리의 전략에 문제가 된다. 왜냐하면 배치와 지층들은 유개념의 종으로 간주될 수 있기 때문이다. 이러한 딜레마에서 빠져나가는 길은 단일한 용어, 즉 배치라는 용어를 사용하는 것이지만, 그 안에 하나의 독립체가 분할되거나 분할되지 않은 정도를 수량화하는 매개변수를 붙박는 것이다. 우리는 이 매개변수에 대한 이름으로서 "영토화"라는 용어를 사용할 수 있는데, 영토는 단지 분할되거나 분열된 환경의 지역이기 때문이다. 이런 방식으로 하나의 "지층"은 영토화 매개변수가 높은 수치를 갖는 독립체가 되고, (들뢰즈적 의미에서의) 배치는 이러한 매개변수에 대해 낮은 수치를 갖는 독립체가 된다. 이러한 접근법이 들뢰즈 철학에서 질적 차이를 양적 차이로 환원시킨다는 이의 제기에 대해서 우리는 많은 매개변수들이 양으로부터 질로의 이행을 표기하는 강도의 결정적인 지점들에 의해 특징지어진다고 답할 수 있다. 가령 기체, 액체, 고체 사이의 국면 전환 같은 것들 말이다. 지층이 분리된 종류의 독립체가 아니라 단순히 배치들이 존재할 수 있는 상이한 국면인 것처럼, 영토화 매개변수도 비슷하게 간주될 필요가 있다. 그렇다면 지층과 배치 사이의 대립은

전적으로 상대적인 것이다. 환경이 지층 상태와 탈지층화 운동 사이를 움직이듯이, 배치들도 그것들을 재지층화하는 경향이 있는 영토적 경계와 그것들을 우주와 연결시키는 탈영토화 운동 사이를 움직인다. 그리하여 우리가 추구하는 구별은 배치와 그 밖의 무언가의 사이가 아니라 가능한 배치의 두 가지 한계들 사이라는 사실이 놀라운 것은 아니다.[35]

---

35) Deleuze and Guattari, *A Thousand Plateaus*, p. 337(강조는 저자의 것).

만일 화학적이고 생물학적 종들이 이러한 두 가지 한계들 중 하나, 즉 지층화되거나 충분히 분할된 극단을 예시한다면, 또 다른 한계는 무엇인가? 나는 앞에서 현행적 배치와 관련을 맺는 가능성 공간의 구조를 지시하기 위해 "디아그람"이라는 용어를 소개했다. 그리고 나는 디아그람의 존재론적 지위가 "잠재적"이라는 용어, 즉 실재하지만 현행적이지 않은 것이라는 의미를 나타낸다고 말했다. 모든 잠재적 디아그람들의 배치가 또 다른 극단적 상태, 인용문에서 적절히 언급된 우주적 한계이다. 이러한 한계 상태의 존재는 우리가 비교하는 두 가지 형이상학적 묘사 사이의 결정적 차이다. 아리스토텔레스의 존재론이 유개념-종-개체의 위계가 규정하는 서너 개의 구별되는 층위들을 갖는 반면, 들뢰즈의 존재론은 평평하다. 그것은 지시의 평면을 형성하는 현행적 배치들의 세계, 즉 우리가 그것들에 고유한 이름을 부여함으로써 지시할 수 있는, 상이한 시공간적 규모에서 작동하는 개별적 특이성들의 세계이며, 내재성의 평면, 즉 다른 평면 위에(존재론적으로 하나의 종 "위에" 군림하는 유개념처럼) 존재하지 않고, 그 뒷면을 닮은 평면을 형성하는 보편적 특이성들이 규정하는 잠재적 디아그람들의 세계이다. 두 측면을 가진 하나의 평평한 존재론, 즉 한 면은 잠재적 문제들로 가득하고, 다른 한 면은 그러한 문제들에 대한 현행적 해들의 분기하는 집합으로 가득한 존재론이다.

이러한 존재론의 비위계적 본성은 초월성을 — 모든 초월적 독립체들은 존속하기 위한 보다 높은 층위들이나 차원이 필요하다 — 몰아낼 뿐만 아니라, 두 평면을 역동적으로 연관시키는 것을 가능하게 해 준다. 이러한 역학의 한 측면은 이미 언급한 바 있다. 모든 것이 논리적 범주들로 미리 분할된 아리스토텔레스의 세계와 달리, 이 존재론에서 분할의 생산과 유지는 영토화 과정에 의해 설명되어야 한다. 형이상학적으로 이러한 과정들은 내재성의 평면에서 지시의 평면으로 가는 방향을 따르는 운동으로 간주되어야 한다. 그러나 다른 방향의 운동도 역시 가능하다. 원자나 동물의 영토화는 상대적으로 **탈영토화**된 배치들 혹은 강도적 연속체 내에서 발생한다. 반면 내재성의 평면 자체는 위상학적 불변량(차원성, 접속성, 특이성들의 분배)의 관점에서 배타적으로 규정된 이상적으로 연속적인 공간을 산출하는 절대적 탈영토화 운동의 결과물이다. 매개변수화된 개념을 사용하는 것은 이러한 이중의 역학에 대해 사유하는 것을 용이하게 해 준다. 왜냐하면 모든 세 개의 상이한 배치상태들은 양이 질로 변화하는 국면들로 간주될 수 있기 때문이다. "절대적인 것은 초월적이거나 미분화된 어떠한 것도 표현하지 않는다. 그것은 심지어 모든 주어진 (상대적) 수량들을 초과하는 수량도 표현하지 않는다. 그것은 단지 상대적 운동과는 질적으로 다른 유형의 운동만을 표현한다."[36]

따라서 모든 현행적 배치들은 그것들의 분할을 단단히 해서, 그것들을 영토화하거나 그것들의 분할을 보다 유연하게 하거나 심지어 완전히 연속적인 것으로 만들어서 그것들을 탈영토화하는 역

---

36) *Ibid.*, p. 509.

사적 과정들에 종속된다. 이는 탈영토화된 것이 단지 영토화된 것 앞에 오는, 마치 충분히 형태화된 동물 신체 앞에 오는, 수정란 같은 것이 아님을 암시한다. 이러한 주장이 개별 유기체에는 적용될 수도 있겠지만, 종의 경우에는 그렇지가 않다. 어느 주어진 시간에 주어진 종을 구성하는 생식 공동체는 많은 성체들을 포함하지만 동시에 분할의 상이한 단계에 있는 많은 배아들도 포함할 것이다. 게다가 대부분의 다세포 종은 그것들이 진화할 운명이라면 어쩔 수 없이 미분할 상태인 단일세포 단계로 되돌아가야 한다. 왜냐하면 형태학적 변이를 생성하는 데 있어 가장 중요한 발생학 단계를 통제하는 것은 유전자들 안에서의 변이이기 때문이다. 다시 말해서 다세포 종은 영토화에 앞서 어쩔 수 없이 모든 세대를 탈영토화한다. 이러한 의미에서 생물학적 알은 앞에 오거나 뒤에 남겨지는 것이 아니다. 우주의 알들로 간주되는 별들처럼, 다른 강도적 연속체의 경우도 마찬가지다. 들뢰즈와 가타리는 아래와 같이 적고 있다.

그러나 그 알은 퇴행하는 것이 아니다. 오히려 그것은 완벽히 동시대적이다. 당신이 실험 작업의 환경을 소유할 때, 당신은 언제나 그것과 함께한다. [⋯] 그 알은 순수한 강도의 환경이며, 연장이 아닌 간극이며, 생산의 원리로서의 강도 0이다. 과학과 신화, 발생학과 신화학, 생물학적 알과 심리학적이거나 우주적 알 사이의 근본적 수렴이 존재한다. 알은 언제나 이러한 강도적 실재를 지시하며, 그것은 미분화된 것이 아니라 사물과 기관들이 변화

도, 이주, 근접성의 지대에 의해서만 구별되는 곳이다.[37]

  우리가 실험 작업의 환경으로서 "알"을 지니고 있다고 말하는 것은 무엇을 의미하는가? 그것은 상대적 탈영토화가 연속성을 얻거나 분할을 잃는 것뿐만 아니라 영향을 주고받는 능력을 발휘하는 것에 의해서도 성취될 수 있다는 사실에 대한 언급이다. 속성들이 부분의 정체성을 고정하는 반면, 능력들은 부분이 고정된 정체성이 변화를 겪을 수 있는 새로운 배치를 형성하는 전적으로 상이한 부분과 상호작용할 수 있도록 허용할 수 있다. 인간의 신체는 유한한 속성들의 집합으로 규정할 수 있다. 가령 외연적 속성들(신장, 무게)이나 강도적 속성들(혈압, 체온). 그러나 그것은 또한 잠재적으로 무한한 행위들의 집합을 수행할 능력들로 규정된다. 이것들은 노동의 전문화(대장장이, 목수, 도자기공, 군인들)로의 점진적 분화가 확산을 입증하는 생산적 노동을 포함할 뿐만 아니라 신체의 무한한 잠재력을 포함하는 비생산적 노동도 포함한다. 저글링하는 사람, 외줄 타기 명인, 공중그네 연기자들. 두 가지 행위의 집합들은 인간의 신체를 하나의 배치, 즉 하나의 "알" 속으로 삽입하고, 그 안에서 탈영토화와 새로운 영토화가 발생한다.
  실재론 철학자로서 아리스토텔레스는 능력들의 존재를 깨달았다. 시행되지 않은 능력들은 실재하지만 현행적이지 않다는 사

---

37) *Ibid.*, p. 164.

실. 그리고 심지어 영향을 주고받을 수 있는 능력들 간의 구별. 따라서 그는 인간과 사물들 안에서의 잠세성에 대해 말했다. 어떤 능력들은 수동적이고, 다른 능력들은 능동적이다. 다른 신체를 데우는 불의 능력 혹은 집을 짓는 인간의 능력 그러나 동시에 불에 타는 지방의 능력 혹은 타박상을 입는 살의 능력.[38] 그러나 아리스토텔레스의 미리 분할된 존재론 안에서 영토화와 탈영토화 운동을 생산하는 다른 부분과의 상호작용하는 능력을 시행하는 부분의 역학은 공식화될 수 없다.

이러한 역학의 설득력 있는 보기는 가장 단순한 화학적 부분들로 되돌아감으로써 주어질 수 있다. 변변치 않은 수소 원자 말이다. 앞서 언급했듯이 모든 원자들은 전자들의 잉여나 결핍 혹은 그와 반대로 완전히 "꽉 찬" 외부의 껍질을 갖는 것 같은 특정한 창발적인 속성을 갖는다. 이 속성은 결국 다른 원자들과 결합하는 원자의 능력들을 규정한다. 비활성 기체의 경우처럼 껍질이 꽉 차 있다면, 이러한 능력은 매우 낮아질 것이다. (비활성 기체는 단지 약간의 화합물을 형성한다.) 반면 결핍이나 과잉은 결합과 화합물을 형성하는 훨씬 커다란 능력으로 바뀐다. 대부분의 원자들은 다른 원자들과의 **공유 결합**을 형성하는 능력을 갖는다. 공유 결합은 한 쌍의 외부 껍질 전자를 공유함으로써 형성되는 극단적으로 강한 결합이다. 이러한 의미에서 이 능력은 꽤나 평범한 것이다. 비록 그 현행

---

38) Aristotle, *The Metaphysics*, pp. 178~179.

적 시행의 결과는 물질적 독립체들의 정체성 유지에 중요한 것이지만 말이다. 왜냐하면 공유 결합은 분자들과 분자들에서 생겨난 사물들을 함께 묶는 접착제이기 때문이다. 그러나 이러한 평범한 결합 능력에 덧붙여, 수소 원자들은 보다 약한 결합을 형성하는 특이한 혹은 특별한 능력을 갖고 있는데, 대략 "수소 결합"이라고 부른다.

이러한 다른 능력은 영향을 주고받을 수 있는 능력이 규정하는 매우 특별한 상황에서만 시행될 수 있다. 공유 작용의 목표인 원자나 원자들의 무리는 음전기여야 하고, 수소 원자 자체는 역시 음전기인 다른 원자나 원자들의 무리에 공유 결합으로 부착되어야 한다. 수소 결합이 만들고 깨기에 보다 쉽다는 사실은 공유 결합보다 수소 결합이 덜 "영토화"되게 만든다. 즉 그것이 만드는 분자적 배치는 공유 결합이 만드는 것보다 유연하게 분절된다. 수소 결합에 의해 만들어지는 탈영토화된 분자적 배치의 예는 유전자들과 단백질들이다. 특정한 유전자의 동일성은 공유 결합에 의해 시간 내내 유지되는 반면, 자기-복제 능력은 수소 결합에 의해 규정된다. 왜냐하면 이중나선 구조의 두 가닥은 쉽게 교착 상태에서 떨어질 수 있고, 새로운 뉴클레오티드들은 주형鑄型으로서 기능하는 각 가닥에 쉽게 달라붙을 수 있기 때문이다.[39]

---

39) Jean-Marie Lehn and Philip Hall, "Supramolecular Chemistry", *The New Chemistry*, ed. Nina Ball, Cambridge : Cambridge University Press, 2000, p. 302.

따라서 매우 실재적 의미에서 모든 살아 있는 생명체들의 기초에 있는 특이한 능력들의 존재를 허용하는 것은 특이한 결합 능력의 존재이며, 이러한 능력을 모든 원자들이 공유하지는 않는다. 이것을 배치 이론의 전문용어로 말하자면, 덜 영토화된 결합의 존재는 목표를 인식하고, 화학적 반응을 촉진할 수 있는 분자들(효소들)뿐만 아니라 자기를 복제하는 분자들(유전자들)을 특징짓는 강력한 탈영토화를 야기하는 데 있어 중요하다. 혹은 이것을 훨씬 형이상학적으로 표현하자면, 원자적 층위에서의 탈영토화는 생물학적 고분자 층위에서의 또 다른 탈영토화를 낳고, 탈주선을 만드는 이 두 가지 운동은 질료를 내재성의 평면 쪽으로 휩쓸어 간다.

비록 들뢰즈와 가타리는 상이한 종류의 화학적 결합의 영토화 효과에 대해 지나가며 언급할 뿐이지만, 그들은 분명히 유물론적 형이상학을 위한 현대 유전학 발견의 중요성을 인식하고 있다. 그들이 아래와 같이 적고 있듯이

> 핵산 염기서열의 선형성이나 코드의 정렬은 사실 그것에 복제될 수 있는 새로운 능력을 주고 유기체를 결정체보다 탈영토화된 것으로 만드는 "기호"의 탈영토화의 문턱을 표시한다. 오직 탈영토화된 것만이 스스로를 재생산할 수 있다. [⋯] 그 구조가 형식적으로 스스로를 재생산하고 표현할 수 없도록 만드는 것은 영토성의 지표, 달리 말해서 3차원성에 대한 결정체의 예속이다. [⋯] 그와 반대로 유기적 지층에 대한 순수한 선의 분리는 유기체가 훨씬 더 높은 탈영토화의 문턱을 얻도록 해 주고, 그 복잡한 공간

적 구조의 모든 세부를 재생산하는 기제를 제공하며, 그 모든 내부의 층들을 외부, 아니 차라리 양극화된 한계(따라서 세포막의 특별한 역할)와 "위상학적으로 접촉"하는 걸 가능하게 해 준다.[40]

비슷한 이유로 그들은 결과적으로 생물권의 점진적 분화를 이끌었던 생물체 내에서의 탈영토화를 추적하는 형이상학적 임무를 수행하기 위해 생태학과 (동물)행동학 같은 분야로부터 나온 발견들을 소중히 여긴다. 생태학적 관계들, 예컨대 포식자와 그 먹잇감과의 관계들은 유기체의 현행적 상태(배고픈 상태)를 규정하는 속성들뿐만 아니라 능력들의 시행을 포함한다. 먹이를 사냥하는 능력, 포식자를 피하는 능력. 현재 시행되지 않는다면 능력들은 현행적일 필요는 없으며, 능력들이 현행적인 것이 된다면 그것은 상태로서가 아니라 언제나 이중적인 사건들(먹거나-먹히거나)로서일 것이다. 능력들이 많은 세대를 거쳐 시행될 때, 그 능력들은 상이한 종의 생물체들이 서로 탈영토화되도록 강제하는 연장된 일련의 상호작용으로 이끌 수 있다. 포식자들과 그들의 먹잇감은 유전적 "군비 경쟁"에 돌입할 수 있으며, 그 경쟁 속에서 포식자를 몰아내거나 먹잇감을 포획할 수 있는 능력에서의 어떠한 유전 가능한 향상도 대응책의 발전을 위한 도태압으로 기능할 수 있다. 실제로 이러한 상호 자극을 통해서 포식자와 그 먹잇감은 서로에게 자신들의

---

40) Deleuze and Guattari, *A Thousand Plateaus*, pp. 59~60.

유전학적 정체성을 수정하여 적응하도록 강제한다. 탈영토화 이후에 재영토화가 뒤따른다. 들뢰즈와 가타리가 수분하는 식물과 곤충의 경우에서 적시하듯이 공생 또한 일련의 탈영토화와 재영토화를 이끌 수 있다.

> 난초는 말벌을 투사하는 이미지를 형성함으로써 탈영토화하는데 비해, 말벌은 그 이미지 위에 재영토화된다. 그럼에도 불구하고 말벌은 난초의 생식장치에서 하나의 조각이 됨으로써 스스로 탈영토화된다. 그러나 말벌은 난초의 꽃가루를 전달함으로써 난초를 재영토화한다. […] 난초의 말벌-되기와 말벌의 난초-되기. 이러한 되기의 각각은 한 항의 탈영토화와 다른 항의 재영토화를 야기한다. 두 개의 되기는 서로 연결되며, 탈영토화를 언제나 조금 더 멀리 밀고 나가는 강도들의 순환에서 연이어진다.[41]

어쩌면 공생의 탈영토화 효과의 가장 주목할 만한 예는 가장 초기의 진화적 분기들을 야기했던 가장 오래된 몇몇 유기체들에서 일어났다. 앞에서 언급했듯이 고대의 박테리아는 물리적·화학적 변화도(발효, 광합성, 호흡)에 다가가는 모든 주요한 방법들을 발견하는 데 성공했으며, 각각의 발견은 포획된 에너지의 급격한 증가와 열역학적 평형으로부터 유기체를 더 밀고 나갔다. 에너지 흐

---

41) *Ibid.*, p. 10.

름의 강화는 박테리아 개체군이 단지 개체수만을 재생산하는 것이 아니라, 순수 잉여도 생산한다는 것을 의미했다. 에너지 흐름의 강화는 순수 잉여가 축적됨에 따라 박테리아의 살flesh이 형성한 밀도 변화도를 생산하면서, 생태학적 관계들의 분화를 위한 기회를 열어 준다. 달리 말해서 생물학적 변화도는 박테리아를 먹이로 삼을 수 있는 생물체가 에너지원으로 박테리아를 이용할 가능성과 함께 형성되었다.[42] 반면 최초의 포식자는 세 개의 기본 에너지 추출 전략(발효, 광합성, 호흡) 뒤에 조직/시스템을 재발명하지 않았다. 그들은 단순히 수많은 구성 요소들 같은 박테리아의 신체를 흡수하고, 그것들과 함께 내생적 공생endosymbiosis이라고 불리는 친숙한 공생의 형태 속으로 들어갔다.[43] 심지어 오늘날까지 그렇게 내면화된 생물체의 후손들이 동물의 경우에는 미토콘드리아와 식물의 경우에는 엽록체처럼, 그 두 개의 공생체들이 (상호적 재영토화뿐만 아니라) 탈영토화의 선을 공유해 왔음을 입증하면서 우리 안에 살고 있다.

이 선은 유전 정보의 발생이 기호(정보)의 탈영토화 문턱을 표기하는 선의 강화와 연속으로 간주될 수 있다. 그러나 만일 DNA

---

42) George Wald, *The Origin of Life. In The Chemical Basis of Life*, San Francisco: W. H. Freeman, 1973, pp. 16~17.

43) Jan Sapp, "Living Together: Symbiosis and Cytoplasmic Inheritance", *Symbiosis as a Source of Evolutionary Innovation*, Lynn Margulis and Rene Fester eds., Cambridge: MIT Press, 1991, pp. 16~17.

가 유기체들로 하여금 많은 세대를 거쳐 탈영토화하는 것을 허용했다면, 그것은 이번에는 영토화가 아니라 코드화를 통한 생물학적 분할을 엄밀하게 하는 새로운 방식을 나타냈다. 하나의 배치로서, 하나의 동물은 자신의 행동이 자신의 유전자에 의해 엄격히 규정된다면 고도로 코드화되어 있다고 말할 수 있으며, 그 동물이 평생에 걸쳐 학습할 수 있다면, 상대적으로 탈코드화되어 있다고 말할 수 있다. 예컨대 곤충을 가루받이시키는 경우 대부분의 행동은 유전적으로 "내장된" 것이다. 그럼에도 불구하고 그것들은 특정한 탈코드화 정도를 드러낸다. 왜냐하면 그것들은 파블로프적 훈련을 통해 꽃꿀의 존재를 색깔, 냄새, 많은 꽃잎의 모양들과 연계하는 법을 배울 수 있기 때문이다.[44] 우리는 이러한 생물학 배치들의 새로운 조건을 배치 개념에다 코드화와 탈코드화의 정도를 수량화하는 두 번째 매개변수를 추가함으로써 포착할 수 있다. 즉 우리는 유전 정보의 개별 인과적 요인으로의 역사적 분화를 개념화할 수 있다. 이 지점까지 배치를 단일한 매개변수를 소유한 것에서 갑자기 두 번째 매개변수를 획득하는 것으로 간주함으로써 말이다. 그리고 증식하는 뉴런 개체군이 유전자로부터 오는 행위의 통제와 맞서 싸우기 시작했을 때, 두 번째 매개변수가 측정한 강도의 양 또한 문턱들을 가로질렀다. 두 발로 이동하며 복잡한 손기술을 쓰는 매우

---

44) James L. Gould, "Ethological and Comparative Perspectives on Honey Bee Learning", *Insect Learning*, Daniel R. Papaj and Alcinda C. Lewis eds., New York: Chapman and Hall, 1993, pp. 31~38.

특별한 능력을 부여받은 개별 종으로서의 인간인 우리를 생산했던 탈영토화와 탈코드화의 문턱들을 포함해서 말이다. 들뢰즈와 가타리의 말로 결론을 맺어 보면

손은 단지 탈영토화된 앞발이 아니다. 따라서 자유로워진 손 자체는 원숭이의 붙잡고, 걷는 손과 비교하여 탈영토화된다. […] 환경과 상관적인 탈영토화도 있다. 신체와 과학기술에 탈영토화의 도태압을 가하면서 숲보다 탈영토화된 연합환경으로서의 스텝(손이 자유로운 형태로 나타날 수 있고, 불이 과학기술적으로 형태를 만들 수 있는 질료로서 나타날 수 있는 곳은 숲이 아니라 스텝에서였다). 마침내 보충적 재영토화가 고려되어야 한다. (손을 보상하는 재영토화로서의 발 또한 스텝에서 발생한다.) 지도들은 이러한 모든 것들, 유기적인 것들, 생태학적인 것들, 과학기술적인 것들로 구성되어야 하며, 우리는 [내재성의 평면] 위에 지도들을 배치할 수 있다.[45]

---

45) Deleuze and Guattari, *A Thousand Plateaus*, p. 61.

❖ 강도적이고 외연적인 지도 제작

생물학적 유기체들로서 그리고 사회적 행위자들로서 우리는 자연적이고 인위적인 외연적 경계들이 한계를 정한 공간들 안에서 삶을 영위한다. 즉 경계선이 표기한 한계까지의 공간으로 연장하는 지대들 안에서 말이다. 우리가 하나의 국가, 하나의 도시, 인근 지역 혹은 생태계의 경계들에 대해서 얘기하건 아니면 우리 신체들의 규정적 경계들, 곧 피부, 기관의 외피, 세포막에 대해서 얘기하건, 이러한 외연적 공간들에 거주하는 것은 우리의 사회적, 생물학적 정체성을 규정하는 것의 일부다. 우리는 다른 공간들에도 거주한다. 강도의 지대들. 그 경계는 공간적 한계가 아니라 중요한 문턱들이 규정한다. 심해 잠수부가 탐험한 높은 수압의 지대, 우주인들이 살아가는 낮은 중력의 지대, 북극 탐험가들이 경험한 극한의 저온 지대, 시험 비행조종사들이 선회한 높은 속력의 지대. 이것들은 물론 희소한 전문직들이다. 그러나 우리 모두가 기껏해야 중간의 강도들이기는 해도 이러한 강도가 있는 지대에 거주한다.

  외연적 공간과 강도적 공간 모두 지도로 만들 수 있지만, 그 지도들은 반드시 상이할 것이다. 외연적 지도는 공간으로 연장된 지구의 특징들을 포착한다. 가령 주어진 국가의 통치권 영역을 규정하는 해안선, 산맥 혹은 영토, 영공 등등. 대조적으로 강도적 지도는 특정한 속성(변화도)의 강도에서의 차이들과 그러한 변화도가 추동하는 역학적 현상을 포착한다. 잘 알려진 예는 매일 밤 TV 화면에 나오는 저기압과 고기압, 한랭 전선과 온난 전선, 느리게 혹은 빠르게 흘러가는 공기 덩어리를 표시하는 기상도다. 비록 외연적 속성과 강도적 속성 간의 차이가 중세 스콜라 철학으로 거슬러 올라갈 만큼 오래된 것이긴 하지만, 그것의 근대적 형태는 대개 물리학자들에 의해 발전되었다. 그래서 우리는 교과서적 정의를 가지고 논의를 시작할 수 있다.

열역학 속성들은 두 가지의 일반적 부류로 나누어질 수 있다. 즉 강도적 속성과 외연적 속성들. 만일 주어진 상태에 있는 물질의 양이 두 개의 균등한 부분들로 나누어질 수 있다면, 각 부분은 원래의 것과 동일한 값의 강도적 속성들을 가질 것이고, 외연적 속성들의 절반의 값을 가질 것이다. 압력, 온도 그리고 밀도는 강도적 속성들의 예다. 질량과 전체 부피는 외연적 속성들의 예다.[1]

전형적으로 외연적 속성인 길이, 지역 혹은 부피 같은 것들은

---

1) Gordon Van Wylen, *Thermodynamics*, New York: John Wiley & Sons, 1963, p. 16.

단순한 방식으로 분할될 수 있다. 하나의 지역을 절반의 외연을 갖는 두 개의 동등한 지역으로 나누기. 그러나 우리가 90도의 온도를 갖는 물의 부피를 절반의 부피를 갖는 둘로 나누면, 우리는 45도의 온도를 갖는 두 개의 부분을 얻을 수는 없고, 동일한 온도를 갖는 두 부분으로 나눌 수는 있을 것이다. 달리 말하면 두 개의 땅덩어리가 합해져서 상대적으로 보다 큰 하나의 땅덩어리가 되듯이, 두 개의 외연적 양들은 단순한 방식으로 더해지는 반면, 강도적 양들은 더해지지 않고 오히려 평균이 된다. 서로 다른 온도의 공기 혹은 물 덩어리들이 서로 접촉하게 되면, 두 온도의 중간값으로 균등화하는 경향이 있는 확산 과정을 일으킨다. 들뢰즈는 이처럼 구별되는 특징의 중요성을 간파했던 유일한 현대 철학자다. 그는 그 교과서적 정의를 채택했을 뿐만 아니라 그것의 형이상학적 중요성을 강조하기 위해 그것을 확장하기도 했다. 특히 들뢰즈는 외연과 강도 간의 발생적 관계를 수립했다. 우리가 직접 지각할 수 있는 독립체들의 다양성은 외연에 한정된 독립체들이다. 그러나 그것들은 강도의 차이들에 의해 지배를 받는 눈에 보이지 않는 과정들에 의해서 생겨난다.

좋은 예가 대기에 거주하는 독립체들의 다양성이다. 허리케인, 뇌우, 구름층, 바람의 흐름들. 이러한 독립체들은 기상학 현상으로서 우리 의식에 존재하지만, 우리는 대개 온도, 압력 혹은 속도의 발생에 책임이 있는 변화도를 지각할 수는 없다. 비슷하게 많은 다양한 동물들이 그들의 외피로 인해 우리에게 제한된 독립체로서 나타나지만, 우리는 대개 발생학적 과정을 통해 그러한 동물들을 생성하는 강도의 생화학적 차이들, 즉 유전 산물의 집중 변화도를 의식하지 못한다. 간단히 말해 현상학적 경험으로 우리에게 주어진 다양성은 그 존재에 대해 그렇게 주어지지 않은 것에 의존한다. 혹은 들뢰즈가 말하고 있는 것처럼

> 차이는 다양성이 아니다. 다양성은 주어진 것이지만, 다양성은 차이에 의해 주어진 것이다. […] 차이는 현상이 아니라 현상에 가장 근접한 누메논[2]이다. 모든 현상은 하나의 불균등을 지시하고, 그것에 의해 조절된다. 모든 다양성과 모든 변화는 그것의 충분한 근거인 차이를 지시한다. 발생하는 모든 것과 나타나는 모든 것은 차이들의 질서와 상호 연관되어 있다. 층위, 온도, 압력, 긴장, 잠재력의 차이들, 강도의 차이들.[3]

따라서 비록 근대적 형식에서 강도적 속성과 외연적 속성들 간의 차이는 열역학에 속하는 것이지만, 그 차이는 적절하게 형이상학적 중요성을 획득하는 유물론 철학의 문맥 안에 있다. 외연적 지도와 강도적 지도에도 유사한 주장이 적용된다. 이러한 두 가지

---

2) 형이상학에서 누메논(nuomenon)은 인간의 감각, 지각과 무관하게 존재하는 상정된 대상이나 사건이다. 이는 대개 감각의 대상인 현상(phenomenon)과 대조적으로 사용된다(옮긴이).

3) Gilles Deleuze, *Difference and Repetition*, New York: Columbia University Press, 1994, p. 222.

유형의 지도에 대해 상세히 논해 보자. 먼저 과학적 측면들에 집중하고, 그런 다음 그것들이 제기하는 관련된 형이상학적 문제들에 대해서 논해 보자. 프톨레마이오스 이래 지도 제작자들은 지구라는 구체를 평면적 재현으로 포착하는 문제와 씨름해 왔다. 물론 우리는 그저 지구의地球儀, 그러니까 공간적 관계들이 직접 재현될 수 있는 구형 지도를 사용할 수도 있다. 그러나 만일 접고 휴대할 수 있는 평면 지도를 만드는 게 목적이라면, 우리 행성의 둥근 형태는 어쨌건 변형되어야만 한다. 왜냐하면 구체는 펴지거나 평평한 곳에 놓을 수 있는 형태가 아니기 때문이다. 반면에 원통과 원뿔은 그러한 종류의 형태다. 따라서 우리가 하나의 구체를 원통이나 원뿔 형태로 변형할 수 있다면 문제는 해결될 것이다. 이러한 목표를 성취하는 특별한 변형은 "투영법"이라고 부른다.

프톨레마이오스는 구체를 원뿔에 투사했다. 마치 우리가 슬라이드를 스크린에 투사하는 것처럼 말이다. 반면 1400년 후 메르카토르는 원통을 스크린으로 사용했다. 일단 접혀 있던 것이 펼쳐지고 평평해지면, 원뿔에 재현된 것이든 원통에 재현된 것이든 모두 원했던 결과를 주기는 하지만 새로운 문제가 하나 생긴다. 우리는 해안선이나 산맥의 형태처럼 특정한 형태들을 생산하는 원래의 공간적 관계를 보존할 수 있거나 땅이나 물 덩어리가 덮는 원래의 지역들을 보존할 수 있다. 그러나 두 가지 모두를 보존할 수는 없다. 전자(소위 "정각"도법)를 선택하면, 지역이나 거리 간의 진정한 관계를 잃게 되고, 반면 후자(소위 "정적"도법)를 선택하면 지도상에서 왜곡된 것처럼 보이는 모양을 얻는다. 해안선을 따르는 항해 목적을 위해서는 항해의 길잡이가 되는 표식 모양에 대한 시각적 인식이 중요하므로 정각 지도가 옳은 선택이지만, 평방마일당 인구 밀도를 묘사하는 통계적 목적을 위해서는 정적 지도가 필요하다. 다른 목적을 위해서는 바뀌지 않은 것은 보존하지 않고, 오류가 충분히 적고 서로 균형을 맞추는 도법 같은 타협적 방식을 사용한다.[4]

형이상학적 관점에서 보자면 이 간략한 묘사에서 중요한 것은 오직 두 가지밖에 없다. 변형들의 존재 — 이 경우에서는 두 가지인데, 얇은 판 위에 빛을 비추는 것에 호응하는 투사 작용과 스크린 위에 그러한 빛들을 가로질러 나누는 것에 준하는 분할 작용 — 그리고 일단 적용되면 이러한 변형들은 원래 형태의 특징들 중 몇몇 부분들을 변하지 않은 채 남겨 둔다는 사실이다. 예컨대 전통적 메르카토르 도법에서는 (적도의 선을 따르는 거리들처럼) 특정한 길이들이 그러하듯 형태는 변하지 않고 남는다. 그러나 적도에서 멀리 떨어진 지역이나 거리들은 변하게 된다. 이 같은 두 가지 개념들, 변형과 불변은 과학에서 점차 중요한 역할을 할 운명이었고, 마침내 20세기 물리학의 필수적 부분이 되었다. 이러한 두 개념이 수학에서 갖는 영향력의 좋은 예는 유클리드기하학이 19세기에 겪었던 위상의 변화이다.

18세기 후반에 대부분의 철학자들과 과학자들은 유클리드기하학이 모든 기하학들의 가장 근본적인 것일 뿐만 아니라 실재 물

---

4) David Greenhood, *Mapping*, Chicago : University of Chicago Press, 1964, ch. 6.

리적 공간의 특징들을 포착한 것이라고 동의했다. 이러한 특권적 지위는 수학자들이 평평하지 않고 구부러진 다른 기하학들을 발명했을 때에도 변하지 않았는데, 그것들의 이름난 친척뻘인 계량기하학처럼 그 기하학들도 한 선의 길이나 두 선들 사이의 각이 근본 개념들이었다. 그러나 그 후 중대한 변화가 생겼다. 수학자들이 모든 계량기하학은 사실 사영기하학의 특별한 사용에 불과하다는 것, 즉 기본적 계량 개념들(길이, 각도, 모양)은 사영기하학의 비계량적 개념들로부터 논리적으로 추출될 수 있다는 사실을 깨달았던 것이다.[5] 따라서 그때까지 지도 제작법처럼 과학의 소수 분야에 속하는 비천한 기하학이었던 것이 가장 근본적인 것이 되었다.

기하학들 중에서 논리적 우선권에서의 위치 이동은 수학자들이 변형은 "군"들이라는 특별한 집합 속으로 함께 모일 수 있고, 이러한 군들과 연관된 불변량들이 기하학적 독립체들을 정의하는 데 사용될 수 있음을 깨달았을 때 발생했다. 예컨대 정육면체는 그 속성들의 목록을 통해 묘사될 수 있다. 즉 그것이 여섯 개의 면을 가지고 있으며, 각각의 면은 정방형이라는 사실을 통해서 말이다. 그

---

5) Morris Kline, *Mathematical Thought from Ancient to Modern Times*, vol. 3, New York: Oxford University Press, 1972, p. 904. "비유클리드기하학 연구에 앞서 그리고 그 연구가 진행 중인 동안, 사영[투사] 속성들에 대한 연구가 기하학의 주요한 움직임이었다. 게다가 사영기하학은 기하학 형태들의 형성으로 들어가는 질적이고, 기술적 속성들을 다루며, 선 분할과 각도들의 측정을 사용하지 않기 때문에, 사영기하학이 유클리드기하학에 논리적으로 앞선다는 점이 폰 슈타우트의 연구로부터 분명했다. 이 사실은 유클리드기하학이 사영기하학의 특별한 실현일 수 있다는 점을 암시했다. 가까운 장래에 비유클리드 기하학들도 역시 사영기하학의 특별한 실현일 수 있다는 가능성이 떠올랐다."

러나 그것은 또한 어떠한 변형에 의해 영향을 주거나 받는 방식을 통해서도 정의될 수 있다. 예컨대 그것의 시각적 외관은 어떠한 축에서든 90도 혹은 90도의 배수로 회전을 겪은 후에도 영향을 받지 않는다는 사실. 그러한 회전들은 90도, 180도, 270도, 360도라는 집합을 형성하며 함께 군으로 묶일 수 있다. 반면 구체는 어떠한 각도로도 회전에 의해서 영향을 받지 않는다. 따라서 그것의 군은 훨씬 더 큰 집합을 갖는다. 1도, 2도, 3도, 4도, […] 360도 군론에서 보다 큰 변형의 군 아래서도 변하지 않는 속성들을 갖는 하나의 독립체는 보다 작은 군을 가진 것에 비해 보다 높은 대칭도를 갖는다고 말한다. 이러한 예에서 하나의 구체는 정육면체보다 회전 변형 아래서 보다 높은 대칭도를 갖는다. 그리고 이러한 사실은 그것을 하나의 기하학 형태로 분류하는 데 사용될 수 있다.[6]

19세기의 가장 중요한 수학자 중 한 사람인 펠릭스 클라인은 이러한 생각이 개별 기하학 형태들뿐만 아니라 상이한 기하학들 자체에도 적용될 수 있다는 것을 깨달았다. 유클리드적이거나 비유클리드적이거나 계량기하학은 그 속성들이 회전, 옮김 그리고 반사를 포함하는 군에 의해서 불변의 것으로 남는 공간을 형성한다. 달리 말해서, 길이, 각도 그리고 모양은 이러한 엄밀한 변형의 군 아래에서 불변의 것으로 남는다. 반면 사영기하학에서 그러한 속성들은 불변으로 남지 않고, 다른 것들, 가령 선형성, 공선형

---

6) Joe Rosen, *Symmetry in Science*, New York : Springer-Verlag, 1995, ch. 2.

성collinearity 그리고 원뿔 분할이 되는 속성 같은 것들은 불변으로 남는다. 사영기하학을 불변으로 남기는 변형들의 군은 회전, 옮김, 반사뿐만 아니라 투사나 분할 같은 것을 포함하는 보다 큰 집합이다. 후자에 논리적 우선권을 수립했던 것은 계량적 공간을 특징짓는 군은 사영적 공간을 특징짓는 것의 하위군이라는 깨달음이었다.[7] 위상학 같은 기하학들이 발명되었을 때, 클라인의 추종자들은 위상학적 공간들이 접힘과 펼쳐짐 같은 변형들을 포함하는 훨씬 더 커다란 군들 아래서도 불변의 것들을 갖고 있음을 깨달았다. 이것은 대칭 정도에 의거해 알려진 모든 기하학들을 분류하려는 생각으로 이끌었다. 위상학은 미분기하학, 사영기하학, 아핀기하학 그리고 유클리드기하학 모두가 뒤를 따르는 가장 큰 대칭을 갖고 있었다.[8] 수학자들은 이러한 분류를 순수하게 논리적 구성물로 보았다. 그러나 상이한 공간들 간의 관계를 발생적인 것으로 만듦으로써, 그것에서 형이상학적 교훈을 이끌어 내는 것은 가능하다. 이러한 형이상학적 판본에서 계량적 공간들은 위상기하학이 꾸준히 대칭을 잃고(혹은 대칭이 깨지고) 불변을 얻을 때, 문자 그대로 비-계량적 공간들로부터 나올 것이다. 유클리드기하학은 결코 모든 기하학들의 가장 기본적인 것이 아니라 보다 근본적 기하학, 즉 위상기하학

7) Morris Kline, *Mathematical Thought from Ancient to Modern Times*, vol. 3, New York: Oxford University Press, 1972, p. 917.

8) Lawrence Skla, *Space, Time, and Space-Time*, Berkeley: University of California Press, 1977, pp. 49~54.

이 대칭성 깨짐 사건들의 연쇄를 겪고 난 후 생겨난 위상기하학의 부산물일 것이다.

클라인 분류법의 다른 측면들은 형이상학적 논의에 도움이 된다. 예컨대 우리가 연쇄cascade 아래로 내려갈수록 더 많은 형태들이 뚜렷해진다. 유클리드기하학에서 작고 큰 원, 작고 큰 타원, 작고 큰 포물선은 모두 상이한 형태들인 반면, 다음 층위(아핀기하학)로 올라가면 원, 타원 그리고 포물선은 모두 크기가 같다. 그리고 한 단계 더 위(사영기하학)로 올라가면 모든 원뿔 분할은 하나이고 동일한 형태이다. 이것은 다음과 같은 사실에 의해 설명이 된다. 만일 군 안의 변형들만을 사용해서 하나의 형태가 다른 것으로 변형될 수 있다면, 그 두 가지 형태는 동일한 것이다. 아핀기하학은 그 군 안에 비례 축소 변형을 가지고 있고, 따라서 주어진 원뿔 분할의 크기는 그 동일성을 수립하는 데 적절하지 않다. 유사하게 사영기하학에서 하나의 원이 투사된 스크린을 기울이는 것은 그 원을 타원으로 변형시키고, 그 스크린을 움직이는 것은 타원의 부분이 이제 그 밖으로 나와 하나의 포물선을 만들어 낸다. 달리 말하면 모든 원뿔 분할은 사영 군 안의 변형을 사용하면 상호 변형 가능하며, 따라서 그것들은 모두 하나이고 동일한 형태이다. 위상기하학에서 이용 가능한 접힘과 펼쳐짐 같은 변형들을 사용하면 우리는 이것을 넘어서게 된다. 모든 폐쇄된 형태들(삼각형, 정방형, 오각형, 원들 같은)은 상호 변형 가능하고, 그래서 그것들 모두가 같은 것이다. 형이상학적으로 말해서 이것은 대칭 깨짐 연쇄가 점진적 분화 과정을 나타낸다는 것을 제안하는 것이다. 요컨대 상대적으로 미분화된 위상학적 형태들을 취해서 연속적으로 깨진 대칭을 통해 모든 차이 나는 계량적 형태들을 만들어 내는 과정 말이다.

중요한 형이상학적 문제들, 곧 발생적 문제들을 외연적 지도들과 연관된 기하학 공간들로부터 추출해 냈으므로 동일한 것을 강도적 지도들에 적용해 보자. 이 경우에서 지도에 표시해야 할 필요가 있는 것들은 바다, 호수 혹은 또 다른 수역의 경계 같은 공간적 조직을 소유한 독립체들의 경계가 아니라 그러한 신체들의 공간적 조직에서 자발적 변형을 야기하는 강도의 문턱들이다. 이러한 변형들은 "국면 전환"[상전이]이라고 불린다. 얼어붙은 수역, 우리가 통제할 수 있는 에너지의 외부 공급과 연결된 단단한 얼음 조각을 상상해 보라. 우리가 그 시스템 안으로 흐르는 에너지의 양을 증가시키면, 그 온도는 결정적 지점에 도달하고, 갑자기 얼음은 녹기 시작한다. 그 강도의 문턱에서 고체는 자발적으로 변화하여 액체가 된다. 공간을 점유하는 방식인 그 공간적 조직이 변이를 일으킨다. 만일 우리가 에너지의 양을 계속 증가시키면 우리는 또 다른 결정적 지점, 즉 물의 끓는점에 도달하고, 그 액체는 변화하여 기체가 된다. 외연적 속성의 변화를 동반하면서. 물 분자들이 점유하는 공간의 양, 그 부피는 엄청나게 팽창한다. 마침내 온도가 또 다른 문턱에 도달하게 되면, 첫째 물 분자들은 자신들의 구성 요소 원자들로 분해되고, 그다음 수소와 산소 원자들조차 자신들의 정체성을 잃고, 전체 개체군은 충전된 분자들의 전자화된 구름, 플라스마가 된다.

이러한 강도적 문턱들의 지도는 위상 다이어그램이라고 불린다.

지도의 차원 수는 물 덩어리에 영향을 미치는 데 사용된 강도적 매개변수들의 수에 따라서 규정된다. 단일한 매개변수, 온도를 사용하면 1차원 지도를 생산한다. 즉 온도 값은 문턱들이 점으로 나타나는 선형적 계열을 형성한다. 섭씨 0도를 나타내는 점은 물의 융해점을 표기하며, 섭씨 100도를 나타내는 점은 물의 비등점을 표기한다. (점들의 이름은 문턱들이 교차되는 방향에 따라 다르다. 반대 방향에서 그것들은 각기 물의 결빙점과 응결점이라고 한다.) 이 같은 두 가지 특이점들은 상수다. 너무도 일정해서 우리는 그것들을 온도계에 사용한다. 다른 가능한 매개변수들을 불변으로 유지하는 한에서 말이다. 특히 0과 100도는 해수면에서의 문턱들이다. 그러나 우리가 높은 산에 있다면, 정확한 절댓값은 변한다. 왜냐하면 공기가 가하는 압력은 고도에 따라 줄어들기 때문이다. 이는 두 번째 매개변수인 압력을 추가하는 것이 지도를 2차원 공간으로 변화시킨다는 것을, 즉 그 공간에서는 문턱들이 점이 아니라 선들이 된다는 것을 암시한다. 그리고 우리가 특정한 부피 같은 세 번째 매개변수를 추가할 때에도 마찬가지다. 이제 문턱들은 3차원 지도상의 표면들이다.

일반적으로 우리가 더 많은 차원을 추가할 때, 강도적 지도는 질료의 행위 내의 심화된 복잡성을 드러낸다. 예컨대 물의 2차원 위상 다이어그램은 0도와 100도를 관통하여 흐르는 두 개의 평행선들로 구성되지 않는다. 만일 그렇게 구성된다면 그것은 1차원의 경우에 우리가 이미 알고 있던 것에 추가적 정보를 제공하지 못할 것이다. 오히려 그 선들은 문자 "Y"의 모양을 갖는 형태를 만들어 낸다. 해수면 기압에서 그 지도는 문자 Y의 윗부분으로 구성되며, 그 래서 온도 값들의 수직선이 방금 언급했던 두 점들의 두 개의 팔들과 교차한다. 그러나 보다 낮은 기압에서 그 지도는 문자 Y의 아랫 부분에 의해 구성되며, 따라서 온도 값들의 선은 단지 한 번만 그것과 교차한다. 이것은 (지구) 외부 공간에 존재하는 것 같은 매우 낮은 온도에서는 오직 두 개의 뚜렷한 국면들, 고체와 기체들만이 존 재하며 "기화"라고 불리는 국면 전환에서 하나는 직접 다른 하나로 변형된다는 것을 의미한다. 결국 문턱들이 이제 선들이라는 사실에도 불구하고, 특이점들 역시 존재한다. 문자 Y에서 위의 두 팔이 아래의 수직선과 만나는 지점을 "삼중점"이라고 부른다. 즉 세 개의 국면들이 동시에 발생하고, 쉽게 서로의 국면으로 변형될 수 있는 공존의 지대. 문자 Y의 오른팔은 전체 지도를 가로지르지 않고, 식별 불가능성의 지대를 창조하는 지점에서 끝이 난다. 그 지대에서는 물의 액체와 기체 국면들은 식별 불가능한 것이 된다.[9]

제어 매개변수로서 속력을 사용하는 강도적 지도의 다른 예를 들어 보자. 움직이는 액체의 작용은 속력의 결정적 문턱들에서 형태의 급격한 변화를 나타낸다. 즉 그것은 상이한 흐름의 체제들 사이에서 국면 전환을 겪는다. 낮은 속력에서 그 흐름은 획일적이거나 꾸준하다(층류). 그다음 하나의 문턱을 지나면, 그것은 요동치

---

9) Philip Ball, *Life's Matrix: A Biography of Water*, Berkeley: University of California Press, 2001, p. 161.

거나 주기적으로 된다(대류). 그리고 또 하나의 문턱을 넘게 되면, 그것은 회오리들 안의 회오리들이라는 프랙탈 구조를 나타내며 소용돌이가 된다. 이러한 변형들의 강도적 지도는 1차원, 즉 결정적 점들에 의해 세 개의 다른 체제들로 분할된 하나의 선일 것이다. 사이에 액체가 채워져 있는 두 개의 투명한 동심원 원통으로 구성된 특별한 연구장치를 사용해서, 내부의 원통을 돌려서 액체에 대한 속력의 효과를 신중하게 연구함으로써 우리는 이러한 1차원 지도를 풍요롭게 할 수 있다. 높은 제어도를 자랑하는 소위 쿠트-테일러 장치는 일곱 개의 차별적 흐름의 체제들을 드러낸다. 층류, 테일러 소용돌이 흐름, 파형 소용돌이 흐름, 조절된 소용돌이 흐름, 소용돌이 난류, 난류 테일러 소용돌이 그리고 특징 없는 난류 등등. 만일 우리가 장치를 변경해서 내부와 외부 원통 모두를 돌릴 수 있다면 우리는 2차원 지도를 얻을 수 있다. 앞서와 마찬가지로 특별한 차원을 추가하는 것은 숨겨진 복잡성을 드러낸다. 두 개의 새로운 강도적 지대들이 일곱 가지 흐름의 체제들을 갖는 선의 양편에서 생성된다. 오른편에는 두 개의 원통이 동일한 방향으로 회전할 때 생겨난 변이들이 존재한다. 가령 잔물결, 구부러진 소용돌이, 나선형 잔물결. 왼편에는 두 개의 원통이 서로 반대 방향으로 회전할 때 생겨난 변이들이 존재한다. 가령 단순한 나선, 상호 침투하는 나선, 나선형 난류.[10]

---

10) Ian Stewart and Martin Golubitsky, *Fearful Symmetry*, Oxford: Blackwell, 1992,

이러한 두 개의 강도적 지도들은 물의 가능한 공간적 조직들 (고체-액체-기체) 혹은 물의 가능한 흐름의 방식들(층류-대류-난류)을 포획한다. 반면 문턱들은 온도나 속력처럼 양적 변화가 질적 변화로 전환하는 지점들을 표기한다. 여기에 형이상학을 위한 두 가지 교훈이 있다. 첫 번째 교훈은 들뢰즈가 주장하듯이, 강도적 속성들은 분할될 수 없기보다는 본성의 변화 없이는 분할될 수 없다는 점이다.[11] 문턱들은 강도적 지도를 분할하지만, 각각의 하위 분할은 상이한 변이 국면이나 변이 체제와 상응한다. 두 번째 교훈은 결정적 문턱들은 언제나 지도 자체보다는 한 차원 아래라는 점이다. 만일 수학에서처럼 우리가 변수 "n"을 차원의 수를 지시하기 위해 사용한다면, 우리는 강도적 문턱들은 언제나 n-1의 차원을 갖는다고 말할 수 있다. 가령 한 선분에서의 점들, 한 표면에서의 선들, 한 부피에서의 표면들처럼. 이것이 중요한 이유는 유물론적 형이상학에서 가능성의 공간들의 구조는 언제나 초월적이지 않고 내재적인

---

pp. 108~110.

11) Gilles Deleuze and Felix Guattari, *A Thousand Plateaus*, Minneapolis: University of Minnesota Press, 1981, p. 31. "부단히 변형되고 매번 요소들이 본성상 변하지 않고는 나누어지거나 변형될 수 없는 이 분할 불가능한 거리들의 중요성은 무엇인가? 그것은 이러한 유형의 다양체의 요소들과 그것들 간의 관계들이 갖는 강도적 특성이 아닌가? 이는 정확히 하나의 속력이나 온도가 다른 속력들이나 온도들의 합으로 구성되는 것이 아니라 본성상의 변화를 표기하는 다른 속도들이나 온도들을 감싸거나 감싸이는 것과 마찬가지다. 이러한 다양체들의 계량적 원칙은 동질적 환경에서 발견되지 않고 다른 곳, 그러니까 다양체들 내에서 작용하는 힘들 속에서, 다양체들에 서식하는 물리적 현상들 속에서 발견된다."

것임이 분명하며, 들뢰즈가 논하듯이 결정의 초월적 형식들은 언제나 물질적 과정이 펼쳐지는 공간보다 한 차원 상위에 존재한다는 점이다. 즉 초월적 결정은 언제나 n+1이다. 예컨대 아리스토텔레스의 본질들은 위로부터 종이나 유개념 같은 개별체들에 동질성과 통일성을 부여하면서 그것들이 형식적으로 규정하는 개별 독립체들의 평면보다 높은 존재론적 평면에 존재한다. 반면 가능성의 공간들의 내재적 구조는 "그것이 아무리 많은 차원을 가질지라도 […] 그것 위에 발산하는 보충적 차원을 결코 갖지 않는다. 이것만이 그것을 자연적이고 내재적인 것으로 만든다".[12] 강도적 지도로부터 얻는 두 가지 교훈들이 합하여 초월적 통일에 근거한 형이상학을 대체하는 내재적 변이의 형이상학이 된다. 혹은 같은 얘기지만 다양체가 일자를 대체하는 형이상학이다.

> 다양체는 언제나 더 높은 차원을 추가함으로써가 아니라, 오히려 가장 단순한 방식들, 절제를 이용해서, 우리가 이미 이용할 수 있는 차원들의 수(언제나 n-1인데 이는 일자가 다양체에 속하는 유일한 방식이며, 언제나 감해진다)를 가지고 만들어져야 한다. 구성되기 위해서는 다양체로부터 독특한 것을 빼라. n-1의 차원에서 글을 써라.[13]

---

12) *Ibid.*, p. 266.
13) *Ibid.*, p. 6.

강도적 지도들은 평평한 유클리드적 평면 대신 위상적 표면들 위에 그것들을 "그려 넣음"으로써 풍요로워질 수 있다. 이제 막 묘사한 지도들(위상 다이어그램들)은 단지 연구실 데이터에 대한 도표적 재현일 따름이다. 매개변수들은 통제된 설정에서 신중히 변하고, 각각의 설정치 조합에 대해 결과로 초래된 흐름의 국면이나 체제는 기록된다. 전체 설정치 집합은 그것들이 경계를 표시하는 안정성의 지대나 문턱을 나타내기 위해 주어진 도표 형식이다. 그러나 원칙적으로 강도적 지도는 내재적 특징을 가지고 있어야 한다. 가령 변하지 않으며 그러한 안정성의 지대들과 상응하는 특이성들의 특정한 분배 같은 특징 말이다. 이러한 "향상된" 강도적 지도들이 만들어지는 방법과 그 지도들이 만들어 내는 심화된 형이상학적 통찰을 이해하기 위해서 잠시 기하학의 역사로 돌아가 보자. 19세기 초 수학자들이 구부러진 2차원 표면 같은 공간을 연구할 필요가 있었을 때, 그들은 낡은 데카르트적 방법을 사용했다. 그들은 그 표면을 축들의 집합으로 구조화된 3차원 공간(보충적 차원을 가진 공간, 즉 $n+1$) 안에 놓았다. 그런 후 그 축들을 사용해서, 그들은 좌표들을 그 표면의 모든 점들에 할당했다. 이런 식으로 그 표면은 x, y 그리고 z 좌표들의 집합, 곧 대수를 이용해 표현된 관계들이 되었다.

　그러나 그때 미적분학의 방법을 활용함으로써 전적으로 새로운 접근법이 창안되었다. 특히 둘 혹은 그 이상 양들의 변화의 관계가 변화율로서 표현될 수 있다면, 미적분학은 우리가 그 비율에 대한 순간 치를 발견하도록 허용한다. 예컨대 만일 그 변화하는 양들이 공간적 위치와 시간이라면, 우리는 상대적 관계의 변화율에 대한 순간 치, 즉 순간 속도를 계산할 수 있다. 이것을 기하학에 적용한다는 것은 두 점들 사이의 곡률이 변화하는 비율이 특징인 공간으로서 구부러진 표면에 대해 생각하는 것을 포함하고, 그런 다음 이러한 변화율에 대한 "순간" 치를 계산하기 위해 미적분학을 사용하는 것을 포함한다. 이런 식으로 처리되면 하나의 표면은 좌푯값들의 집합이기를 그치고, 곡률이 각각의 점에서 빠르게 혹은 느리게 변화하는 빠름과 느림의 장이 된다. 미적분학이 전반적인 매립 공간global embedding space에 대한 어떠한 참조 없이, 즉 표면 자체에 대한 일부의 정보만을 사용해서 하나의 표면을 연구하는 데 사용될 수 있음을 제일 먼저 깨달았던 사람은 바로 수학자 프리드리히 가우스였다. 간단히 말해서 가우스는 "표면은 그 자체로 하나의 공간이라는 전적으로 새로운 개념을 발전시켰다".[14]

가우스는 2차원 사례를 풀었다. 그의 제자 베른하르트 리만은 모두가 3차원 사례에 매달릴 것이라고 기대했지만, 그보다 더 나아가 n차원 사례를 풀었다. 미적분학을 사용해서 규정된 n차원 공간

---

14) Kline, *Mathematical Thought from Ancient to Modern Times*, vol. 3, p. 882. "따라서 구체 표면이 본질적으로 하나의 공간으로 연구된다면, 그것은 자신만의 기하학을 갖는다. 그리고 낯익은 경도와 위도가 점들의 좌표로 사용될지라도, 그 표면의 기하학은 유클리드적이지 않다. [⋯] 그러나 구체 표면의 기하학이 3차원 공간에 있는 하나의 표면으로 간주된다면 유클리드적이다."(*Ibid*., p. 888) 달리 말해 그것이 전체 공간에 매립되지 않으면 그 표면은 계량적이지 않고, 그것이 전체 좌표가 할당될 수 있는 보충적 차원을 가지면 계량적으로 된다.

은 "미분 다양체" 혹은 "다양체"라고 불린다. 마침내 다양체들은 더 많은 대칭을 얻었다. 다시 말해 다양체들은 보다 큰 변환군 아래서도 변하지 않는 속성들을 얻었고, 위상적인 것이 되었다. 다양체 위에 강도적 지도를 "그리는" 것이 가능한가? 이것을 위해서 우리는 지도 안에 연구할 독립체의 환경을 특징짓는 매개변수들뿐만 아니라 독립체 자체를 규정하는 변수들도 포함시켜야 할 필요가 있다. 각각의 상이한 변수는 독립체가 자유롭게 변하는 방식, 즉 자유도를 수량화한다. 그 후 우리는 각각의 자유도를 다양체의 차원들 중 하나에 할당해야 한다. 이는 가능한 상태들의 공간에 대한 기하학적 재현을 창출한다. 그리고 그 안에서 그 대상은 자유도에 대한 수치들의 특정한 조합에 의해 특징지어지는 각각의 상태가 될 수 있다.

이 공간을 "상태 공간"(혹은 "위상 공간")이라고 부르는데, 수학자 앙리 푸앵카레가 19세기가 끝나갈 무렵에 창안했다. 어느 순간 물리적 독립체의 상태는 상태 공간에서 하나의 점이 된다. 반면 그것이 변화함에 따라서 독립체가 나타내는 행위는 궤적(그러니까 일련의 점들)이 된다. 푸앵카레가 이 가능성의 공간들을 연구했을 때, 그는 궤적들이 공간 안의 특별한 점들에 수렴되는 경향이 있음을 알아챘다. 마치 그것들에 이끌리기라도 하는 것처럼 말이다. 궤적의 기원이 어디에 있는지 혹은 궤적이 공간의 주변에서 어떻게 자신의 궤적을 그리는가는 중요하지 않았다. 그 장기적 경향은 결국 하나의 특이성이 되고 만다.[15] 이러한 이유로 이러한 특이점들은 마침내 끌개라고 불리게 되었다. 하나의 특수한 상태 공간이 서너 개의 끌개들을 가질 때, 그 특이성들은 자신들이 궤적에 영향을 주는 영역, 즉 "끌개 유역"이라고 불리는 영역에 의해 둘러싸여 있다. 만일 궤적이 특수한 끌개 유역 내에서 시작한다면, 그것은 불가피하게 그 끌개에서 끝을 맺는다. 이것은 끌개와 끌개 유역들이 안정성의 지대를 규정한다는 것을 암시한다. 왜냐하면 그것들은 특정한 속성들의 집합(자유도에 대한 수치들의 조합)에 궤적을 고정시키고, 그것들이 달아나지 못하게 만들기 때문이다.

이러한 사실과 우리가 아무리 그 공간을 변형시키더라도 끌개들은 변하지 않고 남는 위상적 불변이라는 사실은 이처럼 향상된 강도적 지도들이 연구 중인 독립체의 객관적 특징들을 포착한다는 사실을 시사한다. 특히 지도에서의 궤적들은 지도에 표기된 물리적 독립체의 장기적 경향들에 부합하는 장기적 경향들을 갖는다. 이러한 사실은 연구소에서의 실험을 통해 확인될 수 있다. 마침내 매개변수들이 결정적 문턱들을 지시하는 해시 마크를 갖는 조절 손잡이들의 집합으로 추가될 수 있다. 우리가 매개변수를 다르게 해서 하나의 문턱에 도달하면 분기가 발생한다. 즉 끌개들의 분포가 서로 변하여 위상적으로 비등가물이 되는 급격한 변화가 발

---

15) June Barrow-Green, *Poincare and Three Body Problem*, Providence: American Mathematical Society, 1997, p. 32.

생한다. 이러한 분기들은 흐름의 국면들 혹은 체제들 간의 이행에 부합한다. 따라서 구체적 독립체들 혹은 과정들의 상태 공간들에 의해 구성된 지도들은 연구실 측량의 결과들을 도표적으로 기록할 뿐만 아니라, 안정성의 공간을 소유하고 지도와 지도에 표기된 것 사이의 보다 친밀한 관계를 산출하면서, 내재적 특징으로서 지대들 사이의 이행을 나타낸다.

질 들뢰즈는 이러한 생각들의 형이상학적 중요성을 재빨리 깨달았다. 우선 하나의 다양체가 전체 좌표 공간의 필요 없이도 부분적으로 규정된다는 사실은 우리가 하나의 공간에 대한 내재적 특징을 다루고 있음을 암시한다. 즉 보충적 차원의 사용을 통해 규정되는 외부적, 초월적 좌표들을 갖지 않는다. 반면에 들뢰즈가 "다양체"multiplicity라는 용어를 사용할 때, 그는 추상적인 기하학 대상으로서의 다양체manifold를 지칭하지 않고, 그것의 차원이 이미 하나의 강도적 속성에 할당된 다양체를 지시한다. 달리 말해서 들뢰즈에게 "다양체"는 가능성의 공간들을 개념화하기 위해 사용된 다양체를 가리킨다. 언어적으로 규정되는 것이 아니라 가능한 색깔들의 공간처럼 가능성들의 공간의 구조로서 규정되는 개념들을 들뢰즈는 "이념"idea이라고 부른다. 그가 쓰고 있듯이

하나의 이념은 n차원적, 연속적, 규정된 다양체다. 색깔 아니 차라리, 색깔에 대한 이념은 하나의 3차원 다양체다. 차원들은 하나의 현상이 의존하는 변수들을 의미한다. […] 연속성은 이러한 변수들에서 변화들 사이 관계들의 집합을 의미한다. 예컨대 변수

들의 2차 미분방정식. 정의는 이러한 관계들이 상호적으로 규정한 요소들을 의미한다. 다양체가 질서와 측정 기준을 바꾸지 않으면 변화할 수 없는 요소들 말이다. 어떠한 조건들 아래서 혹은 어떠한 조건일 때 우리는 다양체에 대하여 말해야 하는가? 세 가지 조건들이 있으며 세 가지 조건들이 함께 이념이 발생하는 순간을 우리가 규정하게끔 만든다. 1) 다양체의 요소들은 지각할 수 있는 형식이나 개념적 의미를 가져서는 안 된다. 그것들은 현행적으로 존재하는 것이 아니고 잠세성 혹은 잠재성으로부터 분리할 수 없다. 2) 이러한 요소들은 사실상 어떠한 독립도 존속하도록 허용하지 않는 상호적 관계들에 의해 규정되어야 한다. 모든 경우에서 다양체는 내적으로 규정된다. 다양체가 잠겨 있는 획일적 공간에 대한 의지 혹은 외부적 참조 없이 말이다. 3) 다양한 이상적 연결, 미분적 관계는 다양한 시공간적 관계들 안에서 현행화되어야 한다. 동시에 그 요소들은 현행적으로 다양한 용어와 형식들로 체화된다. 그 이념은 따라서 하나의 구조로서 정의된다.[16]

그렇다면 다양체는 잠재적인 것이다. 즉 실재하지만, 현행적이지는 않고, 분기하는 현행화가 가능한 것이다. 예컨대 액체 상태의 물이 얼음이나 증기로 되는 경향은 언제나 실재한다. 비록 물이

---

16) Deleuze, *Difference and Repetition*, pp. 182~183.

현행적으로 국면 전환[상전이]을 겪고 있지 않더라도 말이다. 그리고 그 국면 전환들 자체는 응고나 결정화 메커니즘의 세부 사항이 매우 상이한 다양한 물질들로 현행화될 수 있다. 이는 과학적 용법에서 수학적 모델의 구조(미분방정식에 대한 해들의 구조)를 탐험하는 방법으로 간주될 수 있는 공간의 위상적 불변량에 명확한 존재론적 지위를 부여하는 것이다. 이것이야말로 철학자의 역할이 정확히 무엇이어야 하는가의 답이다. 과학자들과 수학자들이 자신들 연구의 한 부분으로서 생산한 것으로부터 형이상학적으로 중요한 개념들을 뽑아내는 일, 즉 굳어 버린 일반성이나 본질을 다시 끌어들이지 않고 뽑아내야 하는 개념들 말이다. 예컨대 우리가 잠재적 다양체들에 단순한 가능성들의 존재론적 지위를 부여하면, 양상논리학과 가능한 세계들에 대한 그것의 이론이 보여 준 것처럼, 우리는 그 그림 속으로 본질을 다시 데리고 와야 한다.[17] 양상논리학자들과 달리 들뢰즈는 가능성들 자체의 정신-독립적 존재를 단언하는 데 전념하지 않는다. 가능성들은 우리가 대안적 시나리오를 고려함으로써, 그것들을 만족시켜 주는 한에서만 실재한다. 반면에 들뢰즈는 확실히 구체적 가능성의 공간들을 구성하는 위상적 불변들(차원들의 수, 특이성들의 분배)의 객관적 실재를 믿고 있었다.

---

17) David Lewis, "Counterpart Theory and Quantified Modal Logic", *The Possible and the Actual*, ed. Michael J. Loux, Ithaca : Cornell University Press, 1979, pp. 117~121.

잠재적인 것은 실재적인 것에 반대하는 것이 아니라 현행적인 것에 반대한다. 잠재적인 것은 그것이 잠재적인 한에서 충분히 실재적이다. […] 확실히 잠재적인 것은 엄격히 그 실재적 대상의 한 부분으로서 규정되어야 한다. 마치 그 대상이 객관적 차원에 떨어진 것처럼, 떨어진 잠재적인 것 안에서 자신의 일부를 갖는 것처럼 […] 잠재적인 것의 실재는 미분적 요소들과 그것들에 부합하는 특이점들과의 관계로 구성된다. 잠재적인 것의 실재는 구조다. 우리는 하나의 구조를 형성하는 요소들과 관계들에다 그것들이 갖고 있지 않은 현행성을 주는 것을 피해야 하고, 그것들이 갖고 있는 실재를 그것들로부터 빼내는 것을 피해야 한다.[18]

외연적 지도와 강도적인 지도들의 세계를 경유하는 이러한 여행을 마친 후 우리는 세 가지 분리된 그러나 연관된 지역들로 구성되는 하나의 세계관으로 엮일 수 있는 일련의 형이상학적 통찰들을 이해했다. 첫 번째, 외연적 속성들에 의해 규정된 최종 생산물들의 영역이 있다. 길이, 지역 혹은 그것들이 점유하는 공간의 부피. 그것들이 가지고 있는 요소들의 수. 그것들이 담고 있는 질료와 에너지의 양. 두 번째, 강도적 차이들에 의해 규정된 생산과정들의 영역이 있다. 이러한 차이들에 의해 추동된 흐름들 그리고 양을 질로 바꾸는 결정적 문턱들. 그리고 세 번째, 과정과 생산물들에서의

---

18) Deleuze, *Difference and Repetition*, pp. 208~209(강조는 원문의 것).

규칙성을 위한 순수하게 내재적 방식으로 간주되는 잠재적 구조의 영역이 있다. 외연적 속성들의 내적인 분할 가능성은 이러한 세계관에서 중요한 역할을 한다. 왜냐하면 그 분할들은 현행적 독립체들을 구성하기 때문이다. 영양소로서의 무기물과 태양 에너지는 변화도-중심의 흐름들로서 존재할 수 있다. 그것들은 강도적 생태학 연속체를 규정하는 한편, 식물과 동물들의 신체 속으로 분할되거나 들어갈 수도 있다.

이 같은 그림을 완성하기 위해 필요한 열역학과의 구별이 하나 더 있다. 분자적인 것과 몰적인 것의 구별이 그것이다. 19세기 중엽에 물리학자들은 물이나 공기 덩어리의 온도 혹은 압력 같은 속성들의 존재를 당연시했고, 그것들의 관계를 연구하고, 모델화하는 데 집중했다. 예컨대 압력이 증가할 때, 온도에는 무슨 일이 발생하는가? 그러나 그 세기 말엽에 그러한 속성들이 물이나 공기 분자들 사이의 상호작용으로부터 어떻게 발생하는가의 문제가 중요한 것으로 떠오르고, 전적으로 상이한 분야를 열었다. 통계역학 말이다. 그 지점에서 물이나 공기 분자들의 전체 개체군의 몰적 속성들과 그 개체군의 구성원들의 분자적 역학 사이에 하나의 구별이 만들어졌다. 따라서 몰적인 것과 분자적인 것 사이의 관계는 창발적인 전체 내지 배치와 그것을 구성하는 부분들 간의 관계와 일치한다. 반면에 한 규모에서 배치인 것이 다른 규모에서는 구성 부분일 수 있기 때문에, "분자적" 그리고 "몰적"이라고 부르는 것은 오해를 불러일으킬 수 있다. 예컨대 뇌우는 흐름의 상이한 체제들에서의 공기와 물의 흐름들의 배치이다. 특히 순환적 패턴을 형성하는 흐름들(대류환)은 폭풍의 "움직이는 부분들"과 같다. 이러한 경우 "몰적"이라는 용어는 전체 뇌우에 적용되는 반면, "분자적"이라는 용어는 대류환 자체를 지시할 것이다. 비록 각각의 환環, cell들이 수백만 개의 분자들로 구성될지라도 말이다. 미시와 거시 간의 구별과 마찬가지로, 분자적인 것과 몰적인 것의 구별은 부분-대-전체 관계와 관련하여 이루어져야 한다.

우리는 이러한 용어법을 빌려 올 수 있다. 그러나 우리는 전과 마찬가지로 그것을 형이상학적 문제들에 맞추기 위하여 수정해야 한다. 철학적 의미에서 "몰적"이라는 용어는 최종 생산물을 구성하는 엄격한 부분들을 지시하는데, 그것들의 외연적 속성들에 의해서뿐만 아니라 평형 상태에 있는 강도적 속성들, 즉 일단 변화도가 취소되면, 생겨나는 몰적 속성들(평균 온도, 평균 압력)에 의해서도 규정되는 것이다. 이어서 "분자적"이라는 용어는 몰적 화합물의 구성 요소들인 보다 작은 부분들을 지시한다. 그러나 언제나 상호작용하는 미시-부분들의 역동적인 개체군으로 간주되며, 질료나 에너지의 흐름의 연속적 주입을 통해 유지되는 강도적 속성들에 의해 규정된다. (평형 상태와 거리가 먼 개체군) 유동성과 문턱들이 생산물이 아니라 과정을 규정하는 곳은 변화도가 여전히 살아 있는 분자적 개체군, 이 조건 아래서다. 만일 우리가 그것들의 역동적 상호작용과 별개로 미시-부분들 자체만을 놓고 연구하면, 그것들은 자신들의 절대적 규모와 상관없이 몰적 독립체들일 것이다.

우리는 현행적 세계가 두 개로 분리된 그러나 연관된 분할들로 구성된다고 말함으로써, 이것을 요약할 수 있다. 하나는 최종 생산물을 규정하는 몰적이거나 엄격한 분할이다. 원자, 분자로부터 제도적 조직이나 도시에 이르기까지. 다른 하나는 몰적 분할들의 생산과 유지 속으로 들어가는 흐름과 문턱들을 규정하는 분자적이거나 유연한 분할이다. 정체성의 생산과 유지 뒤에 있는 과정이 무시될 때, 철학자들이 최종 생산물을 규정하는 외연적이고 강도적 속성들의 목록들에 집중할 때, 형이상학은 초월적인 것이 된다. 그것은 결과적으로 정적인 유형학의 창출로 이끄는데, 정적인 유형학은 생산물을 분류하기 위해 그 생산물의 속성을 이용하고 나서 그러한 규정적 속성을 영원한 본질로 구체화한다. 그러나 그러한 과정들이 형이상학을 이루는 필수 불가결한 요소가 될 때, 그 분류학은 지도 제작술에 의해 대체된다. n-1 독립체들(하나의 평면 위에 있는 선들)을 사용하여 지도를 만드는 철학자들. 엄격한 분할의 몰적 선들, 유연한 분할의 분자적 선들 그리고 그 두 가지를 잠재적인 것에 연결하는 탈주선들. 들뢰즈가 적고 있듯이

개인이든 무리든 우리는 선들로 구성된다. 이 선들은 본성상 매우 다양하다. 우리를 형성하는 첫 번째 종류의 선은 분할적이다. 엄격한 선분성의 선. 가족-직업, 일-휴일, 가족-그 후 학교-그 후 군대-그 후-공장-그 후 퇴직 […] 간단히 말해서 모든 방향에서 모든 종류의 명확히 규정된 선들은 모든 의미[방향]에서 우리를 조각내어 자른다. 분할된 선들의 꾸러미. 동시에 우리는 훨씬 더 유연한 선분성의 선들을 갖는다. 마치 분자적인 선처럼. 그것들이 보다 친밀하다거나 사적인 것은 아니다. 그것들은 개인만

큼이나 사회와 무리 속을 헤치며 달린다. […] 그러나 그것들은 분할을 가진 몰적인 선이라기보다는 문턱과 양자陽子를 갖는 분자적 흐름이다. […] 많은 것들이 이 두 번째 선에서 발생한다. 생성/되기들, 미시-생성들은 심지어 "우리" 역사와 동일한 리듬을 갖지도 않는다. […] 동시에 또다시 세 번째 종류의 선이 있다. 그것은 훨씬 더 기이한 것이다. 마치 무언가 분할을 가로질러, 문턱을 가로질러, 볼 수도 없고, 미리 존재하지도 않은 미지의 장소를 향해 우리를 실어나르는 것처럼 […] 탈주선과 가장 위대한 변화도의 선. […][19]

가타리와의 작업에서 들뢰즈는 이러한 세 가지 유형의 선들을 상이한 규모들에서 작동하는 사회적 과정의 지도를 작성하기 위해 사용한다. 개별적 규모, 무리의 규모 혹은 전체 사회적 장의 규모. 각각의 경우에 지도에 표기되는 것은 하나의 배치다. 왜냐하면 "어떠한 배치도 분자적 선들, 경계선들, 탈주 혹은 경사로의 선들만큼이나 반드시 엄격한 이항 분할의 선들을 포함한다."[20] 가장 큰 규모에는 전체 문화들의 배치가 있다. 가령 로마제국이 무너질 무렵 유럽에서 발생했던 배치 같은 것들. 로마의 도시들, 그 정부 조직들, 기하학적으로 조직된 군대 막사들과 융통성 없는 밀집군은 몰

---

19) Gilles Deleuze and Claire Parnet, *Dialogues II*, New York: Columbia University Press, 2002, pp. 124~125.
20) *Ibid.*, p. 132.

적인 선들과 함께 지도에 표기된다. 고도로 유연하고 기동력 있는 군대를 가진 스텝 출신 유목민들(훈족)의 이동은 탈주선들과 함께 표기된다. 반면 제국에 맞서 싸우는 훈족에 의해 밀려나서 중간에 포획된 이주하는 야만족들은 분자적 선들에 할당된다.[21]

보다 작은 규모의 다른 예는 이집트 같은 고대 제국을 구성하는 도시와 시골 정착지들(그리고 그러한 정착지들에서 권위를 행사하는 조직들)의 배치일 것이다. 이 경우에 그것들의 지도는 제국 주변부에 있는 반半-자율적인 농촌 마을이 유연한 선분성을 소유하는 반면, 도시 중심부에 있는 중앙 국가장치는 가장 엄격한 선분성의 형태를 드러냄을 알려준다.[22] 이 경우에 탈주선은 머나먼 전장에서 승전 나팔을 불며 귀환하는 동원된 국가군대가 동원 해제에 저항하며, 그럼으로써 국가장치의 안정성과 정체성을 위협하는 예를 통해서 잘 드러난다.

이러한 배치들의 구성 요소들 각각은 차례로 지도에 표기되어야 한다. 따라서 엄격히 분할된 직위, 계획, 임무 할당 그리고 문헌화된 규칙들을 갖는 국가장치의 단일한 구성 요소인 관료 조직도 직원들이 형성한 사적이고 직업적 네트워크들로 구성되는 바, 이러한 네트워크들은 보다 유연한 선분성을 드러낸다.[23] 만일 우리가 과학기술 혁신, 예컨대 조직을 개혁할 수 있도록 이러한 네트워크

---

21) Deleuze and Guattari, *A Thousand Plateaus*, p. 222.

22) *Ibid*., pp. 210~222.

23) *Ibid*., p. 214.

들이 동원될 수 있게 허용하는 새로운 소통 도구를 상상한다면, 이는 하나의 탈주선, 즉 조직의 정체성 안에서의 변화를 야기하는 일련의 사건들로 지도에 표기될 것이다. 사회적 설명을 위해 중요한 최소 규모인 관료 조직을 구성하는 사람들의 규모에서, 우리는 개인 이하[생화학적]sub-personal 요소들의 몰적 화합물 혹은 배치들로 간주되는 관료들의 신체와 정신의 지도가 필요하다. "지각 혹은 감각 유형의 화합물들을 취하라. 그것들의 몰적인 조직, 그것들의 엄격한 선분성은 무의식적 미세 지각들, 무의식적 정서들affects의 전체 세계의 존재를 배제하지 않는다. 다른 사물을 파악하거나 경험하는 미세한 선들은 다르게 작동하고 분배된다."[24] 그것이 정신 질환에 기인한 것이든, 열병이나 환각제 복용에 의한 것이든, 섬망의 시작은 그러한 미세 지각들을 해방할 수 있고, 몰적인 선으로부터의 미세 지각들의 탈주를 가속화할 수 있다. 그 과정에서 그 사람의 정체성을 변하게 함으로써 말이다.

　이 모든 경우들에서 우리는 배치들의 배치들을 다루고 있으며, 각 규모의 층위는 그 자신만의 지도를 필요로 한다. 반면에 "규모의 층위"라는 용어는 언제나 절대적 의미가 아니라 상대적 의미로서만 사용해야 한다. 예컨대 인간 신체는 개별 세포들의 거대한 개체군으로 구성되지만, 한편으로 개별 원자들의 거대한 개체군으로 구성되기도 한다. 부분-대-전체 관계와 관련해서 세포는 원자보다

---

24) *Ibid*., p. 213.

더 큰 규모에서 작동하지만, 절대적 용어에서 그 두 개체군은 공외연적이다. 즉 두 가지 모두가 전체 신체의 한계들까지 연장한다. 그리고 보다 큰 사회적 배치들의 경우도 마찬가지다. "두 형식들이 단순히 크기에 의해서 큰 형식과 작은 형식으로 구별되는 것이 아니다. 비록 분자적인 것이 세부적으로 일하고 작은 집단들에서 작동하는 것이 사실이지만, 분자적인 것이 몰적인 조직보다 전체 사회적 장과 외연을 덜 공유하는 것은 아니다."[25]

이 같은 지도들에 사용된 세 종류의 선들 중에서 개념화하기 가장 어려운 것은 세 번째 선이다. 처음의 두 선이 현행적 산물과 현행적 과정 간의 관계를 표시하는 데 사용된다면, 세 번째 선은 몰적인 것이든 분자적인 것이든 모든 현행적 분할들과 분할되지 않은 것 혹은 연속적인 잠재적 세계 간의 연결을 지도에 표기한다. 이러한 잠재적 차원 또한 하나의 배치로서 개념화될 수 있으며, 그 배치 안에서 구성 요소들은 다양체들이다. 다양체들은 차원의 수에 따라 변화하기 때문에, 각각의 물리적 독립체는 서로 다른 자유도를 가지며, 그것들이 형성하는 배치도 틀림없이 그러하므로, 그 배치는 이러한 변화 가능성을 수용한다. 이러한 배치를 "내재성의 평면" 혹은 "일관성의 평면"이라고 부른다. 들뢰즈와 가타리는 다음과 같이 적고 있다.

---

25) *Ibid.*, p. 215.

이러한 종류의 평면이 차원의 수를 '줄인다'는 것은 단지 표면적
으로만 그러하다. 왜냐하면 평면은 평평한 다양체들(그럼에도 불구
하고 그것들은 차원의 증가하거나 감소하는 수를 갖는데)이 그 평면 위
에 새겨지는 한에서 모든 차원들을 거두어들이기 때문이다. […]
다양체들의 차원의 수를 둘로 줄이기는커녕 일관성의 평면은 다양
체들의 수를 차원의 수와 공존시키기 위해, 그것들 모두를 가로
지르고, 교차한다. 일관성의 평면은 모든 구체적 형태의 교차이
다. […][26]

상이한 기하학들을 조직하기 위해 펠릭스 클라인이 창안한 대
칭성 깨짐 연쇄는 이러한 세 가지 실재들의 영역 간의 연결을 시각
화하기 위한 형이상학적 용법에 쓰일 수 있다. 따라서 우리는 이상
적으로 연속적인 공간, 즉 내재성의 평면을 마음속에 그려 볼 수 있
다. 그것은 점진적으로 불연속적인 것이 되는데, 먼저 변화도들에
의해서만 차별되는 강도적 연속체들로 구현되고, 그 연속체들 안
에서 깨진 대칭들은 결정적 문턱들로 나타난다. 그런 다음 충분히
"계량적"인 것이 됨으로써, 분리된 엄격한 분할들로 쪼개진다. 물
리적, 화학적, 생물학적 그리고 사회적 분할들로 말이다. 우리는
이 모든 것들을 다음에 오는 형이상학적 공식으로 요약해 볼 수 있
다. 물질적 실재는 위상적이고 강도적인 연속체가 점진적으로 외연적 분

---

26) Deleuze and Guattari, *A Thousand Plateaus*, p. 251(강조는 원문의 것).

할들로 분화되고 문턱들이 가로질러지고 대칭이 깨질 때 생겨난다. 혹은 보다 정확히 말해서 물질적 실재는 잠재적인 것에서 평형 상태가 깨진 강도적인 것으로, 그리고 거기서부터 외연적인 것과 평형 상태에 있는 강도적인 것으로 가는 현행화 과정에서 생겨난다.

이외에도 들뢰즈는 반대 방향에서 진행되는 또 하나의 과정의 존재를 상정한다. 반-현행화. 그러한 반-과정을 상정할 필요는 초월적 독립체들과 공간들에 가하는 유물론적 제한으로부터 직접 비롯되는 것이다. 특히 이 존재론이 모든 잠재적 다양체들의 배치를 포함하는 것이라면, 우리는 이러한 내재적 공간의 생성과 유지에 대해 해명할 필요가 있다. 그렇지 않으면 그것은 단지 본질들이 위상적인 것이 되기 위해 계량적("구형sphericity"의 본질)이기를 그친 플라톤적 천국에 불과할 것이다. 따라서 우리는 내재성의 생산과 재생산을 위한 메커니즘을 필요로 한다. 들뢰즈가 적고 있듯이

연약하고 섬세한 메커니즘을 가지고 많은 움직임들이 교차한다. 그것을 수단으로 철저히 고려된 신체들, 상황들, 혼합물들이 이념적 표면들(내재성의 평면)의 생산에 성공하거나 실패한다. 그리고 역으로 그것을 수단으로 표면의 사건들이 그것들의 특이성을 세계, 개체 그리고 사람의 한계 내에 감금함으로써 현전하는 신체들 안에서 현행화된다. (복잡한 규칙들을 따라서)[27]

---

27) Gilles Deleuze, *Logic of Sense*, New York: Columbia University Press, 1990. p.

현행화는 언제나 "현전하는 신체들" 안에서 발생한다. 즉 모든 현행적 사건들은 현재 시간에 일어난다. 그러나 "이념적 표면들"의 생산은 다른 시간성, 즉 어떠한 사건도 현행적으로 일어나지 않는 시간성에서 발생해야 한다. 마찬가지로 비-계량적 공간들, 길이나 면적들이 무의미한 개념이 되는 공간들은 우리가 내재성의 평면의 공간적 측면에 대해 생각하는 데 도움을 준다. 우리는 그것에 적절한 비-계량적 시간에 대해 생각해 보려고 시도해야 한다. 계량적 공간이 측정 가능하고 분할 가능한 엄밀한 길이들에 의해 규정된다면, 크로노미터적 시간은 "살아 있는" 그리고 현행적 독립체들의 측정 가능한 현재인 엄격한 지속들에 의해 규정되는 것으로 생각되어야 한다. 그것은 가장 길게는 우주적이고 지질학적 현재들로부터 가장 짧게는 원자적이고 아원-원자적 현재들에까지 이른다. 시간의 위상적 형식은 그 안에서 시간적 지속의 개념이 무의미한 형식일 것이다. 오직 특이성만이 이 같은 비-크로노미터적 시간에 대해 생각하는 데 사용될 것이다. 생각할 수 있는 최소치의 연속적 시간과 생각할 수 있는 최대치의 연속적 시간. 어떻든 간에 무제한적으로 과거와 미래를 향해 동시에 뻗어 있는, 어떠한 지속도 없는 현재, 그래서 어떠한 것도 현행적으로 일어나지 않지만, 모든 것이 방금 막 일어났고, 일어날 예정인 그러한 시간.[28]

167(강조는 저자의 것).
28) *Ibid.*, pp. 162~168. 나는 "지속"이라는 용어를 베르그송의 전문적 의미가 아니라, 원래의 의미로 사용한다.

현행화 과정에 대해 숙고할 때 우리는 다양한 과학과 수학 분야들에서 나온 원료들을 사용했다. 그러나 반-현행화에 대해 조사할 때 우리는 홀로 서야 한다. 따라서 이는 이러한 존재론의 가장 적절히 형이상학적인 분야이다. 탈주선은 내재성 메커니즘의 구성요소로서 여기에 속한다. 들뢰즈와 가타리는 절대적 탈주선과 상대적 탈주선을 보다 정확히 구별한다. 절대적 탈주선은 내재성의 평면을 위한 원료로서 사건들의 가장 미묘한 구성 요소들(위상적 불변들)만을 빼앗는 현행적인 것에서 이탈하며, 상대적 탈주선은 되돌아와서 새로운 몰적이거나 분자적 분할을 재구성하는 지점까지만 현행적인 것에서 도피하는 것을 따른다. 이제 막 묘사한 지도에 사용된 탈주선은 이처럼 상대적인 종류의 것이다. 현행적 세계 내에서 국지적 변화의 행위자들. 그러나 특정한 선분성에서 도피하는 능력을 절대적 탈주선들에서 끌어오는 행위자들.

이 같은 세 가지 유형의 선을 사용해서 역사적 과정을 지도에 표기하려는 생각은 결과적으로 새로운 철학적 통찰로 이끌 수 있다. 예컨대 일단 우리가 하나의 현행적 배치에 열린 가능성들이 어떤 잠재적 구조를 갖는다고 이해하면, 우리는 인간성 발달의 연속적 무대를 재현하는 것으로 원시 사회들과 그것의 도시적 대응물들을 생각할 필요가 없다. 사회적 조직의 몇몇 형태들은 다른 형태들보다 이전에 나타났을 수도 있다. 수렵-채집인들은 확실히 어떠한 중앙 국가장치보다도 이전에 존재했다. 그러나 그러한 연속은 단지 현행적 시간에서만 발생했다. 잠재적 시간에서 중앙 국가장치는 이미 수렵-채집 사회에서 예시된 하나의 가능성이었다. 그리고 "[그것들이] 사회적 위상학의 대상일 수 있는 것은 정확히 이러한 과정들이 공존의 변수들이기 때문이다."[29] 특히 원시 사회들과 그것들의 분자적 선분성은 이미 그것들의 연합된 가능성의 공간 안에 국가장치를 예시하는 탈주선, 중앙집권화된 권위의 생성에 의해 엄격히 분할된 것이 생겨나는 위험뿐만 아니라 동시에 정체성의 변화, 즉 그 밖에 다른 것이 되는 기회를 제공했던 탈주선을 포함했다. 그렇기 때문에 들뢰즈와 가타리는 원시 사회들을 이러한 가능성을 막는 방지와 예기의 메커니즘으로 특징짓는다. 예컨대 원시인들로 하여금 마을-문턱과 국가-문턱을 넘나들도록 함으로써 중앙집권화된 권력이 노동 분업을 촉진하는 데 사용할 수 있는 에너지 저장고(변화도)가 되지 못하도록 의식 행사에서 잉여 음식을 모두 불태우는 것처럼.[30]

다른 많은 통찰이 이러한 형이상학적 지도에서 나온다. 비록 어떤 경우에 그 통찰이 사회적 실재에 대한 부정확한 분할로 뒤죽박죽되기는 하지만. 특히 이러한 실재를 세 가지 규모의 층위들, 즉 개별적 층위, 집단적 층위, 사회적 장들로 구성된다고 보는 생각은 상당한 오해를 불러일으킬 수 있다. 우리는 구체적 부분-대-전체 관계들에서 다양한 사회적 분할들을 생산하는 배치가 필요하다. 개인들, 공동체들과 개인 상호 간 네트워크들, 제도적 조직들과 조직

---

29) Deleuze and Guattari, *A Thousand Plateaus*, p. 435(강조는 저자의 것).
30) *Ibid*., pp. 433~434.

들의 네트워크 혹은 위계들, 도시들, 지역들 그리고 지방들, 국민국가들, 왕국들 그리고 제국들. 원래의 지도들은 보다 부정확하게 규정되었기 때문에, 지금 주어진 지도들에 대한 묘사는 이러한 교정을 포함했다. 그러나 들뢰즈와 가타리가 결점 없이 수행한 모든 철학적 노동을 생각해 보면 이는 참으로 사소한 교정이다. 이런저런 특정한 사회적 분할의 세부 사항들까지 모조리 파고들도록 강제되는 것은 물질적 세계의 합법적 거주자로서 내재적 독립체들만을 남긴 채, 모든 초월적 독립체가 존재론에서 축출되었을 때 지불해야 할 작은 대가이다.

❖ 위상 공간에서의 들뢰즈

이론들에 대한 의미론적 관점은 대체로 언어를 그 주제에 적절하지 못한 것으로 만든다. 물론 이론을 제안하기 위해서 우리는 언어를 통해 언어로써 그것을 표현해야 한다. 그것은 사소한 부분이다. [⋯] 게다가 우리의 역사(지난 세기의 첫 반세기 동안 강렬하게 언어 편향적인 것이 되었던 과학철학의 역사) 때문에 그리고 그 내적인 중요성 때문에 우리는 과학 언어를 무시할 수가 없다. 그러나 이론의 구조에 대한 논의에서 그것은 대체로 무시될 수 있다.

—— 바스 반 프라센[1]

반 프라센은 아마도 현대 분석철학에서 경험론 전통의 가장 중요한 대표자일 것이다. 그러나 그가 아무리 유명하더라도, 많은 사람이 경쟁 관계에 있는 대륙 학파의 구성원으로 간주하는 저자의 작품에 대한 논의를 시작하기 위해서 분석철학자의 인용문을 사용하는 이유는 무엇인가? 그 답은 질 들뢰즈가 대륙 학파에 속하지 않는다는 것이다. 적어도 대륙 학파가 지리적이 아니라 지배적 전통

---

1) Bas Van Fraassen, *Laws and Symmetry*, Oxford: Clarendon Press, 1989, p. 222.

들(칸트적, 헤겔적)의 관점에서 정의되는 것이라면 말이다. 잘 알려져 있듯이 들뢰즈 자신은 어느 면에서는 흄에서 러셀에 이르는 영미 철학 혹은 경험론 철학의 우월성을 주장했다.[2] 게다가 들뢰즈의 저작은 대체로 철학적 사유 해결의 열쇠로서 언어(혹은 보다 일반적으로는 표상)에 대한 지속적인 비판이었다. 그리고 모두冒頭 서문이 입증하듯이 반 프라센도 언어학적 접근에 환멸을 느낀 과학철학자들의 신생 분파의 지도자였다. 따라서 두 저자 사이에는 수렴하는 지점들이 존재하지만, 몇 가지 분기점들도 존재한다. 이 글은 양쪽 모두를 탐구할 것이다.

우선 반 프라센의 입장을 명확히 정리해 보자. 과학 이론의 구조에 대해 논할 때, 그 이론들이 표현되는 언어가 적절하지 않다고 말하는 것은 무엇을 의미하는가? 혹은 달리 말해서 과학 이론의 본성으로 향하는 어떤 접근법에서는 언어 자체가 중요한 것인데, 반 프라센에 따르면 왜 그 접근법은 잘못된 것인가? 문제가 되는 접근법은 이론의 내용이 공리들의 집합이나 자명한 진리들 그리고 연역 논리를 사용해서 도출될 수 있는 모든 정리들을 따라 만들어지는 과학에 대한 공리적 접근법이다. 이러한 접근법의 많은 판본들이 있다. 어떤 것들은 공리를 순수하게 구문론으로 간주하고, 다른 것들은 그것을 자연 언어의 일부로 다룬다. 그러나 그것들 모두가

---

2) Gilles Deleuze and Claire Parnet, *Dialogues II*, New York: Columbia University Press, 2002, ch. 2.

공유하는 것은 과학자들이 사용하는 현실적 수학 도구, 가령 미적분학 같은 도구들에 대한 무시이다. 과학자들이 물리적 현상에 대한 모델을 만드는 것은 비언어적 도구들의 사용을 통해서이고, 분석철학자들에게 강렬한 호기심의 대상이 되었던 것은 바로 이러한 수학적 모델들이다. 이론을 구성하는 모델들의 집합이 공리적이냐 아니냐의 문제, 즉 그것들이 동질적 위계 논리구조를 부여받을 수 있느냐 없느냐의 문제는 여전히 유효하지만, 이제는 덜 중요한 것이 되었다. 왜냐하면 모두가 알다시피 이론의 모델들은 시간이 지남에 따라 축적된 이질적 개체군을 구성할 수 있기 때문이다.[3]

엎친 데 덮친 격으로 공리적 접근법에 이러한 개체군의 이질성이 지난 백년간 증가해 왔다. 대부분의 이전 모델들은 모델에 대한 일반 이론이 존재할 수 있음을 시사하며, 그것들의 기초로서 미분방정식을 사용했던 반면, 지난 세기에는 다른 많은 종류의 방정식들(유한 미분방정식, 행렬방정식)이 과학자들이 이용하는 모델링 자원에 추가되었다.[4] 보다 최근에는 디지털 컴퓨터들이 세포 자동자cellular automata, 몬테카를로 시뮬레이션, 유전자 알고리즘, 신경망 같은 모델링 도구를 가지고 이러한 다양성을 증가시켜 왔다. 이 글에서 나는 미적분학을 기반으로 하는 가장 오래된 모델링 기술을 조사할 것이다. 부분적으로는 그것이 더 나은 이해이기 때문이

3) Ronald N. Giere, *Explaining Science. A Cognitive Approach*, Chicago: The University of Chicago Press, 1988, p. 82.
4) Mario Bunge, *Causality and Modern Science*, New York: Dover, 1979, p. 75.

고, 부분적으로는 그것이 들뢰즈와 프라센 모두가 현실적으로 논하는 것이기 때문이다.

하나의 모델로서 미분방정식을 사용하기 위해서 우리는 우선 물리계가 자유롭게 변하는, 즉 "자유도"의 모든 적절한 방식들을 명시해야 한다. 한 체계의 자유도가 변하기 때문에 그 전체적 상태가 변한다. 이는 그 체계의 모델은 그것이 존재할 수 있는 다른 가능한 상태들을 포착해야 한다는 것을 암시한다. 이러한 상태들의 집합은 그 체계들이 자유도를 갖는 만큼의 차원을 가진 가능성들의 공간으로 표현될 수 있다. 이 공간을 "상태 공간" 혹은 "위상 공간"이라고 부른다. 이 공간에서 각각의 점들은 물리계에 대한 하나의 가능한 상태를 나타낸다. 주어진 순간에 그것이 갖는 상태. 물리계의 상태들이 시간에 따라 변할 때, 즉 그 체계가 상태들의 시간적 연쇄를 지나갈 때, 상태 공간에서 그것의 재현은 점들의 연속적인 경로가 된다. 곡선 혹은 궤적같은.[5] 이러한 공간에서 각각의 점, 각각의 가능한 상태는 존재의 다른 개연성probabilities을 가질 수 있다. 모든 점들이 동등하게 개연적일 수 있는 공간은 어떠한 구조도 없는 공간이며, 그것은 상태들이 완전히 제멋대로 변하는 물리계를 나타낸다(에르고드 체계).

반 프라센은 가능성의 공간이 구조를 부여받을 수 있는 두 가

---

5) Ralph Abraham and Christopher Shaw, *Dynamics: the Geometry of Behavior*, vol. 1, Santa Cruz: Aerial Press, 1985, pp. 20~21.

지 방식에 대해 논한다. 하나는 점유될 수 있는 지역들을 제한하는 규칙을 통하는 방식 그래서 상이한 개연성들을 공간의 상이한 부분들에 할당하고, 개연성이 전혀 없는 금지된 지역을 포함하는 것이고 다른 하나는 어떠한 상태가 다른 상태를 따라야만 하는지를 명시하는 규칙을 통하는 방식, 즉 궤적을 지배하는 규칙을 통하는 방식이다. 반 프라센은 이러한 두 종류의 규칙을 보일의 이상적 기체들의 법칙이 입증한 "공존의 법칙"과 뉴턴의 운동 법칙이 입증한 "연속의 법칙"이라고 부른다.[6] 두 가지 유형의 규칙 모두 방정식으로 표현되고, 따라서 반 프라센의 경우 우리에게 가능성들의 공간구조를 부여하는 것은 방정식들이다. 간단히 설명하면 들뢰즈는 이러한 구조에 대해 보다 독창적인 설명을 한다. "법칙"이라는 개념에 의존하지 않는 설명 말이다. 그러나 두 사람의 설명에서 요점은 동일하다. 만일 위상 공간의 가능한 상태들이 모두 개연성이 같다면, 어떠한 규칙성도 체계의 역학에서 식별될 수 없다. 따라서 철학적으로 중요한 것은 가능성 공간의 구조이다. 이러한 구조에 대한 들뢰즈의 개념을 설명하기에 앞서 우리는 수학적 모델이 작동하는 방식에 대해 보다 상세히 논할 필요가 있다.

미분이든 아니든 어떠한 방정식이라도 수치 해들을 가지고 있다. 즉 그 방정식이 참이 되도록 하는 미지의 변수들에 대한 값의 집합 말이다. 각각의 수치 해들은 모델이 되는 체계의 한 상태를 나

---

6) Fraasen, *Laws and Symmetry*, p. 223.

타낸다. 그러나 물리계에 대해 배우기 위해 과학자들은 단지 약간의 수치 해들 이상을 알아야 할 필요가 있다. 그들은 주어진 방정식의 모든 수치 해들이 형성하는 패턴에 대한 감각을 지녀야 한다. 이러한 전체적 패턴이 또 다른 방정식에 의해 주어질 때, 그것은 "정확한" 혹은 "분석적" 해라고 부른다. 정확히 풀 수 없다면, 방정식은 모델로서 제한된 가치만을 갖는다. 왜냐하면 그 방정식은 우리에게 전체적 패턴에 대해 아무런 정보도 주지 않기 때문이고, 그것 없이 우리는 특수한 경우들로부터 일반화를 꾀할 수 없기 때문이다. 역사적으로 위상 공간의 발전 배후에 있는 주요 동기는 풀기 어려운 어떤 방정식들이 정확히 풀 수 있는 것에 제공한 저항이었다. 이러한 것들은 비선형적 미분방정식, 자유도 간의 상호작용이 존재하는 그러한 방정식들이었다. 많은 비선형적 방정식들에 대한 분석적 해들을 얻기가 불가능하기 때문에, 고전 물리학자들은 대개 1차 방정식 모델들을 사용했는데, 그것은 물질 체계의 가장 단순한 행위만을 포착할 수 있었다. 그리고 아주 드물게 비선형적 방정식이 사용될 때, 그것은 변수들의 낮은 강도의 수치들에 제한되어 있었다. 그것들의 행위가 효과적으로 선형화될 수 있는 수치들의 범위. 기껏해야 이것은 모델이 될 수 있는 물리적 현상의 종류들을 제한했고, 더 나쁜 경우에는 세계가 거대한 시계 태엽장치와 같이 선형적이라는 그릇된 생각으로 이끌었다. 수학자 이언 스튜어트가 지적하고 있듯이

고전 수학자들은 견실하고 실용적 이유 때문에 1차 방정식에 집

중했다. 그 방정식은 그 밖에 다른 어떤 것도 풀 수 없었다. […]
1차 방정식은 너무도 다루기 쉬워서, 고전 수학자들은 그것을 얻기 위해 그것의 물리학과 기꺼이 타협했다. 따라서 고전 이론들은 얕은 파도들, 낮은 진폭의 진동, 작은 온도 변화도 등을 다루고 있다. 1940년대와 1950년대가 되자 많은 과학자와 기술자에겐 거의 의식하지 못했던 선형적 습관이 깊이 배게 되었다. […] 선형성은 함정이다. 1차 방정식의 작용은 전형적인 것과 거리가 멀다. 그러나 만일 당신이 오직 1차 방정식만이 생각할 만한 가치가 있는 것이라고 결정하면, 자기검열이 장착된다. 당신의 교과서는 온통 선형적 분석의 승리들로 넘쳐나고, 그것의 실패는 너무도 깊이 묻혀서 그 무덤들이 어디에 있는지 알 수 없게 되고, 그 무덤들의 존재도 알 수 없게 된다. 18세기가 시계 태엽장치 세계를 믿었던 것처럼, 20세기 중반은 그렇게 선형적 세계를 믿었다.[7]

위상 공간은 이러한 한계들을 극복하기 위해 창안되었다. 미분방정식 대신에 미적분학이 규정한 가능성의 공간들 자체를 연구함으로써 수학자들은 정확한 해들을 잊고, 그 공간들이 특별하거나 특이한 점들을 담고 있는가의 문제에 집중할 수 있었다. 이 점들을 특별한 것으로 만드는 한 가지는 그 공간이 다양한 방식으로 변

---

7) Ian Stewart, *Does God Play Dice? The Mathematics of Chaos*, London : Basil Blackwell, 1989, p. 83.

형되더라도, 그 점들은 변하지 않고 남아 있다는 점이었다. 즉 이러한 특이성들은 그 공간의 가장 안정되고, 특징적 측면을 구성했다. 게다가 모델이 되는 그 물리계가 고립되지 않아서 그 주변 환경에 열기를 발산할 수 있을 때, 특이성은 끌개로서 작동했다. 즉 그것은 근처의 궤적에 영향을 줄 수 있었고, 궤적들이 특이성 위에 수렴하도록 강제했다. 따라서 궤적들의 집합이 방정식에 대한 수치 해의 기하학적 대응물이고, 위상 공간에서 궤적들의 전체적 작용이 이러한 특이점들에 의해 지배를 받고 있음을 고려해 보면, 특이성들의 분포는 우리에게 모든 해들의 패턴에 대한 정보를 제공해 준다. 이는 정확한 해를 갖는다는 것이 아니라 차선책을 의미한다.[8]

아주 간단히 말해서 이것이 오늘날 위상 공간이 왜 그렇게 주목을 끄는가의 이유다. 과학철학자들이 언어적인 것에서 과학적 개념들의 수학적 표현으로 눈을 돌렸기 때문에, 미분방정식들(그것들의 해들의 작용)에 대한 연구가 최우선 사항이 되었으며, 비선형적 방정식들을 연구하는 주요한 방식은 기하학적 접근법을 사용하는 것이다. 그러나 이는 아직도 어떤 의미에서 위상 공간이 과학철학 외부에서 중요한 것인지를 설명하지 못한다. 다시 말해서 그러한 공간이 과학자들이 연구하는 물질적 실재에 대해 어떠한 통찰을 생산하는지를 설명하지 못한다. 만일 이러한 모델이 단지 수

---

8) June Barrow-Green, *Poincare and the Three Body Problem*, Providence: American Mathematical Society, 1997, pp. 32~38.

학적 구성물이라면, 그것이 실재의 본성에 대해 어떠한 빛을 던져 줄 것이라고 생각할 근거는 없을 것이다. 그러나 이러한 모델들 대부분이 현행적으로 효력을 갖는다. 즉 그것들은 실재 체계들의 작용에서 규칙성을 포착하는 데 성공한다. 우리가 연구실 하나를 가지고 있다고 가정해 보자. 그곳에서 우리는 실재 물리계를 조종할 수 있고, 즉 자유도를 제한할 수 있고(다른 요소들을 차단함으로써), 주어진 상태에 하나의 체계를 놓고 상태들의 연쇄를 통해 자발적으로 그것이 작동하도록 내버려 둔다고 가정해 보자.

우리가 어느 정도 정확하게 그러한 각각의 상태들에서 자유도의 수치들(이를테면 온도, 기압 그리고 부피)을 측정할 수 있다고도 가정해 보자. 수차례의 시행 후 상이한 초기 상태들에서 그것을 시작함으로써 우리는 그 체계에 대한 데이터를 만들어 낸다. 데이터는 기본적으로 체계가 상이한 초기 조건들에서 진화할 때 취하는 온도, 기압 그리고 부피의 값들을 부여하면서 수치들의 연쇄로 구성될 것이다. 우리는 이러한 수치 연쇄를 종이 한 장에 좌표로 표시할 수 있고, 그것들을 하나의 곡선이나 궤적으로 만들 수 있다. 그런 다음 우리는 수학적 모델을 작동시키고, 연구실이 작동될 때 초기 조건들에 대한 동일한 수치를 수학적 모델에 적용하며 위상 공간 궤적들의 집합을 만들어 낸다. 끝으로 우리는 곡선들의 두 집합을 서로 비교한다. 만일 수학적이고 실험적 궤적들이 기하학적 유사성을 드러내면, 이는 그 모델이 현행적으로 작동한다는 증거가 될 것이다. 어느 분석철학자가 적고 있듯이 "우리는 모델링 기하학 구조가 모델이 되는 구조에 가깝다고 하면, 역학 이론은 대략 사실이라고 말할 수 있다. 기본적 경우는 모델의 궤적들이 물리적으로 실재적 행위들을 암호화하는 궤적들을 가깝게 쫓는다(혹은 적어도 충분히 오랫동안 쫓는다)".[9]

우리가 위상 공간에 대한 존재론적 분석을 수행하는 철학적 정당성을 갖는 것은 오직 수학적 모델들이 연구실 실험의 결과를 쫓는 능력을 가지고 있을 때이다. 만일 우리가 그것을 적나라한 사실로서 혹은 더 안 좋게 말해서 설명할 수 없는 기적으로 받아들일 준비가 되어 있지 않다면, 이러한 분석이 필요하다. 왜냐하면 모델의 추적 능력에는 하나의 설명이 주어져야 하기 때문이다. 반면에 위상 공간의 존재론적 지위를 평가하는 것은 가장 기본적인 형이상학적 전제들을 포함하기 때문에 어쩔 수 없이 수학적 재현과 연구실의 개입 모두를 넘어선다. 예컨대 우리는 직접적 경험의 대상들(애완동물, 자동차, 건물)의 자율적 존재를 전제할 수 있지만 산소, 전자, 인과 관계들 같은 독립체들은 단순한 이론적 구성물이라고 가정할 수 있다. 이러한 종류의 전제는 전형적으로 실증주의와 경험론과 관련을 맺는다. 비록 철학자들마다 "직접적으로 관찰 가능한 것"에 대해서는 서로 다른 곳에 경계를 긋겠지만 말이다. 예컨대 반 프라센은 현미경이 아니라 망원경을 통해 지각되는 대상들을 직접적으로 경험되는 것으로 간주하는 것처럼 보인다.[10] 반면

---

9) Peter Smith, *Explaining Chaos*, Cambridge: Cambridge University Press, 1998, p. 72.

10) Bas Van Fraasen, *The Scientific Image*, Oxford: Clarendon Press, 1980, p. 16.

실재론 철학자들은 관찰 가능한 것과 관찰할 수 없는 것 사이의 구별을 너무도 인간 중심적이라며 거부하는 경향이 있다. 비록 그들도 자신들이 믿는 것에 따라 달라지긴 하겠지만. 들뢰즈는 실재론 철학자다. 그러나 오직 내재적 독립체들을 가진 자율적 실재에 천착하기로 결심했고, 그것에서 어떠한 초월적 독립체들, 이를테면 아리스토텔레스의 본질 같은 것들을 축출하려고 마음먹었다. 따라서 들뢰즈와 프라센 사이 최초의 분기점은 상이한 존재론적 개입들 중 하나다.

위상 공간의 경우에서 존재론적 평가를 위한 최초의 후보는 궤적들 자신이다. 내가 말했던 것처럼 이것들은 가능한 상태들의 연쇄를 나타낸다. 경험주의자들은 가능한 독립체들에 대해 악명 높을 정도로 회의적이다. 이 학파의 가장 유명한 대표자인 콰인은 이 같은 독립체들에 대해 슬쩍 던진 농담으로 잘 알려져 있다. 그가 쓰고 있듯이 "예컨대 문가에 서 있는 가능한 뚱뚱한 남자를 생각해 보라. 그리고 다시 문가에 서 있는 가능한 대머리 남자를 생각해 보라. 그들은 동일한 가능한 남자인가, 아니면 두 명의 가능한 남자들인가? 어떻게 우리가 결정하는가? 얼마나 많은 가능한 남자들이 그 문가에 존재하는가? 뚱뚱한 남자들보다 마른 남자들이 더 많이 가능한가? 그들 중 얼마나 많은 사람이 닮았는가? 그렇지 않으면 그들의 닮은 존재가 그들을 하나로 만들 것인가?"[11] 달리 말해

---

11) Willard Van Orman Quine, Quoted in Nicholas Rescher, "The Ontology of the

서 콰인은 우리가 가능한 독립체들을 개별화할 수단을 갖지 못한다고 주장하는 것이다. 즉 모든 가능한 변이들 중에서 그것들을 식별할 수단을 갖지 못한다고 주장하는 것이다. 가능한 세계에서는 우리가 세부 사항을 수정할 때, 우리가 하나의 독립체를 다루고 있는지 아니면 여러 개의 독립체들을 다루고 있는지를 알 수 있는 충분한 구조가 존재하지 않는다. 그러나 이는 언어적으로 명시된 가능한 세계들에만 해당하는 문제라고 반박할 수도 있다. 콰인의 조롱이 노리는 대상은 양상논리학자들이다. 양상논리학자들은 사람들이 조건문, 가령 "케네디가 암살되지 않았더라면, 베트남 전쟁은 보다 일찍 끝났을 것이다" 같은 문장을 이해할 수 있다는 사실은 가능한 세계들의 객관적 존재를 암시한다고 믿는다. 그러나 로널드 기어리 같은 실재론 철학자들이 주장하듯이 콰인의 회의적 진술이 조건문에는 유효하더라도, 위상 공간이 소유하는 가외extra 구조는 이 같은 한계들을 극복할 수 있다.

콰인이 즐거워하며 지적하듯이, 가능성들을 개별화하는 것은 종종 어려운 일이다. […] [그러나] 체계의 법칙들이 미분방정식으로 표현되는 많은 모델들은 그 모델의 가능한 역사들을 개별화하는 확실한 표준을 제공한다. 그것들은 모든 가능한 최초의 조건

Possible", *The Possible and the Actual*, ed. Michael J. Loux, Ithaca: Cornell University Press, 1979, p. 177.

들에 상응하는 상태 공간의 궤적들이다. 가능한 초기 조건들의 집합에서 위기에 처한 모호성들은 이론적 모델의 정의에서 집합을 명백히 제한함으로써 제거될 수 있다.[12]

잠시만 기어리의 말이 옳고, 위상 공간의 제한된 세계 안에서 체계의 가능한 역사들이 개별화될 수 있다고 가정해 보자. 반 프라센은 여전히 양상들에 대한 존재론적 개입의 필요성을 부인할 수 있을 것이다. 왜냐하면 그에게 이론적 모델을 구성하는 요점은 단순히 경험적 타당성을 얻는 것, 즉 예측하고 연구실에서의 결과를 통제할 수 있는 우리의 능력을 증가시키는 것에 불과하기 때문이다. 이러한 목적을 위해 중요한 모든 것은 우리가 주어진 초기의 조건에 대한 단일한 궤적을 생산하는 것이다. 연구실에서의 자유도에 대한 수치들의 특정한 조합을 재생산하고 현행적 상태들의 연속이 그 궤적에 의해 예측된 것과 일치하는지를 관찰하는 것. 우리가 하나의 실험에서 상태들의 현행적 연쇄와 결합하는 단일한 위상 공간 궤적을 고려하면, 나머지 궤적들의 개체군은 단순히 유용한 허구일 뿐이다. 그것들은 존재론적으로 중요한 것이 아니다. 기어리는 양상을 향하는 이러한 존재론적 입장을 "현실주의"라고 부른

---

12) Ronald N. Giere, "Constructive Realism", *Images of Science*, eds. Paul M. Churchland and Clifford A. Hooker, Chicago: The University of Chicago Press, 1985, pp. 43~44.

다.[13] 그러나 그가 논의를 진행하면서 이러한 존재론적 입장이 전체로서의 궤적의 개체군은 체계의 가능한 역사들에서 특정한 규칙성을 드러낸다는 점, 특정한 현실적 역사를 구성할 때 역할을 수행하는 전체적 규칙성을 드러낸다는 사실을 놓친다. 내가 앞에서 사용했던 용어들에서 가능성들의 공간은 구조를 갖고, 이 구조는 어떠한 단일한 궤적에 의해 드러나지 않는다. 기어리에게 체계를 이해한다는 것은 단순히 그것이 이런저런 특정한 상황에서 어떻게 작용하는가를 아는 것이 아니고 실제로 일어날 수 없는 조건들이라면, 그것이 어떻게 작용했을 텐데를 아는 것이다. 그리고 우리가 가능한 역사들의 개체군에서 구체화된 전체적 정보를 사용할 필요가 있다는 것을 아는 것이다.

물론 반 프라센은 이러한 정보는 궤적의 진화를 통제하는 연속 법칙들에 의해 주어진다고 답할 수도 있다. 그러나 이는 그가 꼼짝없이 또 하나의 양상적 속성인 필연의 존재를 단언하게 만드는 것처럼 보인다. 왜냐하면 법칙들이 실재의 객관적 특징들이라고 간주될 때, 그것들은 전형적으로 필연적 특징이라고 생각되기 때문이다. 여기서 문제는 필연성과 가능성이 서로를 규정할 수 있는 양상적 개념들이라는 것이다. 만일 하나의 사건이 반드시 일어나야 한다면, 그것이 일어나지 않는 것은 불가능하다. 그러나 경험주의자들이나 실증주의자들이 법칙에 대해 말할 때, 그들은 대개

---

13) *Ibid*., p. 44.

물질적 과정들이 드러내는 객관적 규칙들, 언제나 직접적으로 관찰할 수 있지는 않은 규칙들을 언급하는 것이 아니라 종이 위에 인쇄될 때 직접 관찰 가능한 방정식들, 그러한 규칙을 포착하는 방정식들을 언급하는 것이다. 따라서 실재론자들과 경험주의자들 간의 논쟁은 단지 두 개의 대안을 제안하는 것으로 보인다. 존재론적으로 전통적 양상들에 전념하거나 후자를 거부하고 왜 세상에는 반복적인 규칙들이 존재하는가를 설명할 수 있는 당신의 능력을 느슨하게 하는 것. 그러나 이러한 대안은 함정이다. 그리고 들뢰즈의 실재론적 접근법의 중요성은 정확히 그것이 우리에게 탈출할 수 있는 통로를 제공하고 있다는 점이다.

들뢰즈는 현실주의자가 아니지만 전통적 양상에 대한 실재론자도 아니다. 오히려 그는 모델 안에 규칙들과 자연 안에 생성의 내재적 패턴 모두를 설명하는 새로운 형식의 물리적 양상을 창안한다. 이러한 새로운 양상을 그는 "잠재성"이라고 부른다. 그것은 실재하지만 아직 현행화되지 않은 무언가의 존재론적 상태를 의미한다. 경향과 능력들은 현실적으로 표명되거나 시행되지 않으면 이러한 의미에서 잠재적인 것이다. 그러나 표명되지 않은 경향과 시행되지 않은 능력이 단순히 가능한 것이라고 말하는 것과 이것은 어떻게 다른가? 이러한 잠재적 상태를 소유하는 것은 경향이나 능력이 규정한 가능성들의 공간이 아니라 그러한 공간의 구조이다. 이후로 나는 경향들의 경우만을 논할 것이다. 왜냐하면 이것이 우리가 위상 공간에 대한 철학적 분석이 무엇인가를 이해하는 데 도움을 줄 수 있기 때문이다.

우선 우리는 위상 공간에 대한 또 다른 구성 요소를 논할 필요가 있다. 즉 속도 벡터의 장. 푸앵카레가 미분방정식에 대한 가능한 수치 해의 공간을 조사하고 있었기 때문에 사용된 추상 공간들은 계량적 유클리드 공간이 아니고 미분 다양체들이었다. 계량적 공간은 전체적 좌표들이 규정한 점들의 집합인 반면, 미분 다양체에서 구성 요소인 점들은 오직 국지적 정보를 사용함으로써 규정된다. 한 점에서 곡선의 순간적 변화율. 이는 미분 다양체는 집합 X, Y, Z의 위치들이라기보다 빠름과 느림의 장임을 의미한다. 각 점에서 곡선은 신속하거나 느리게 변화한다. 사실 모든 점은 속력일 뿐만 아니라 속도이다. 왜냐하면 하나의 방향이 그것에 할당될 수 있기 때문이다. 속도는 벡터로 나타낼 수 있다. 그래서 전체 공간은 속도 벡터의 장을 소유한다. 이것의 중요성은 위상 공간에서 적분 곡선이나 궤적이 취하는 형식은 벡터 장에 의해 규정된다는 것이다. 따라서 곡선의 개체군에는 추가적 정보가 존재한다는 기어리의 통찰은 전적으로 옳지만, 그는 그 정보를 산출하는 패턴이 특이성들의 특정한 분포를 소유하는 속성 같은 벡터 장의 속성을 반영한다는 사실은 깨닫지 못하는 것 같다. 특이성의 정확한 본성은 근처의 궤적의 사용을 통해 수립되어야 한다. 예컨대 하나의 특이점이 초점인가 아니면 교점인가는 근처의 적분 곡선이 어떻게 그것에 접근하는가를 관찰함으로써 규정된다. 나선형으로 아니면 직선으로. 그러나 그것들의 본성과 달리 특이성들의 존재와 분포는 어떠한 궤적도 수립되는 것을 필요로 하지 않는다. 들뢰즈는 다음과 같이 쓰고 있다.

라이프니츠는 이미 미적분학이 이제껏 풀 수 없었고, 심지어 제기할 수도 없는 문제를 표현했다는 것을 보여 주었다. 사람들은 특히 곡선에 대한 완전한 결정에 관여하는 규칙적이고 특이한 점들의 역할에 대해 생각한다. 의심할 바 없이 특이점들의 설명(예컨대 급락점, 교점, 초점, 중심)은 적분 곡선의 형식을 통해 착수되는데, 그것은 미분방정식의 해를 다시 참조하는 것이다. 그럼에도 불구하고 이러한 점들의 존재와 분포에 관한 완전한 결정이 있는데 그것은 전적으로 다른 예, 즉 방정식 자체가 규정한 벡터들의 장에 의존한다. [⋯] 게다가 그 점들에 대한 설명이 이미 해 안에서 문제의 필수적 내재성을 보여 준다면, 그것을 포함하는 해 안에서 그것의 관여는 점들의 존재와 분포와 함께 그 문제의 초월성과 해들 자체의 조직과 관련한 그것의 직접적 역할을 입증한다.[14]

따라서 이러한 대안적 해석에서 첫 번째 단계는 위상 공간의 이러한 두 요소들, 궤적과 벡터 장의 개체군을 분명하게 구별하는 것이다. 그런데 내가 알기론 이 같은 단계는 이제껏 어떠한 분석철학자도 거론하지 않았다. 존재론적 해석이 주어져야 하는 사물의 목록에 벡터 장들을 추가하는 것은 우리를 또다시 라이프니츠부터

---

14) Gilles Deleuze, *Difference and Repetition*, New York: Columbia University Press, 1994, p. 177.

19세기 초엽까지 "극소량" 개념을 둘러싼 끝없고 무익한 논쟁 속으로 데려다 놓을지도 모른다고 반론을 받을 수도 있다. 왜냐하면 장 속의 각각의 벡터가 그러한 무한소이기 때문이다. 이러한 독립체들은 극한이라는 개념, 오직 수라는 개념을 전제하는 개념에 의해 미적분학의 토대로부터 축출되었다. 그러나 존재론적 해석을 부여받아야 하는 것은 벡터 자체가 아니라 전체 장의 위상적 불변량들이다. 그리고 이것들은 극소량과는 아무런 관계도 없다.

이러한 불변량들의 양상적 지위에 대한 단서는 잘 알려져 있듯이 위상 공간에서의 궤적은 언제나 하나의 끌개에 점근선적으로 접근한다는 사실이다. 즉 궤적은 무한히 가깝지만 결코 도달하지는 않는 방식으로 끌개에 접근한다.[15] 비록 끌개의 유역이 이 위상 공간 점들의 부분집합이며, 따라서 가능한 상태들의 집합일지라도 끌개 자체는 가능한 상태가 아니다. 왜냐하면 그것은 결코 현행화될 수 없기 때문이다. 달리 말해서 현행화될 수 있거나 현행화될 수 없는 가능한 역사들을 재현하는 궤적과 달리 끌개들은 결코 현행화될 수 없다. 왜냐하면 궤적의 어떠한 점도 결코 끌개들에 도달할 수 없기 때문이다. 현행성 결여에도 불구하고 끌개들은 실재적이다. 왜냐하면 그것들은 확실한 효과를 갖기 때문이다. 특히 끌개들은 궤적에 "점근선적 안정성"[16]이라고 불리는 강한 형식의 안정성을 부

---

15) Abraham and Shaw, *Dynamics: the Geometry of Behavior*, vol. 3, pp. 35~36.
16) Gregoire Nicolis and Ilya Prigogine, *Exploring Complexity*, New York: W. H. Freeman, 1989, pp. 65~71.

여한다. 조그만 충격들이 끌개로부터 궤적을 빼낼 수도 있다. 그러나 끌개 유역으로부터 궤적을 밀어낼 만큼 충격이 큰 것이 아닌 한, 궤적은 끌개가 규정한 안정된 상태로 자발적으로 돌아올 것이다. 특이성은 결코 가능한 상태가 아니라 단지 체계의 장기적 경향만을 나타낸다는 것은 이러한 의미에서이다. 따라서 우리가 이러한 특이성의 이중적 상태를 설명하기 위해 가능성이나 필연과는 다른 새로운 형식의 물리적 양상을 필요로 하는 것처럼 보인다. 효과에서는 실재하나 현행적인 것이 될 수 없는 것. 이것이 잠재성 개념이 성취하기로 되어 있는 것이다.

반 프라센과 들뢰즈 사이의 두 번째 분기점은 다음과 같이 요약될 수 있다. 두 철학자 모두 위상 공간의 가치란 그것이 우리에게 명제, 즉 평서문의 의미로 표현될 수 없는 과학 이론의 내용에 접근하는 방법을 제공해 준다는 점에 동의한다. 그러나 반 프라센에게 위상 공간의 유일하게 중요한 요소는 개별 궤적이다. 연구 실험의 결과물을 예측하는 데 사용하려는 목적으로 선택된 하나의 해 말이다. 반면 들뢰즈에게 그 문제의 요소들은 해가 아니라 과학적이고 철학적 문제들의 하위-재현적이고 가외-명제적인 속성을 우리가 포착하게끔 해 준다는 점이다.[17] 하나의 문제는 의미 있는 것과 의미 없는 것의 분배를 통해서, 의미 있는 것 내에서, 특이한 것과 평범한

---

17) Deleuze, *Difference and Repetition*, p. 178.

것의 분배를 통해서 전적으로 그 해와 무관하게 규정될 수 있다.[18]

예컨대 고전 역학에서 하나의 문제를 제기하는 것은 무엇보다 과정이 변할 수 있는 의미 있는 방식, 즉 그 자유도를 식별하고, 그밖의 다른 모든 변화 방식들을 사소하거나 의미 없는 것으로 폐기하는 것을 포함한다. 예컨대 진자 같은 단순한 체계는 두 가지 방식에서만 변할 수 있다. 위치와 속력. 우리는 물론 진자를 높은 온도에서 폭파시키거나 녹일 수 있으며, 이러한 온도들 또한 진자가 변할 수 있는 방식을 구성할 것이다. 그것은 다만 그 내재적 역학의 관점으로부터 변하는 적절한 방식이 아닐 뿐이다. 따라서 진자의 위상 공간을 창조하는 것, 역학적 진자 문제를 제기하는 것은 의미 있음에 대한 평가를 암시한다. 왜냐하면 적절한 자유도는 가능성의 공간의 차원들이 되기 때문이다. 그런 다음 위상적 불변량(차원들의 수)을 결정했기 때문에 우리는 다른 불변량들이 부가적으로 문제의 조건들을 상술하는 것을 발견하기 위해서 벡터 장을 탐험한다. 특이성들의 분배. 이 모든 것이 해들(궤적들)에 대해 생각할 필요 없이 달성될 수 있기 때문에 하나의 문제가 그 해와는 별도로 객관성을 소유한다고 간주되어야 함은 분명하다. 하나의 문제는 해에 대한 무지의 일시적인 주관적 상태이기를 그치고, 일단 해결되면 존재하기를 그치지 않는 객관적 독립체가 된다.

게다가 들뢰즈에게 문제란 그것의 해와 독립적으로 존재하는

---

18) *Ibid.*, p. 189.

것만은 아니다. 문제는 해와 발생적 관계를 맺는다. 하나의 문제는 그 조건들이 점진적으로 보다 명확히 말해질 때 그 자신의 해를 낳는다. 이 점에 대한 들뢰즈의 논의는 수학, 군론의 다른 분파와 미분이 아닌 대수방정식의 해에 대한 응용법을 사용한다. 그래서 우리는 우선 이 다른 장의 역사적 배경을 설명할 필요가 있다. 앞서 언급한 바와 같이 방정식에는 두 종류의 해가 있다. 수치적인 것과 분석적인 것. 수치 해는 방정식의 미지수를 대체하는 데 사용될 때, 그 방정식이 참이 되게 하는 숫자로 주어진다. 예컨대 $x^2+3x-4=0$ 같은 대수방정식은 그 수치 해로 $x=1$을 갖는다. 반면에 분석적 혹은 정확한 해는 특정한 수치나 수치들의 집합이 아니라 오히려 모든 수치 해들의 전반적 패턴을 낳으며, 그것은 또 다른 방정식이나 공식으로 표현된다. 위의 보기는 $x^2+ax-b=0$라고 표현될 수 있고, 그 분석적 해법은 $x=\dfrac{-a\pm\sqrt{a^2+4b}}{2}$이다. 16세기까지 수학자들은 대수방정식에 대한 정확한 해법을 알고 있었다. 거기서 미지의 변수는 네제곱의 멱까지 올라갔다(즉 x^2, x^3, x^4을 포함하는). 그러나 그때 위기가 결과로서 발생했다. 다섯제곱의 멱까지 올라간 방정식은 이전의 성공적 방식에 굴복하기를 거부했다.

두 세기가 지난 후 초기의 네 가지 경우에 대한 해법에는 하나의 패턴이 존재하며, 그 패턴이 퀸틱이라고 알려진 5차 방정식의 저항을 이해하는 열쇠를 줄 수 있다는 것을 알아차렸을 때 돌파구가 마련되었다. 수학자 아벨과 갈루아는 오늘날 군론에 속하는 것으로 인식하는 자원들을 이용하여 이러한 패턴에 대한 연구에 접근하는 방식을 알아냈다. 간단하게 우리는 갈루아가 "하나의 공식으로 풀 수 있는 방정식은 특정한 유형의 군을 가져야 하고, 5차 방정식은 그릇된 종류의 군을 갖는다는 것을 보여 주었다"고 말할 수 있다.[19] "군"이라는 용어는 특별한 속성들을 갖는 독립체들의 집합과 그러한 독립체들을 결합하는 규칙을 지시하는 것이다. 그 속성들 중에서 가장 중요한 것은 "닫힘"closure이라고 부르는데, 그것은 집합 내의 어떠한 두 독립체들을 결합하는 규칙을 사용할 때, 그 결과 또한 그 집합 내의 독립체라는 것을 의미한다. 예컨대 양의 정수들의 집합은 덧셈 규칙에서는 하나의 군을 형성한다. 그러나 뺄셈에서는 그렇지 않다. (그것은 음의 정수를 생산할 수 있다. 즉 그 집합에 속하지 않는 요소를 생산할 수 있다.) 또 다른 예는 유리수의 집합이다. 그것은 곱셈에서는 하나의 군을 형성하지만 나눗셈에서는 그렇지 않다(즉 무리수를 생산할 수도 있다). 여기서 우리의 목적을 위해서 가장 중요한 군들은 그 구성원들이 변형인 군들이고, 그러한 변형들의 연속적 적용 규칙이다. 예컨대 90도 회전으로 구성되는 집합(즉 90도, 180도, 270도, 360도 회전으로 이루어진 집합)은 하나의 군을 형성하는데, 왜냐하면 어떠한 두 개의 연속적 회전도 그룹 내의 회전을 형성하기 때문이다.

변환군이 어떻게 한 문제의 조건들을 수립하기 위해 사용될 수 있는지 이해하기 위한, 즉 의미 있는 것과 의미 없는 것의 분배

---

19) Ian Stewart and Martin Golubitsky, *Fearful Symmetry*, Oxford: Blackwell, 1992, p. 42(강조는 원문의 것).

를 생산하기 위한 구체적 예를 들자. 물리 법칙의 불변량을 연구하기 위해 변환군을 사용하기. 고전 물리학의 경우 그 군은 회전과 다른 변형들뿐만 아니라 시간과 공간 내에서 변위들을 포함한다. 실험실에서 확실히 생산될 수 있는 물리적 현상 하나를 상상해 보자. 우리가 그것을 공간에서 위치를 옮기면, 가령 멀리 떨어진 다른 실험실에서 그 현상을 재현한다면, 다른 속성들은 불변항으로 남겨질 것이다. 비슷하게 우리가 그저 실험을 시작하는 시간을 바꾸면, 그 현상의 규칙에 관한 한, 우리는 이 시간적 변위가 무관하다고 기대할 수 있다. 중요한 것은 최초의 상태가 발생하는 절대적 시간이 아니라 그 실험의 최초 그리고 최후의 상태들 사이의 시간적 차이뿐이다. 따라서 법칙을 표현하는 방정식에 적용되는 변형을 통해 우리는 법칙이 무관심하거나 법칙에 차이를 만들지 않는 유형의 변화를 발견할 수 있고, 하나의 법칙에 입력 요소로서 절대적 시간이나 절대적 위치를 사용하는 것은 무관하다고 결론 내릴 수 있다.

유사한 방식으로 갈루아는 특정한 변형들(해의 대체 혹은 치환)을 사용했는데, 이는 하나의 군으로서 해들 간의 관계에서 불변성을 드러냈다. 보다 특별히 하나의 해를 다른 것으로 치환한 것이 그 방정식을 유효한 것으로 남겨 둘 때, 그 두 개의 해는 유효성에 관한 한, 구별 불가능한 것이 되었다. 즉 방정식의 군은 그 방정식의 해결 가능성의 열쇠가 되었다. 왜냐하면 그것이 그 해들의 구별 불가능성의 정도를 표현했기 때문이다.[20] 혹은 들뢰즈가 쓰고 있듯이 그 군은 해들에 대해 우리가 알고 있는 것이 아니라 해들에 대해 우리가 모르는 것의 객관성, 즉 문제 자체의 객관성을 드러낸다.[21] 그리고 들뢰즈는 해들로부터 문제의 자율성을 예증하는 것 외에도 5차 방정식에 대한 군론적 접근법이 방정식의 해들은 원래의 군이 관계를 불변으로 남겨 두는 대체를 연속적으로 제한하는 하위군을 야기할 때 생산된다는 것을 보여 준다고 강조한다. 즉 문제는 그 자신의 조건이 보다 명확히 규정될 때 그 해를 낳는다. 그가 쓰고 있듯이

우리는 기술적 관점에서 미적분이 보통 말하는 그런 문제들에 대한 유일한 수학적 표현이라고 생각할 수 없다. 보다 최근에는 다른 절차들이 이 역할을 보다 잘 수행해 왔다. 문제들의 이론이 사로잡혀 있는 원환을 상기하라. 하나의 문제는 참인 정도까지만 풀 수 있다. 그러나 우리는 언제나 문제의 진리를 해결 가능성으로서 규정하려는 경향이 있다. 수학자 아벨은 어쩌면 이러한 원환을 깨부순 최초의 인물일 것이다. 그는 해결 가능성이 문제의 형식으로부터 따라야 하는 것에 따라 전체적 방법을 공들여 만들었다. 시행착오를 겪으면서 주어진 방정식이 풀 수 있는 것인가

---

20) Morris Kline, *Mathematical Thought from Ancient to Modern Times*, vol. 2, New York : Oxford University Press, 1972, p. 759.
21) Deleuze, *Difference and Repetition*, p. 162.

236 들뢰즈: 역사와 과학

의 여부를 따지는 것 대신에 우리는 진술이 해의 씨앗을 담고 있는 방식으로 해결 가능성의 장들을 상술하는 문제의 조건들을 결정해야 한다. 이것은 문제-해 관계에 관한 급진적인 반전이며, 코페르니쿠스의 발견보다 더 혁명적인 일이다. 동일한 견해가 갈루아의 작업에서 확인된다. 기본 '장'(R)에서 시작해서 이 장(R', R'', R''' […])까지의 연속적 연쇄는 가능한 해들의 점진적 한계를 통해 하나의 방정식의 뿌리들 간의 정확한 구별을 허용한다. 따라서 '부분적 분해 방정식' 혹은 '군들의 삽입'의 연속.[22]

그래서 들뢰즈에게는 그 같은 문제들을 표현하기 위해 수학을 사용하는 여러 방식들이 있을 수 있다. 그것들 모두는 과학적 장들의 비-언어적 내용의 부분들이다. 이것은 과학철학에 대한 중요한 통찰이다. 그러나 위에서 논한 것처럼 과학의 세계를 넘어서는 이러한 생각들의 결과들, 실재론적 존재론을 위한 결과들은 우리가 그 생각들을 적어도 연구실 실험들의 통제된 설정에서 물질적 세계와 연결해야 한다는 것을 요구한다. 우리는 두 개의 연결을 수립하는 두 가지가 필요하다. 하나는 문제는 그것의 해와 분리된 하나의 존재를 갖는다는 생각에 관한 것이고, 다른 하나는 문제의 조건들의 점진적 정의는 해들의 생산 안에 담겨 있다는 생각에 관한 것이다. 해들로부터 수학적 문제들의 자율성은 물리적, 화학적, 생물

---

22) *Ibid.*, pp. 179~180.

학적 문제들 역시 잠재적으로, 즉 어떠한 현행적 해와 별도로 존재한다는 것을 제안한다. 객관적 문제에 대한 가장 단순한 예를 보자. 최적화 문제. 거품이나 결정체 같은 많은 물리적 독립체들은 자신을 구성할 때 최적화 문제를 풀어야 한다. 거품은 표면장력을 최소화하는 형태를 찾아야 한다. 반면에 결정체는 결합 에너지를 최소화하는 형태를 찾아야 한다. 우리가 위상 공간을 결과적으로 거품의 구 모양이나 소금 결정의 육면체 모양으로 이끄는 역학의 재현으로 창조하면, 우리는 그 공간을 구성하는 단일한 특이점, 무언가의 최소치를 나타내는 위상학적 점을 발견할 것이다. 정확히 최소화되는 것은 경우에 따라 달라진다. 그러나 그 가능성 공간의 구조는 동일하다. 그러나 일단 구형이든 육면체든 해들로서 나타나자마자, 최적화(혹은 최소화) 문제는 사라지지 않는다. 왜냐하면 미래에 모든 거품과 소금 결정체는 그것들이 형성될 때 여전히 그 문제를 해결해야 할 것이기 때문이다.

두 번째 연결은 군론과 역학계 이론의 자원들을 결합함으로써 수립될 수 있다. 미분방정식 연구에 대한 기하학적 접근법이 알려진 것처럼. 분기로 알려진 수학적 사건들이 있다. 분기는 끌개들의 분배를 위상학적으로 동등하지 않은 분배로 변형시킬 수 있다. 때때로 변하는 것은 단지 끌개들의 수이지만 다른 경우에는 끌개들의 유형이다. 하나의 점 끌개는 호프 분기라고 불리는 사건을 통해 고리 모양의 선 끌개로 변할 수 있다. 그리고 거기서 결과하는 고리(주기적 끌개)는 파이겐바움 분기라고 불리는 사건을 통해 카오스적 끌개로 변할 수 있다. 이 같은 수학적 사건들은 위상 공간의 벡터 장에 적용된 작용들로부터 기인한다. 작은 벡터 장은 그것을 교란하는 주요한 벡터 장에 달라붙는다. 그리고 교란이 결정적 문턱에 도달할 때 하나의 분기가 결과로 나온다.[23] 그러한 사건들의 연속은 갈루아가 5차 방정식에 대한 해들을 생산하기 위해 사용한 일련의 순열들과 같은 유사한 군론 구조를 갖는다. 그것은 종종 "대칭 깨짐 연쇄"라고 불리는 구조이다. 즉 분기는 하나의 특이성(혹은 특이성들의 집합)을 다른 특이성으로 변형시키듯이 미분방정식이 제기한 그 문제에 대한 모든 해들은 점진적으로 명확해진다. 안정적인 해들, 주기적 해들, 카오스적 해들.

그러한 깨진 대칭들의 연쇄는 물질적 세계에서도 발견될 수 있다. 예컨대 흐르는 유체는 상이한 속력으로 흐르는 방법의 문제를 풀어야 한다. 느린 속력에서는 그 해는 간단하다. 안정된 혹은 획일적 흐름을 고수하면 된다. 그러나 속력의 결정적 문턱을 지나고 나면, 그 해로는 충분하지 않으며, 그 흐르는 유체는 대류 혹은 파동적 흐름으로 바꾸어야 한다. 결국 또 하나의 결정적 문턱을 지나고 나면, 더 빠른 속력들은 규칙적인 움직임만으로는 해결할 수 없는 흐름의 문제를 유체에 제기하고, 그 유체는 어쩔 수 없이 난류가 된다. 비록 우리가 통제된 연구실의 실험에서는 흐름의 많은 상황들을 발견할 수 있지만 현재의 목적을 위해서는 이러한 세 가지

---

23) Abraham and Shaw, *Dynamics: the Geometry of Behavior*, vol. 3, pp. 37~41.

의 흐름들로도 충분할 것이다.[24] 기본적 생각은 위상 공간에서의 궤적들이 물리계의 상태에 대한 일련의 측정을 추적할 수 있는 것과 마찬가지로, 수학적 사건들의 연속은 물리적 사건들의 연속을 추적할 수 있다. 하나의 흐름의 상황과 다른 흐름의 상황 간의 국면 전환들. 두 경우들 사이의 주요한 차이는 궤적들은 좌표로 나타낸 측정을 양적으로 뒤쫓을 수 있고 궤적과 좌표 간의 관계는 기학학적 유사성의 관계인 반면, 분기들은 질적으로 국면 전환들을 뒤쫓을 수 있고, 특이성들과 흐름의 상황들 사이에는 어떠한 기하학적 유사성도 없다.

추적이 단지 질적인 것이라고 말하는 것은 그것이 정보를 덜 제공한다거나 덜 진지한 것임을 암시하는 것이 아니다. 오히려 들뢰즈가 적고 있듯이 그것은 "비정확한anexact 그러나 엄격한rigorous"[25] 것이다. 궤적을 규정하는 속성들은 계량적이다, 즉 그 속성들은 정확한 길이, 면적, 부피 같은 개념들이 근본적인 기하학에 속하는 반면, 특이성들은 위상 공간의 위상기하학적 속성들이다. 그리고 위상기하학에서 정확하고 계량적 속성들은 의미가 없다. 그럼에도 불구하고 그것들은 엄격한데, 왜냐하면 우리는 연속적이고 질적인 위상기하학적 공간을 대칭 깨짐 연쇄를 통해서 불연속적이고 양적인 계량적 공간으로 변형시킬 수 있기 때문이다.

24) Stewart and Golubitsky, *Fearful Symmetry*, pp. 108~110.
25) Deleuze and Guattari, *A Thousand Plateaus*, Minneapolis: University of Minnesota Press, 1987, p. 483.

마치 19세기에 수학자 펠릭스 클라인이 창안했던 에를랑겐 프로그램[26]이 보여 준 것처럼. 그 연쇄가 진행함에 따라 위상기하학은 미분기하학이 되고, 그러고 나서 사영기하학이 되고, 그러고 나서 아핀기하학이 되고, 마지막으로 계량(유클리드적 그리고 비-유클리드적) 기하학이 된다.[27] 따라서 하나의 문제가 위상기하학적으로 진술되면, 그것의 계량적 해들은 그것이 점차 균형을 잃고 불변을 얻고 분화함에 따라 생겨날 수 있다. 앞서의 인용문에서 들뢰즈는 아벨과 갈루아의 업적을 천문학의 지동설로의 전환의 혁명적 효과와 비교했다. 그리고 그는 클라인의 통찰과 유사한 평가를 한다.

해결 가능성은 내부적 특징에 의존해야만 한다. 그것은 문제의

---

26) 1872년 펠릭스 클라인이 출판한 영향력 있는 연구 조사 프로그램. 이 프로그램은 사영기하학과 군 이론의 기초 위에 기하학들을 특징짓고 분류하는 방법의 문제에 대한 해법을 제안했다. 당시 일단의 새로운 비-유클리드기하학들이 이미 생겨났지만 그들 상호 간의 위계라든가 관계들에 대한 체계적인 분류가 되어 있지 않았다. 클라인이 제안했던 것은 세 가지 면에서 근본적으로 혁신적인 것이었다. 우선 그는 사영기하학을 모든 다른 기하학들을 하나로 묶는 프레임으로 강조하였다. 특히 아핀기하학, 계량기하학, 그리고 유클리드 기하학은 사영기하학의 특별한 그리고 점진적으로 제한적인 경우들로 간주했다. 두 번째, 클라인은 대칭의 관념을 추상하기 위해 대수적 방법을 사용하는 수학의 지류인 군 이론이 기하학 지식에 대한 가장 유용한 방식이라고 주장했다. 당시에 이미 그것은 갈루아 이론의 형태로 방정식 이론에 도입되어 있었다. 마지막으로 클라인은 각각의 기하학적 언어들이 자신만의 고유한 개념들을 가지고 있다는 생각을 명시했다. 예컨대 사영기하학은 원뿔 곡선에 대해 얘기했지만 원이나 각들에 대해서는 그렇지 않았다. 왜냐하면 그러한 개념들은 사영 변화 아래서는 불변의 것들이 아니었기 때문이다(옮긴이).

27) David A. Brannan, Matthew F. Esplen, Jeremy J. Gray, *Geometry*, Cambridge: Cambridge University Press, 1999, p. 364.

조건들에 의해 결정되어야 하고, 실재적 해들과 병행하는 문제 안에서 그리고 그 문제에 의해서 생겨나야 한다. 이러한 역전 없이는 그 유명한 코페르니쿠스의 혁명도 아무것도 아니다. 게다가 우리가 유클리드기하학에 묶여 있는 한 어떠한 혁명도 존재하지 않는다. 우리는 충분한 이성의 기하학, 즉 연속의 토대 위에 불연속을 야기하거나 문제의 조건들 안에서 해를 근거 짓는 경향이 있는 리만을 닮은 미분기하학으로 이행해야 한다.[28]

실재론 철학자로서, 즉 특이성 같은 이론적 독립체들의 정신-독립적 실존을 단언하는 철학자로서 들뢰즈는 초월적 독립체들을 뒷문을 통해 들여오지 않도록 조심해야 한다. 그는 예컨대 플라톤적 본질을 자신의 존재론 안으로 재도입하지 않았다는 증거로서 한편으로 안정적 상태의 특이성과 다른 한편으로 소금 결정의 정육면체 형태 혹은 거품의 구 형태 사이 유사성의 결여를 강조할 것이다. 왜냐하면 본질은 자신을 구체화하는 것을 닮기 때문이다. 오히려 이 경우에는 하나의 위상기하학적 점이 분화하면서 두 가지 상이한 계량적 형태들을 만들어 내거나, 같은 얘기지만 하나의 잠재적 문제가 분기하여 현행화되면서 두 개의 물리적 해들을 생산한다. 본질과 그것의 실현들 간의 연결을 깨는 이러한 내생적intrinsic 분기에 덧붙여 들뢰즈는 다음과 같은 사실을 지적한다. 우리가 연

---

28) Deleuz, *Difference and Repetition*, p. 162.

속적 위상기하학 공간들에서 불연속적 계량적 형태들을 생산하기 위해 변환군을 사용할 때, 그 강조는 이러한 변형들이 우연적 사건들로서 적용되는 수학적 독립체들의 변용되거나 변용되지 않는 능력들뿐만 아니라 수학적 변형들 혹은 연산자들의 변용 능력들에 있다. 공리적 접근법에서 일어나는 것과 달리, 기하학의 문제적 개념에서

> 형태들은 그것들에 생기는 변용들의 관점으로부터만 고려된다. 분할, 절제, 첨가, 투사. 우리는 유개념에서 종에 이르는 특정한 차이들에 의거해서 판단하지 않으며, 안정된 본질로부터 그것에서 나오는 속성들로의 연역에 의거해서 판단하지도 않는다. 오히려 문제로부터 문제를 조건 짓고 해결하는 사건에 이르는 연역에 의거해서 판단한다. 이는 모든 종류의 변형, 변이, 한계로 이르는 길들, 각각의 형태가 본질이라기보다는 "사건"이라고 지시하는 작용들을 포함한다. 정사각형은 더 이상 구적법과 독립적으로 존재하지 않으며, 정육면체도 입체 구적법과 독립적으로 존재하지 않으며, 직선은 곡선의 길이와 독립적으로 존재하지 않는다. 정리가 이성적 질서에 속하는 반면, 문제는 변용적이고 변형, 생성 그리고 과학 자체 안에서의 창조와 분리될 수 없다.[29]

---

29) Deleuze and Guattari, *A Thousand Plateaus*, p. 362(강조는 원문의 것). 또한 *Difference and Repetition*, pp. 187~189 참조.

결론적으로 말해서 과학에 대한 공리적 접근을 피하기 위해 반 프라센이 공언한 목표에도 불구하고, 들뢰즈는 반 프라센의 존재론적 개입은 동일한 전통 안에 그를 위치시킨다고 주장할 것이다. 즉 아리스토텔레스에서 칸트에 이르기까지 문제를 그것의 해결 가능성에 종속시켰거나 해의 경우를 표현하는 명제들로부터 문제를 추적해 온 전통 말이다. 언어적으로든 비언어적으로든, 즉 "논리적 판단들, 기하학적 정리들, 대수방정식들, 물리적 가설들 혹은 초월적 판단들"[30]로서 해들이 어떻게 표현되는가는 중요한 것이 아니다. 중요한 것은 문제를 해에 종속시키는 것이다. 과학자들과 과학철학자들의 노력을 잠재적 문제들이 점진적으로 더 잘 특정화되면서 산물을 생산하는 과정에 집중하는 대신에 최종적 산물(물리적, 화학적, 생물학적 해들)에 집중시킴으로써 코페르니쿠스적 혁명의 이익을 부인하겠다고 위협하는 종속 말이다.

---

30) Deleuze, *Difference and Repetition*, p. 161.

옮긴이의 말
— 저자의 결론을 대신하며

『들뢰즈: 역사와 과학』은 철학자, 실험영화 감독, 소프트웨어 디자이너인 마누엘 데란다가 들뢰즈 철학을 성찰하면서 여러 단행본에 게재한 일곱 편의 글을 한데 묶은 것이다. 여기서 데란다는 새로운 형이상학, 즉 유물론적 형이상학을 제안하는데, 그 근본 개념은 배치와 잠재성이다. 다루는 내용은 포스트-구조주의이지만 논의 스타일이 분석철학에 가까워 들뢰즈의 난해한 사상이 비교적 명료하게 재구성될 수 있었다. 다만 앞선 내용을 요약하면서 결론짓는 별도의 장이 없다는 게 아쉽다. 그래서 사사로운 넋두리나 출판에 도움을 준 분들에 대한 감사치레보다는 독자에게 도움이 될 만한 내용으로 옮긴이의 말을 대신한다.

들뢰즈/가타리의 『천 개의 고원』이 그렇듯 이 책에 수록된 글들은 같은 이야기(배치)를 다르게(상이한 규모와 양상에서 작동하는 상이한 종류의 배치에 대해서) 말하고 있다. 들뢰즈가 말하는 "차이로서의 반복"일 것이다. 각각의 글은 애초에 따로 게재된 만큼 저마다 독립적이지만 책이라는 배치로 묶였을 때 그것만이 갖는 창발적 속성이 생긴다. 장마다 진입 문턱이 다르고 뒤로 갈수록 문턱은 더 높아진다. 데란다는 들뢰즈에 관심을 갖는 독자라면 유전학, 위상수학, 카오스 이론에 대한 일정 정도의 지식은 갖추었을 거라고 상정했던 것일까? 간혹 친절한 설명 없이 빠르게 지나가는 대목들이 있어 관련 문헌을 찾아 읽어야 하는 독자의 별도의 노력이 요구된다.

첫 번째 글 「배치들 그리고 인간의 역사」는 데란다의 형이상학 개념의 이론적 틀을 요약하면서 그것을 사회 이론과 연결한다. 저자는 세계에 거주하는 어떠한 독립체도 하나의 배치라고 주장한다. 실체나 본질과 대조적으로 배치는 결코 단순하지 않고, 언제나 복합적이고 역사적으로 구성된 것이다. 느슨하게 말해서 배치는 이질적인 부분들이 구성하는 전체다. 여기서 부분들은 서로 외부성의 관계를 수립하기 때문에, 그것들은 다른 관계를 수립할 수 있고, 다른 전체들로 들어갈 수도 있다. 부분들이 함께 모여 배치를 이루면 그것들이 고립될 때 갖는 속성과 질적으로 구별되는 속성을 표현한다. 이것이 배치의 정체성을 알아보게 하는 **창발적 속성**이다. 부분들이 우연히 만나 상호작용하는 사건, 즉 배치의 일시적 정체성을 구성하는 조립의 사건이야말로 세계에 거주하는 유일한 독립체들일 것이다. 모든 배치는 더 커다란 전체의 부분이고, 자신의 부분들에 대해서는 전체이다. 예컨대 사회는 인지와 지각들의 배치인 주체들로 구성된 전체이면서 동시에 사회는 더 커다란 배치인 인간 종의 부분이기도 하다. 그러나 이러한 미시와 거시 간의 구별은 상대적이어서 어떠한 환원주의도 방지된다.

잠시 배치가 갖는 주요한 특징을 요약해 보자. 첫째, 모든 배치는 우연적 정체성을 갖는 특이한 독립체들이다. 둘째, 어떠한 배치도 배치를 구성하는 상호작용하는 독립체들의 개체군이다. 셋째, 배치는 그 요소들을 제한하고 가능하게 한다는 의미에서 그 구성 요소들을 위한 가능성의 조건들이다. 데란다가 들뢰즈/가타리의 배치 개념을 의미심장하게 수정하는 부분은 배치 개념에 매개변수를 도입하는 것이다. 들뢰즈/가타리의 이분법처럼 보이는 구별들 가령 분자/몰, 배치/지층, 미시/거시를 대신해서 데란다는 조절 손잡이처럼 변화 가능한 매개변수로서 배치를 개념화하자고 제안한다. 이렇게 하면 전에는 상호 배타적 범주들처럼 보였던 것이 하나의 연속체 안에 존재하는 상이한 국면들로 통합될 수 있을 것이다. 존재론적 범주들을 역사적으로 변화 가능한 매개변수들로 바꿈으로써 모든 독립체는 단일한 일관성의 면 위에 동등하게 존재할 수 있다. 브로델을 따라서 데란다는 시장, 국가, 자본주의 같은 독립체들은 유물론적 분석에서 제외되어야 한다고 주장한다. 그것들은 굳어 버린 일반성들, 곧 유령들이기 때문이다. 그런 초월적 독립체들은 내재성을 주장하는 유물론적 분석에 속할 수 없다. 이것이 데란다가 유물론적 형이상학이라고 부르는 것이다.

그러나 내재성 관점에서 사고한다는 이론가들 사이에서도 초월적 독립체들의 사용은 여전하다. 이것이 「유물론과 정치학」에서 데란다가 말하는 현대 철학의 "보수적 전환"이다. 여기서 저자가 드는 사례는 푸코에 대한 오독인데, 이는 비담론적 실천을 담론적 실천으로 환원하고, 담론 외부에는 어떠한 것도 없다고 주장하는 것이다. 이러한 해석에 따르면 고문, 감금, 훈련, 감시 같은 실천들은 궁극적으로 담론적 실천들이다. 이러한 오인식을 통해 세계가 우리 정신의 산물이라는 관념론적 가정이 돌아온다. 저자는 이러한 입장이 진보적 가면을 쓰고 그 정치적 보수주의를 감추고 있다고 비난한다. 여기서 데란다는 지난 20년간 유물론과 관념론 사이의 해묵은 논쟁을 되살렸던 실재론과 반실재론 사이의 논쟁으로 들어가면서 유물론을 재구성하는 입장을 취한다. 따라서 데란다에게 푸코나 들뢰즈 같은 철학자들은 비주체적 외부의 실재를 상정하고, 그것의 운동을 존중하는 분석을 제공했다는 점에서 유물론적 실재론의 동맹군이다.

「배치 이론과 언어(학)적 진화」는 배치 개념을 언어에 적용한다. 명령-어나 언표행위의 집합적 배치 개념을 소개하면서 데란다는 영토화/탈영토화, 코드화/탈코드화 매개변수를 통해서 언어를 분석한다. 이제 언어는 명령-어들이 순환하는 언표행위의 집합적 배치 혹은 권력의 화행 배치가 된다. 이 배치들은 고전 라틴어처럼 다수어를 구성하면서 더 영토화될 수도 있지만, 새로운 라틴어 방언처럼 소수어를 구성하는 탈코드화된 언표행위들이라는 특징을 가지면서 더 탈영토화될 수도 있다. 이러한 분석은 화용론적 분석에서 볼 수 없는 언어의 정치적 차원을 밝히는 데 효과적이다.

「금속 배치」에서 배치 개념은 전쟁 모형에 사용된다. 예컨대 사람, 말, 무기로 구성된 전체는 이질적 요소들의 배치인데, 일단 조립되면 기병이라는 독립적 정체성을 얻는다. 그 특정한 배치는 기병대나 유목 군대처럼 더 큰 배치들을 구성할 수 있다. 유목 군대는 전장의 상황에 따라 병사들이 자율성을 갖는 점에서 고도로 탈영토화된 군사 배치이다. 대조적으로 정주민 군대는 밀집군으로 알려진 융통성 없는 보병들의 블록으로 고도로 영토화된 군사 배치이다. 그러나 저자는 이러한 구별이 모든 가능한 군대들의 모델로 간주되어서는 안 된다고 경고한다. 오히려 이는 전투가 치러지는 방식에서 중요한 변화들을 도입하는 역사를 통해 달라지는 상이한 영토화 혹은 탈영토화의 정도에 상응할 따름이다. 따라서 들뢰즈의 국가장치나 전쟁기계는 독립체들이 아니라 배치가 특정한 강도에서 제시하는 상태 혹은 국면들로 이해되어야 한다. 요컨대 전쟁기계는 배치가 더 탈영토화될 때 얻는 상태이다.

「유물론적 형이상학」은 세계에 거주하는 독립체들이 어떠한 언어 외부적 존재도 갖지 않는다는 관념론을 폐기한 후 들뢰즈의 내재적 실재론과 아리스토텔레스의 초월적 실재론을 비교한다. 여기서 저자는 두 가지 중요한 구별을 한다. 첫째, 아리스토텔레스에게 독립체의 정체성은 그 본질(형상인)에 의해 생산되는 반면, 들뢰즈에게 독립체의 정체성은 언제나 물질적인 요소들의 역사적 조립 과정에서 생긴다. 둘째, 아리스토텔레스적 세계에서는 세 가지 범주의 독립체들이 살아간다. 본질적으로 존속하는 유, 종 그리고 우연적으로만 존속하는 개체. 들뢰즈의 존재론은 두 가지 범주들의 독립체들만 고려한다. 개별적 특이성들(아리스토텔레스의 개체에 해당)과 보편적 특이성들(아리스토텔레스의 유와 종에 해당)이 그것들이다. 들뢰즈의 존재론에는 물질과 전적으로 유리된 형상인이나 초월적 일반성이 거주할 장소가 없다. 모든 것은 우연적, 특이적, 내재적, 실재적이다. 그런데 실재는 현행적으로 존재하는 것에만 제한되지 않는다는 게 중요하다. 이를 설명하기 위해 데란다는 아리스토텔레스의 현행성/잠세성을 들뢰즈의 현행성/잠재성으로 대체한다. 그러니까 현행적인 것 외에 잠재적인 것이 있다. 잠재적인 것은 실재하지만 현행적이지는 않고 가능한 것이다. 달리 말하면 모든 독립체는 개별적 특이성을 구성하는 현행적 부분을 갖지만, 또한 보편적 특이성, 즉 가능성들의 공간(이를 디아그람이라고도 부른다)과도 연결된다. 그 후 데란다는 상이한 과학들의 대상을 다루면서 두 가지 존재론의 능력을 시험하고는 배치 개념에 기반한 들뢰즈의 유물론적 형이상학의 장점을 설파한다.

「강도적이고 외연적인 지도 제작」에서는 소수 과학인 지도 제작법을 논한다. 시작은 외연적 공간과 강도적 공간의 구별이다. 기본 열역학이 보여 주듯 외연적 공간은 길이, 부피처럼 분할 가능한 매개변수들을 수단으로 지도에 표기될 수 있다. 대조적으로 강도적 공간은 단순히 분할될 수 없는데, 그 속성들이 속력, 온도, 기압 같은 강도들이기 때문이다. 따라서 외연적 지도와 강도적 지도는 결정적으로 다르다. 지도 제작법의 구별은 그것이 들뢰즈의 현행적/잠재적 개념들과 연결될 때, 그 형이상학적 적절성을 얻는다. 현행성은 외연적 지도로 묘사될 수 있지만, 잠재성은 강도, 즉 가능성들의 공간 혹은 디아그람의 지도를 요구한다. 그것이 내재적인 한에서 잠재성은 초월적 독립체나 본질을 가정하지 않고 가능성을 생각하도록 이끈다. 모든 가능성, 심지어 가장 잠재적인 것조차 물질과 연관된 것으로 간주된다. 외연적 지도는 두 종류의 선분들, 즉 분자적 선분과 몰적 선분으로 구성된다. 몰은 배치의 엄격한 선분이나 거시적 차원을 지칭하고, 분자는 배치의 유연한 선분이나 미시적 차원에 해당한다. 여기서도 우리는 몰/분자가 절대적 범주가 아니라 부분-전체 관계들에 한정된 것임에 주의해야 한다. 예컨대 하나의 배치에서 분자나 부분은 다른 배치에서는 전체가 될 수 있다. 몰적이고 분자적 선분들은 배치의 현행적 국면을 나타낸다. 그러나 분할되지 않고 따라서 훨씬 개념화하기 어려운 다른 종류의 선분이 있으니, 그것이 바로 탈주선이다. 탈주선은 현행적 공간과 가능성들의 잠재적 공간을 연결하기 때문에 매우 중요하다. 탈주선은 강도의 관점에서만 지도에 그려질 수 있다. 탈주선도 두 가지가 있다. 선분성에서 출발해서 궁극적으로 카오스에서 길을 잃는 절대적 탈주선과 새로운 분자적 선분들을 수립하는 특정한 문턱에 도달한 후 다시 돌아오는 상대적 탈주선. 간단히 말해서 배치의 전체 형이상학적 지도는 그 일관성의 면을 구성하는데, 이는 그 가능성들을 상이하게 현행화시키는 능력인 자유도를 따르는 조건들을 포함한다.

이 책에서 가장 대담하고 난해한 글은 「위상 공간에서의 들뢰즈」일 것이다. 이 마지막 장은 적절하고 중요한 문제를 제기하는 질문에 초점을 맞추고, 문제를 공리들과 선형적 인과론으로 환원하는 고전 물리학 모델에 대한 대안을 찾는다. 물론 데란다는 진리를 역사적이고 비선형적인 것으로 본다. 그가 볼 때 문제들은 잠재적 시공간에서 특이점들의 분배에 의해 제기된 비주체적인 것이다. 들뢰즈와 마찬가지로 데란다의 문제들은 그 해법을 지배하는 어떤 외부의 기준에 근거한 참·거짓이 아니다. 모든 문제는 내재적인 것이고, 적절하거나 부적절한 문제들이 있을 따름이다. 올바로 문제를 말하는 것은 그 안에 담긴 중요한 것과 사소한 것을 구별하는 문제이다. 물리학자에게 이는 본질이나 법칙이 아니라 특이점들과 다양체들, 즉 강도의 과학과 잠재적 능력들에 대한 주의를 의미한다.

데란다는 들뢰즈와 경험주의 철학자 반 프라센의 연구의 접점에서 논의를 시작한다. 두 사람 모두 과학철학에 대한 언어적 접근에 환멸을 느꼈는데, 언어적 접근에서 과학 이론은 모든 정리가 연역적으로 도출되는 자명한 공리들의 집합을 모델로 하기 때문이다. 이러한 접근법은 과학이 미분이나 다양체 같은 수학 도구를 사용해서 달성하는 성과들을 무시한다. 그러나 비언어적 수단들은 가능성의 공간들의 수학적 모델을 세우도록 해준다. 이 모델들은 비선형적이고 특이점들을 따르는 무작위적 운동을 기술할 수 있다. 과학철학에서 언어적 분석에서 수학적 분석으로의 이동은 이미 확인할 수 있다. 반 프라센은 분석철학에서 이러한 이동을 옹호했고, 들뢰즈도 수학적 사유에서의 그 변환에 매우 민감했다. 그리고 데란다는 여기서 과학철학에서의 유물론적 전환점을 본다.

그러나 데란다는 둘 사이의 불일치도 잘 알고 있었다. 경험주의자로서 반 프라센은 가능성들의 존재를 부인하는 양상적 회의주의를 후원할 수밖에 없다. 가능한 사건들은 눈으로 직접 관찰할 수 없기 때문이다. 이러한 부인은 프라센이 모든 양상을 필연과 가능으로 환원하는 낡은 이분법을 선호한 데에서 비롯한다. 이를 넘어서기 위해 들뢰즈는 다른 양상을 도입하는데 그것이 앞서 언급한 잠재성이다. 실재하지만 현행적이지는 않은 무언가의 존재론적 상태. 이를 설명하기 위해 데란다는 배치의 속성과 능력을 구별하는데(내가 알기론 들뢰즈는 배치의 속성과 능력을 구별하지 않는다), 칼이 현재 무언가를 자르지 않는다고 해서 칼의 절단 능력이 실재하지 않는다고 말할 수는 없다. 칼의 절단 능력은 존재하기 위해 반드시 현행화될 필요는 없기 때문이다. 그것은 잠재적으로만 존재한다. 실재 개념에 대한 새로운 이해를 통해 데란다는 분석철학에 새로운 숨결을 불어넣는다.

데란다는 들뢰즈의 가장 어려운 개념들을 명료하게 만드는 데 탁월한 재주가 있다. 들뢰즈는 『천 개의 고원』에서 어떻게 형식화되지 않은 질료와 기능들이 개별 대상들 사이에서 형식적이고 기능적 관계들이 되는가라는 관점에서 잠재적인 것과 현행적인 것의 문제를 제기했다. 이는 들뢰즈가 『차이와 반복』에서 마주치는 차이화/분화의 문제이고, 이후에는 다양체의 생성과 연관된 문제이기도 하다. 데란다의 용어에서 현행적 세계는 변수와 비대칭적 관계들로 구성되고, 잠재적인 것은 불변(회전의 조건들 아래서 불변으로 정의된 변환군)과 대칭(가령 어느 시점에서도 동일한 외양을 보여 주는 기체의 분포 같은)이라는 특징을 갖는다. 현행적 세계는 대칭-깨짐 연쇄, '끌개'들이 잠재적인 것의 분화에서 결정적 역할을 하는 분기의 과정으로 생산된다. 여기서 '끌개'는 장기간의 경향 혹은 물리계에서 갑작스러운 상전이가 발생하는 강도적 문턱들(특이성들)로 규정된다.

데란다는 진리에 대한 이론적이고 연역적 모델에 대해 실험적 실천의 모델을 강조하기 위해 카오스와 복잡계 이론의 어휘와 비선형적 체계들을 사용한다. 잠재적인 것을 묘사하는 데란다의 노력은 몇 가지 상호 연관된 문제들을 거친다. 어떻게 다양체들이 잠재적 공간 안에서 생겨나고 분화되는가, 어떻게 잠재적인 것을 구성하는 현상이 전-개체적, 추상적 특징을 가져야 하는가, 어떻게 잠재적인 것은 특이점들이 분배되고, 연장되고, 평범한 점들로 계열화되는 일관성의 면인가 등등.

여기서 데란다가 주목하는 것은 잠재적인 것이 신체적 원인을 갖는 점이다. 그것은 현행적 물질적 과정들에 의해 생산된다. 그러나 그 자체는 비신체적이고 그 원인들에서 자유롭다. 이것을 그는 메커니즘-독립적이라고 표현한다.

데란다의 노력은 어떻게 잠재적인 것이 현행적인 것이 되는가, 즉 개별화 과정을 묘사하는 데에만 집중된다. 물론 개별 대상들이 잠재적 다양체가 되는 방식은 들뢰즈가 제기하는 가장 어려운 문제 중 하나다. 데란다는 이것을 반-현행화의 문제로 기술한다. 이를 이해하려면 들뢰즈/가타리가 '탈주선', 기관 없는 신체라고 부르는 개념이 요구될 것이다. 현대 수학과 과학에서 최근의 흐름과 들뢰즈 연구의 공명을 증명하는 저자의 노력은 높이 평가받아야 한다.

저자의 실험영화에서의 이력을 고려할 때 이 책이 과학적 담론들에만 경도된 것은 아쉽다. 들뢰즈에게 철학이 무엇인가라는 문제는 철학이 예술·과학과 맺는 내재적 관계였음을 고려하면 더욱 그렇다. 저자의 뜨거운 열정을 볼 수 있는 예술에 관한 장이 별도로 마련되었더라면 더 좋았을 것이다.

용어에 대한 보충 설명

탈영토화/재영토화

탈영토화는 변화를 생산하는 하나의 운동으로 이해될 수 있다. 그것은 배치의 창조적 잠재력을 나타낸다. 그런데 탈영토화와 재영토화가 맺는 관계를 부정적으로 생각해서는 곤란하다. 그것들은 적대적 극단이 아니다. 들뢰즈/가타리가 그 개념을 사용하는 방식에서 탈영토화는 변형의 벡터로서 영토 안에 내재한다. 따라서 그것은 주어진 영토에 내재하는 변화 가능성과 연결된다. 탈영토화 운동에는 질적으로 상이한 운동이 있다. 절대적 탈영토화와 상대적 탈영토화. 여기서 두 운동은 움직이는 방식의 차이일 뿐, 느리고 빠른 것과는 상관이 없다. 절대적 탈영토화는 내재적 운동이고 존재론적으로 상대적 탈영토화에 앞선다. 상대적 탈영토화는 고정과 분절을 향해 움직인다. 간단히 말해서 절대적 탈영토화는 잠재적이고, 상대적 탈영토화는 현행적이다.

내부성/외부성

들뢰즈는 자신의 철학을 '내부성interiority에 대한 혐오'라고까지 표현했다. 반면 외부와 외부성 같은 용어는 들뢰즈 철학에서 중요한 역할을 수행한다. 들뢰즈에게 내부성은 서구 철학에서의 지배적인 사유를 지칭한다. 데카르트의 코기토가 가장 친숙한 사례일 것이다. 거기서 분할될 수 없고 불멸하는 정신은 자아의 '내부성'을 형성하고, 신체와 물리적 세계는 우연적 '외부'를 구성한다. 달리 말해서 '내부성'은 그 밖에 다른 것과 필연적 연결을 맺지 않고 외적 세계를 초월하는 초월적 통일체에 붙여진 이름이다. 들뢰즈 철학은 모든 형태의 초월성에 비판적이다. 데란다가 말하는 외부성의 관계란 관계(배치)가 항(부분)들을 규정하지 않는다는 의미이다. 오히려 부분들이 상호작용함으로써 전체가 발생하고, 전체가 발생한 후에도 부분들은 자율성을 잃지 않는다. (관계가 항들을 규정하는 구조주의는 내부성의 관계이다.) 배치의 생성은 초월적, 외부적 원인이 아니라 배치 안에 존재하는 부분들이 원인이라는 점에서 이는 내재성과 직접 연결된다. 독자는 내부성과 내재성을 혼동하지 않도록 주의해야 한다.

배치와 지층

배치는 이질적 부분들로 구성된 전체를 느슨하게 설명하는 개념으로 이해된다. 배치는 얼마간 일관된 정체성을 지닐지라도, 그것은 동시에 부단히 역동적 방식으로 이합집산한다. 따라서 배치는 존재의 상태보다 생성 과정을 나타내는 동사에 가깝다.

사실 프랑스어 아장스망agencement에 적합한 영어 번역어는 없다. 프랑스어에서 그 단어의 의미는 영어 어레인지먼트arrangement에 가깝다. 그것은 신중히 선별된 이질적 요소들의 조합이라는 생각을 담고 있기 때문에 인간과 배열되는 사물 간의 분할 같은 것을 암시한다. 아장스망은 ageny(작용, 힘)와 어근이 같다. 그래서 배치는 그 구성에 따라 상이한 방식으로 행동할 힘이 부여된 것이고 언제나 변화 가능한 것이다.

『천 개의 고원』에서 들뢰즈/가타리가 애초에 의도했던 아장스망 개념에는 데란다가 말하는 행위자 혹은 자율적 의지 같은 것이 없다. 들뢰즈/가타리는 배치를 두 개의 축을 따라 규정할 수 있다고 주장한다. 첫째 수평축. 하나의 배치는 두 부분으로 구성된다. 내용과 표현. 내용 측면에서 그것은 신체들의 기계적 배치이고, 상호작용하는 신체들의 뒤섞임이다. 표현 측면에서 그것은 언표행위의 집합적 배치, 신체들에 귀속된 비신체적 변환들이다. 달리 말해서 배치는 내용으로 지칭된 신체와 대상들과 표현으로 지칭된 비물질적 독립체들, 가령 진술들로 구성된 독립체다. 둘째 수직축. 배치는 그것을 안정시키는 영토적 혹은 재영토화된 측면과 그것을 소멸·해체시키는 탈영토화의 첨단도 갖는다. 따라서 배치는 영토화와 탈영토화의 과정들이라는 특징을 갖는다. 이는 배치의 정체성을 안정화/탈안정화하는 과정이다. 데란다가 설명하듯이 영토화는 우선 글자 그대로 현행적 영토들의 공간적 경계를 선명하게 만드는 과정들로 이해되어야 한다. 영토화는 또한 배치의 내적 동질성을 증가시키는 비-공간적 과정을 나타낸다. 가령 한 조직의 구성원 자격의 범주에서 배제하는 걸러내기 과정처럼.

이런 식으로 영토화는 배치의 내용 요소들(신체들과 대상들)과 관계한다. 들뢰즈의 용어법에는 내용 요소들과 표현 요소들 모두와 관계하는 배치의 안정화를 지시하는 유사한 용어가 있다. 유기체 배치의 경우 유전자 코드는 표현 요소로서 기능한다. 관료제 배치의 경우 언어적 독립체들(텍스트, 담론)이 표현 요소로 기능한다. 이 두 형식의 요소들, 내용과 표현은 '지층화'라고 불리는 안정되고 일관된 전체로 함께 진화한다. 이 지층화 과정이 생산하는 구조들이 지층이다. 들뢰즈는 지층 개념을 푸코의 『감시와 처벌』과 관련하여 설명한다. 18~19세기에 발생한 근대적 감옥들은 하나의 지층으로 간주된다.

지층은 사물과 말들, 보는 것과 말하는 것, 가시적인 것과 언표 가능한 것, 내용과 표현으로 생겨난 역사적 구성물이다.

들뢰즈는 『감시와 처벌』이 푸코의 연구에서 새로운 지평을 표시한다고 주장한다. 그것이 물질적 독립체들(가시적인 것, 감옥의 죄수들)을 담론적인 것(언표 가능한 것, 형법과 비행 개념) 아래 종속시키지 않는 한에서. 그는 그것들이 동시에 발생했지만 이질적인 것이라고 주장한다. 푸코를 독해하면서 들뢰즈는 어떻게 전망감시 체제와 담론들이 우연하고 자발적으로 서로 엉겨 붙는가에 관심을 보였다.

데란다는 들뢰즈의 용어법을 다소간 간소화하기로 결정한다. 그는 우선 들뢰즈의 내용을 물질적 역할을 수행하는 배치의 부분들로, 표현을 표현 역할을 수행하는 배치의 부분들로 옮긴다. 다음에 그는 '지층'이라는 용어를 완전히 폐기한다. 대신에 그는 코드화된 배치들만을 말한다. 이런 식으로 데란다는 영토화와 탈영토화 과정들과 코드화와 탈코드화 과정 사이를 명료하게 구분한다. 영토화가 물질적 역할을 수행하는 배치 요소들과 관계한다면, 코드화는 표현적 역할을 수행하는 것, 즉 유전자, 언표와 관계한다.

일관성

들뢰즈의 연구는 단순한 사회적 존재론을 훨씬 넘어서지만 사회적 존재론에 한하면 들뢰즈의 연구는 언어의 제국주의에 대한 비판이라고 볼 수 있다. 언어에 기반한 사회 이론을 대체해서 들뢰즈는 새로운 유물론적 존재론을 제시한다. 이는 물질-에너지의 흐름이 구조를 생성하는 내재적 과정들의 존재를 통해 독립체들의 정체성을 설명하는 것이다.

이러한 내재적 과정들의 작동을 설명하기 위해 푸코의 『감시와 처벌』에 대한 들뢰즈의 독해로 다시 돌아가자. 앞서 언급했듯이 들뢰즈는 내용과 표현, 즉 파놉티콘과 비행 개념이 안정된 구성물로 엉겨 붙는 것에 관심을 가졌다. 이 조합의 결과는 대단히 효과적이었지만 그것들을 조립하는 원대한 계획을 제안했던 외부적 신체(신이나 왕)는 없었다. 두 가지의 합병은 전적으로 우연하고 자발적이었다.

여기서 우리는 들뢰즈의 배치 개념에 대한 중요한 측면에 접근한다. 푸코가 묘사한 훈육 제도 같은 구조는 내재적 생성 과정에서 생겨날 수 있고, 상이한 사회적 배경들에서 현행화될 수 있다. 달리 말해서 『감시와 처벌』은 18~19세기 동안 어떻게 동일한 디아그람이 감옥들, 학교들, 공장들에서 점진적으로 현행화되었는가에 관한 책이다. 따라서 배치는 그것이 특정한 디아그람이나 기능을 따라 조립되기 때문에 일관성을 갖는다.

들뢰즈의 세계는 내용과 표현들, 가시성과 언표 가능성들, 신체들과 진술들이 거주하는 현행적 영역들과 디아그람들이 거주하는 잠재적 영역으로 구성된다. 이러한 영역들은 실재의 상이한 부분들을 구성한다. 잠재적인 것은 디지털 시뮬레이션이 친숙하게 만든 가상현실이 아니라 객관적 세계의 중요한 요소를 형성하는 실재적 잠재성을 의미한다. 사회적 세계에서 다양한 독립체들로 현행화된 구조를 생성하는 과정들의 잠재적 존재는 들뢰즈/가타리가 초월적 본질에 의존하지 않고 형태의 발생을 설명하도록 해준다.

복잡계 이론, 형태발생

들뢰즈와 복잡계 이론 사이의 연결은 데란다와 마수미 등에 의해 연구되었다. 이러한 연결은 형태발생 개념을 통해 진행되었는데, 앞서 언급했듯이 들뢰즈/가타리는 어떻게 형태가 내재적 과정들을 통해 발생할 수 있는지를 설명하는 이론을 개진했다. 때마침 복잡계 이론도 같은 문제를 다루고 있었다. 형태발생 개념은 부분적으로는 루크레티우스에게까지 거슬러 올라간다. 우주에 대한 논문에서 루크레티우스는 '클리나멘' 이론을 제시한다.

전자들이 자신의 무게 때문에 비어 있는 공간 아래로 여행할 때, 방향에서의 변화라고 부를 '이탈'이 발생한다. 만약 이러한 이탈이 없다면 모든 것은 공간의 심연을 통해 그저 아래로 떨어지고 말 것이다. 어떠한 충돌도 발생하지 않고 전자의 어떠한 충격도 일어나지 않을 것이다. 따라서 자연은 결코 어떠한 것도 생성하지 못할 것이다.

　즉 형태는 서로 충돌하는 전자들의 방향 바꿈으로 인해 생겨난 격변의 결과이다. 질서는 형태에서 나오고 물질과 에너지의 역동적이고 예측할 수 없는 흐름에 의해 유지된다. 그러나 자연과학은 이러한 세계관을 거부하고 '클리나멘'이라는 생각을 그저 문학적 은유로만 보았다. 다른 방향으로 발전된 물리학, 가령 뉴턴 물리학은 손쉽게 수치화될 수 있는 안정된 평형 상태에만 초점을 맞추었다. 자연과학은 단순한 일차·선형적 방정식들에 기반한 세계관을 발전시켰다. 마찰 없는 세계, 거기서 평형은 규범이 될 것이고 격변은 무질서와 죽음을 의미했다. 질서와 삶이 안정과 평형에 의존한다는 말이다. 이는 루크레티우스의 관점과는 정반대되는 것이다. 그러나 20세기 후반 이러한 세계관이 흔들리기 시작했다. 보다 중요하게는 카오스와 복잡계 이론이 새로운 방식, 즉 마찰과 비선형성을 가지고 세계를 바라보기 시작했다는 점이다.

　과학자들은 어떠한 물리계도 평형 상태였던 적이 없으며, 삶과 질서는 자발적으로 생긴다는 생각을 받아들였다. 실제로 삶은 평형 상태와 전혀 무관하게 존재한다. 열역학 법칙에 따르면 우주는 점점 더 무질서해진다. 이는 여기서의 질서는 언제나 저기서 생겨나는 더 많은 무질서를 비용으로 해서만 발생한다는 의미다. 질서와 삶은 오직 에너지가 체계를 통해 흐를 때만 유지될 수 있다. 이러한 복잡계 이론을 따라 들뢰즈는 내재적 과정에 대해 숙고하기 시작했다. 복잡계 이론가들도 들뢰즈가 말하는 잠재적 영역의 등가물을 설명하는 방식을 개발했는데 위상 공간에서 한 체계의 속성들은 그 체계가 진입할 수 있는 일반적 상태들과 관련해서 분석될 수 있다는 것이다. 위상 공간들은 한 체계가 많은 공존하는 가능한 상태들에 이끌릴 수 있다는 것을 보여 주기 위해서도 사용된다. 그리고 그 체계는 '분기' 때문에 어느 정도 안정된 상태와 다른 상태 사이에서 동요할 수 있다. 이는 다시 들뢰즈의 가정과 일치한다. 잠재적 영역에는 몇 가지 디아그람이 존재할 수 있고, 다양한 분기는 현행적 영역에서 체계들이 하나의 디아그람을 현행화하는 것에서 다른 디아그람을 현행화하는 것으로 전환하게끔 만든다.

아낌없는 격려와 검수로 큰 도움을 주신 이정우 선생님, 남다른 꼼꼼함으로 실수와 오역을 바로잡아 주신 박선미 선생님, 끝으로 룸펜 취급당하는 인문학자로서의 삶을 말없이 바라보며 지원해 주신 어머니와 아내 한 선생님이 아니었다면 이 책을 옮기지 못했을 것이다.

리좀총서 II·12

들뢰즈 : 역사와 과학

발행일 초판1쇄 2020년 12월 21일 | **지은이** 마누엘 데란다 | **옮긴이** 유충현
펴낸이 유재건 | **펴낸곳** (주)그린비출판사 | **주소** 서울시 마포구 와우산로 180, 4층
주간 임유진 | **편집** 신효섭, 홍민기 | **디자인** 권희원
마케팅 유하나 | **경영관리** 유수진 | **물류유통** 유재영, 한동훈
전화 02-702-2717 | **팩스** 02-703-0272 | **이메일** editor@greenbee.co.kr | **등록번호** 제2017-000094호

ISBN 978-89-7682-640-4 93160

철학과 예술이 있는 삶 **그린비출판사** www.greenbee.co.kr